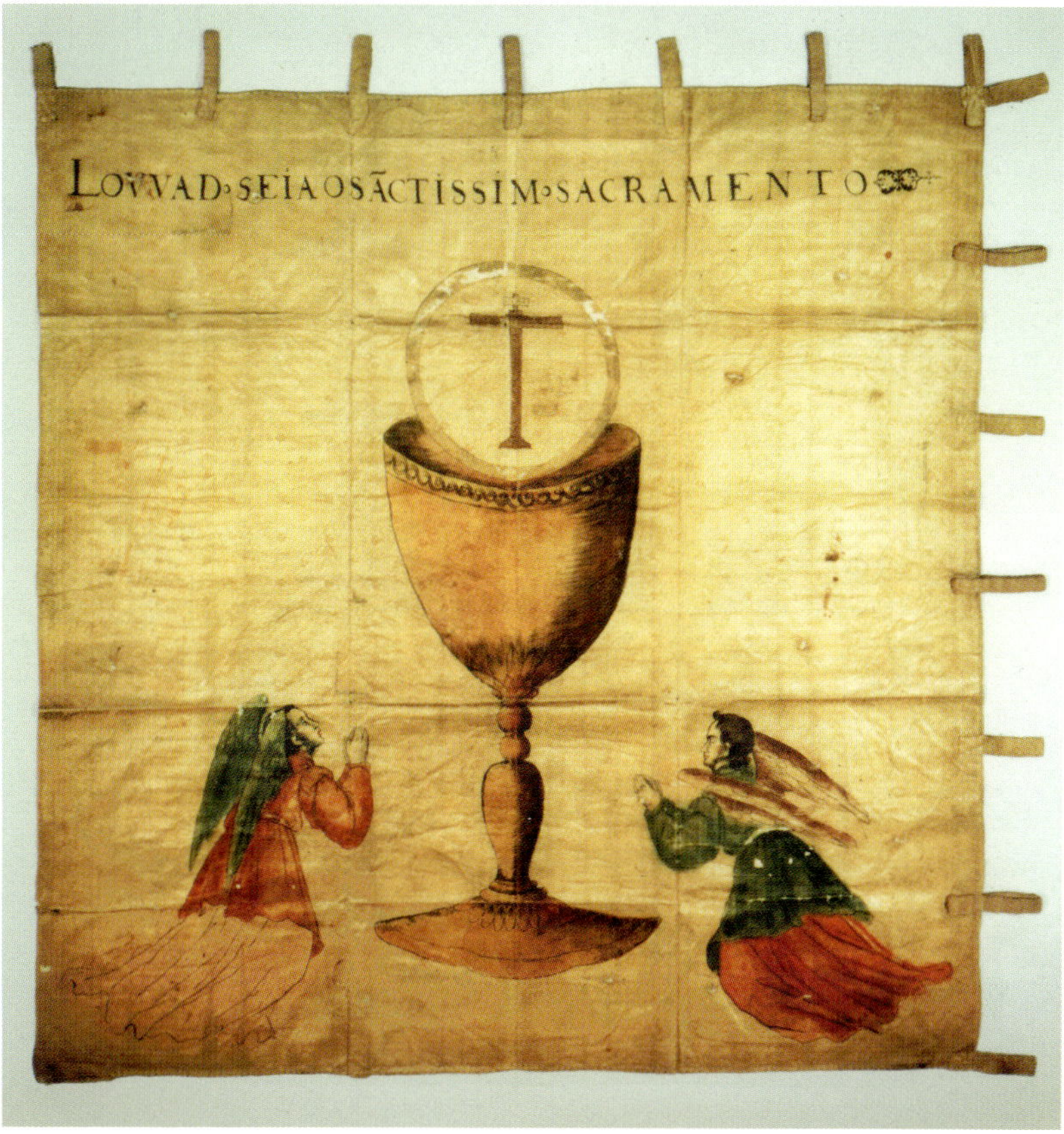

天草四郎陣中旗

天草四郎が陣中で使用したと伝えられる．上方にポルトガル語で「至聖なる秘跡（聖体）は讃美されんことを」と記され，中央に聖杯と十字架入りの聖餅，左右にこれを拝む天使を描く（聖体鑽仰図）．「聖体のコンフラリア（信心会）」の会旗（幟）として用いられていたもので，有馬ないし長崎で制作された，とされる．

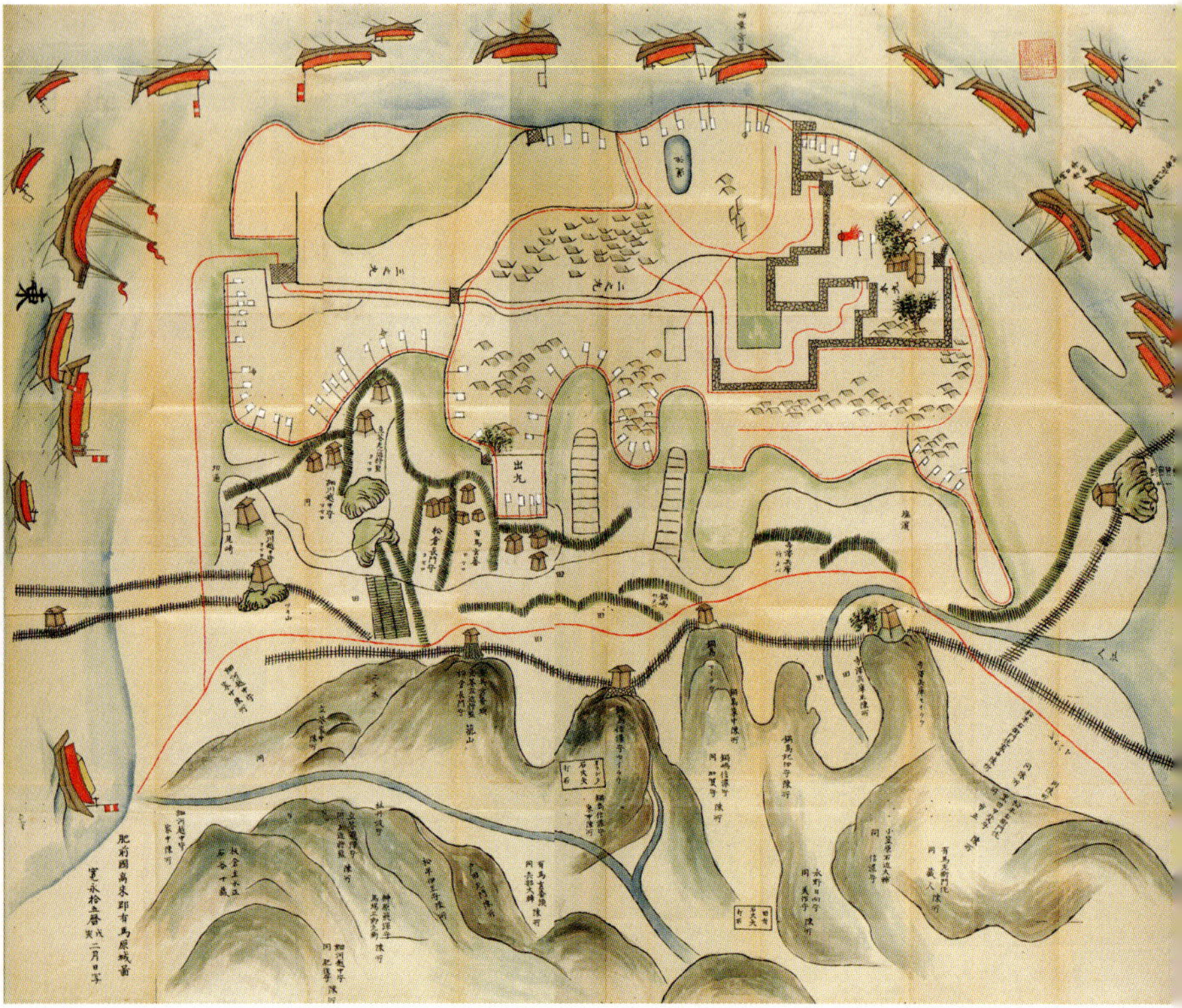

肥前国高来郡有馬原城図

籠城する一揆勢と，それを包囲する水陸の幕府軍を描く．海にはオランダ船も浮かぶ．松平伊豆守の名が見えるので，信綱到着後の軍陣を描いたものと思われる．「寛永拾五年二月写」の日付が記されている．

発掘された原城

原城の本格的な発掘調査は平成 4 年度（1992）に開始され，平成 20 年度（2008）まで毎年実施され，多くの成果を上げている．（上）は門跡の検出状況．（下）は人骨検出状況．落城後，幕府軍は原城を徹底的に破壊し，死体は堀に投棄し，その上に石垣を崩して埋めた．人骨はそこに折り重なる状態で発見された．

黄金の十字架

原城本丸跡から昭和26年(1951)に発見された．ローマ教皇が天正遣欧使節に託し，ヴァリニャーノが有馬晴信の胸にかけたものと推定されている．

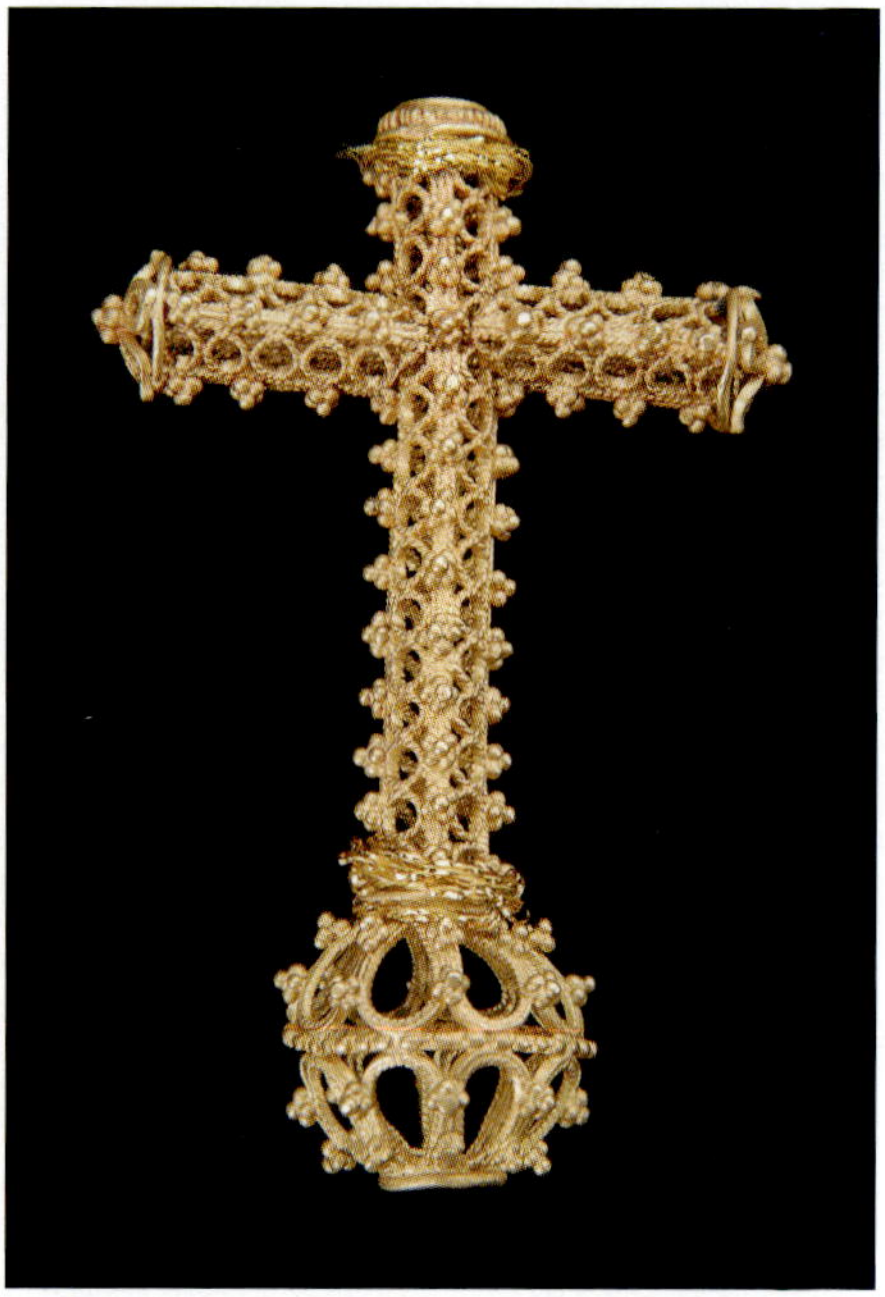

原城跡から出土したロザリオの珠

青，緑，白のガラス製で，ポルトガルか中国で作られたと推定される．ロザリオはバラの花冠の意で，カトリックで祈りを数える念珠をいう．小珠10個と大珠1個で1連とし，5連からなり，鎖でつなぎ，これに十字架を付す．主の祈り（主禱文）1回と，アヴェ・マリア10回を唱え，キリストの玄義について黙想する．

敗者の日本史

14

島原の乱とキリシタン

五野井隆史

吉川弘文館

目　次

キリシタンと一揆　プロローグ　1

Ⅰ　原城跡発掘から見えるもの

1　原古城について　6

原城をめぐる憶説／宣教師が伝える築城報告／もう一つの普請工事／教会新築と築城工事の遷延／築城工事の再開／完成した新城原城

2　原城跡発掘　21

黄金の十字架／国指定の史蹟とその保存／発掘調査に着手／十三年度以降の調査結果／原城の構造／出土した遺物

Ⅱ　島原におけるキリシタン

1　島原地方におけるキリスト教の始まり　34

（1）島原と口之津の開教　34

島原における開教／口之津における開教／島原における反キリシタンの動き／大村の騒動と有馬領内の動静

(2) 上長トルレスの口之津居住 41

義貞のトルレス招聘／宣教活動の発信拠点／島原における反キリシタンの高まり／口之津キリシタンの信仰と熱心

(3) 有馬義貞の改宗とキリシタン教界 52

一五七〇年時の有馬領内のキリシタン／義貞のキリスト教との接触／義貞の受洗／義貞死後のキリシタン教界

2 有馬鎮純(晴信)治世下のキリシタンの動向 65

(1) 巡察師ヴァリニャーノと鎮純の受洗 65

ポルトガル船の口之津来航／鎮純の受洗決意と戦況／有馬のキリシタンの信仰回復／セミナリオの開設／島津氏救援と有馬氏

(2) 伴天連追放令と有馬氏 75

有馬氏の回復とキリシタン教界／鎮純の島津氏服属／有馬氏と温泉山／イエズス会と島津氏／秀吉の西下と有馬氏／伴天連追放令と有馬のキリシタン教界

(3) キリシタン信仰の深まり 89

禁令下の潜伏活動／禁令下のイエズス会の動向／聖十字架の出現と晴

信の瑞夢／準管区長コエリョの有馬領内巡歴と死／遣欧使節の帰国と晴信／晴信の朝鮮出兵とコンフラリア（信心会）活動

3 一六一二年禁教令以後の島原地方のキリシタン 102

晴信の改易とキリシタン教界／有馬領内の初殉教者／口之津のキリシタンと一六一二年の禁令／有馬城下の殉教事件とコンフラリア／一六一四年の禁令と迫害の激化／ドミニコ会のコンフラリア「ロザリオの組」と有馬／イエズス会のコンフラリアの組織

4 松倉氏支配下のキリシタン 116

松倉氏入部とキリシタン教界／宣教師保護禁止と子供の信心会／イエズス会管区長の捕縛／松倉氏の禁教政策の転換

Ⅲ 天草におけるキリシタン

1 天草における初期宣教 130

（1）志岐氏とキリスト教 130

志岐鎮経の改宗／トルレスの志岐滞在／新布教長カブラルの到着

（2）天草氏とキリスト教 134

天草氏の宣教師招聘／天草鎮種の受洗／一五八〇年代天草における宣教とイエズス会

（3）大矢野氏の改宗　140
2　小西行長の宇土入部と天草島のキリシタン　143
小西行長と天草一揆／天草における教育機関／天草版の印刷／キリシタンの増加と信仰の深化
3　江戸時代における天草のキリシタン　151
寺沢氏の入部とイエズス会／禁制下の天草のキリシタン
Ⅳ　島原の乱と百姓とキリシタン
1　島原の乱勃発の背景　160
島原の乱に対する外国人の報告／松倉氏の治政の実態／飢饉と領主勝家／信心具「絵像」と潜伏キリシタン／「未鑑」と天草四郎／有馬領民の蜂起／天草の蜂起
2　一揆の推移　181
島原の一揆と藩の対応／天草一揆と渡辺小左衛門捕縛／島原一揆方の動静／天草一揆と唐津藩の対応／島原キリシタンの天草加勢／四郎の動静
3　幕府の対応　195
（1）豊後目付衆の対応　195

島原藩の動き／豊後目付衆の動き／大坂からの指図

（2）上使の派遣　199

上使板倉・石谷の派遣／上使板倉と石谷の動静／上使松平信綱と戸田氏鉄の下向

4　一揆勢の原古城籠城　204

原古城修復と百姓の結集／籠城百姓の村々と人数／原城における陣構え／籠城者の生活

5　一揆鎮圧とその後の処理　219

上使板倉の戦略と決断／板倉重昌の死／上使松平信綱の有馬到着と一揆への対応／矢文の応酬／大江浜の対面／四郎に対する心理作戦／オランダ人の加勢／城攻めの進展／一揆方の夜討ち決行／最後の決戦／四郎の死／山田右衛門作の去就

島原の乱と潜伏キリシタン　エピローグ　255

あとがき　267

参考文献　271

略年表

図版目次

〔口絵〕

天草四郎陣中旗（天草キリシタン館所蔵）
肥前国高来郡有馬原城図（国立公文書館所蔵）
発掘された原城（南島原市教育委員会提供）
黄金の十字架（南蛮文化館所蔵）
原城跡から出土したロザリオの珠（南島原市教育委員会所蔵）

〔挿図〕

1　原城航空写真（南島原市教育委員会提供）……5
2　フロイス『遣欧使節行記』（ポルトガル・リスボン国立図書館所蔵）……22
3　発掘された十字紋瓦（南島原市教育委員会所蔵）……29
4　出土したロザリオの珠（南島原市教育委員会所蔵）……30
5　口之津港（口之津歴史民俗資料館提供）……33
6　有馬家系図……60
7　バレト写本のクルス物語……95
8　マリア観音とキリシタン連判状（口之津歴史民俗資料館所蔵）……107
9　ナヴァルロ神父の殉教図（カルディム著『日本殉教精華』所載）……119
10　木寺ジョアン殉教図（『日本殉教精華』所載）……125
11　崎津教会……129
12　日野江城階段遺構（南島原市教育委員会提供）……142
13　活字印刷機（ポルトガル・エルヴァス文書館所蔵）……149
14　キリシタン版『ドチリーナ・キリシタン』表紙（東洋文庫所蔵）……149
15　天草市有明町の正覚寺から出土のキリシ

タン墓碑（平田豊弘氏提供）……156
16　原城の攻防（『島原陣図屛風』秋月郷土館所蔵）……159
17　矢文（壺井家所蔵、小豆島町教育委員会写真提供）……166
18　島原城……182
19　肥前甘草富岡城図（国立国会図書館所蔵）……191
20　益田四郎家系図……193
21　陣立図……210
22　細川忠利自筆絵図入書状（天草キリシタン館所蔵）……213
23　「十」の字が描かれた建物（「原城攻囲図」東京大学史料編纂所所蔵）……213
24　竪穴建物跡群（南島原市教育委員会提供）……214
25　祈禱文（東京国立博物館所蔵）……218
26　板倉重昌の碑（南島原市教育委員会提供）……224
27　原城攻囲図（『島原天草日記』所収）……226
28　山田右衛門作の住居跡（口之津歴史民俗資料館提供）……231
29　九年母（口之津歴史民俗資料館提供）……236
30　原城攻囲図（『島原半島史』所収）……243
31　『島原陣図屛風』部分（秋月郷土館所蔵）……248
32　天草四郎像（南島原市教育委員会提供）……250
33　発掘された鉛製十字架（南島原市教育委員会提供）……261
34　原城本丸跡での島原宣教四五〇年記念ミサ（平成二十五年十月十三日撮影　カトリック島原教会提供）……264
35　原城跡での聖体行列（平成十九年十月七日撮影　桒原恵氏提供）……265

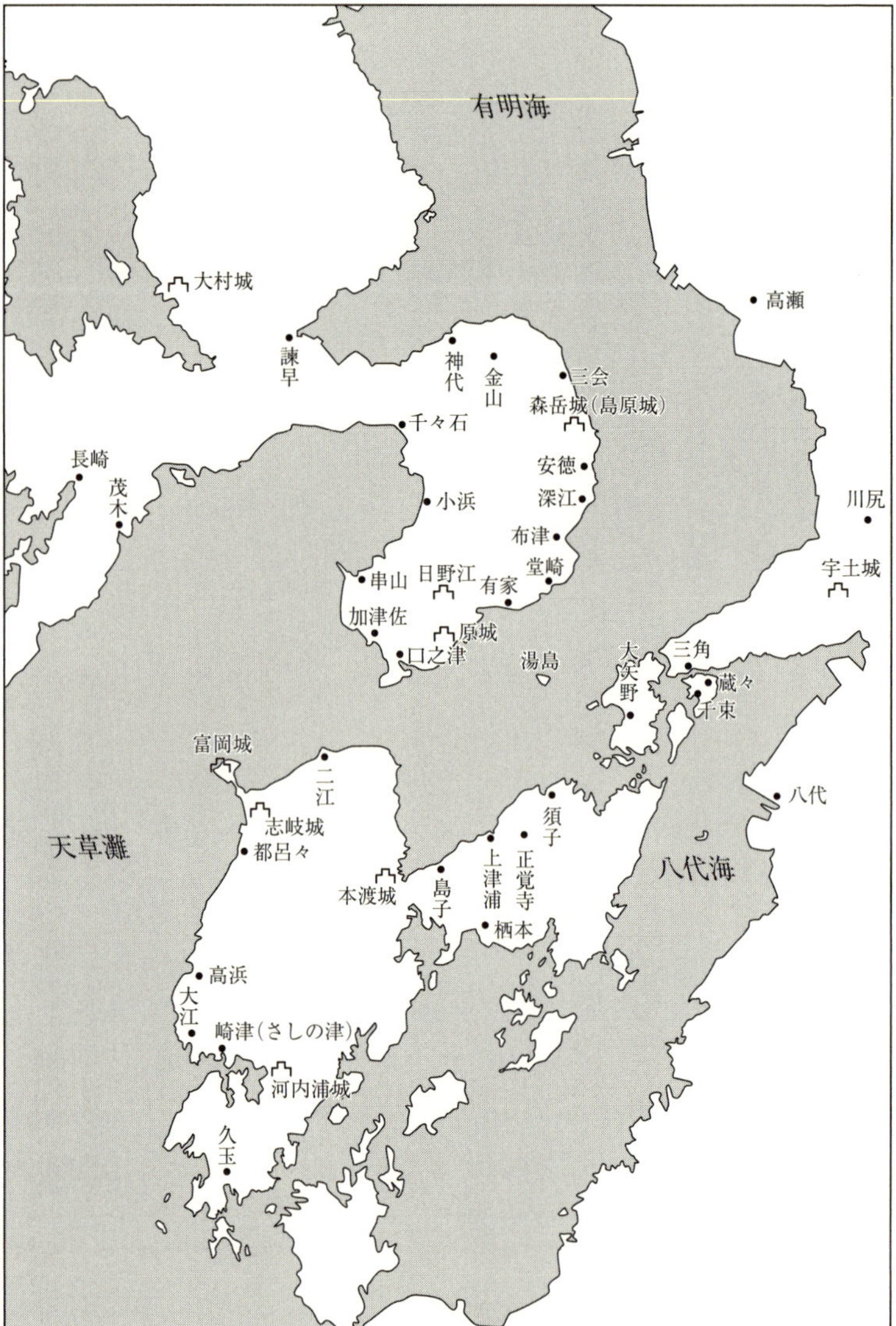
有明海
大村城
高瀬
諫早
神代
金山
三会
森岳城(島原城)
千々石
長崎
安徳
茂木
小浜
深江
川尻
布津
堂崎
宇土城
串山
日野江
有家
加津佐
原城
口之津
湯島
大矢野
三角
蔵々
千束
富岡城
二江
八代
志岐城
都呂々
天草灘
須子
上津浦
正覚寺
八代海
本渡城
島子
栖本
高浜
大江
崎津(さしの津)
河内浦城
久玉

島原の乱関係地図

キリシタンと一揆　プロローグ

十字架

十六、七世紀の日本において、キリスト教が最も広く、深く信仰された土地のひとつが、肥前国高《たか》来《く》郡の島原半島に位置する、いわゆる、南目と言われる地域であった。現在の南島原市である。原城址がある旧南有馬町はその市域にあり、良港口之津《くちのつ》が隣接する。

キリスト教が同地方に伝えられたのは永禄六年（一五六三）であり、それ以来、豊臣秀吉および江戸幕府による禁教迫害にもかかわらず、これを信仰するキリスト教徒、すなわちキリシタンたちは、七十有余年にわたって堅い信仰を伝存した。

九州の一地方、島原南目の百姓たちが領主松倉氏に抗して起ち上がり、これに対岸の天草の百姓たちが呼応し合流して原古城に立て籠り、ついには幕府および九州の諸大名の軍との間に、寛永十四年（一六三七）十月から翌年二月までの四ヵ月間も戦った島原・天草の一揆は、一般には島原の乱といわれる。

この一揆が起こったのは、将軍家光の親政体制が確立された時期に当っており、キリスト教根絶のために日本人の海外渡航が禁止され、また潜伏する宣教師との接触を断つためにポルトガル人を隔離しようとして長崎に出島が造成されるなどの状況下においてであった。一揆についての第一報は豊後《ぶんご》目付《めつけ》・大坂城代を通じて江戸の幕府にもたらされた。松倉氏領内の島原においてキリシタンの輩が宗門を起《た》ち上げて城下の町屋および在々所々に放火したとの注進にもとづいて、幕府はこれをキリシタン宗門による一揆と見なして対応し、一揆終結後もこれをキリシタン一揆と位置づけた。

一揆の誘引となったのは、寛永十一年から三年間続いた凶作によって領内全域が飢饉に襲われたことであったが、元和二年（一六一六）に大和国五条から同地に入部した松倉氏の苛政がその背景にあった。一揆を主導したのは庄屋や乙名《おとな》などの指導的な百姓たちと土着した元武士たちであり、島原城奪取に失敗したのち、多数の百姓と共に、かつて自分たちが築城に関わった原古城に立て籠った。原古城は前領主有馬氏の日向転封以後、一国一城制によって廃城となり、また松倉氏が日野江《ひのえ》城を放棄して島原浜の城に移って以来、二〇年以上も打ち捨てられていた。この原古城が島原の乱の主戦場となり、籠城した百姓たちは戦いに敗れてほぼ全員が殺害された。

幕府によってキリシタン一揆とされた島原の乱で戦死し、また乱後に殺された百姓たちのすべてがキリシタンであったとは言い切れないが、大多数がキリシタンであったことは否定できない。戦った島原・天草の百姓たちの中核を形成していた存在が、キリスト教の信仰を堅く守っていた者たちであったこともまた事実であった。四ヵ月間にわたる戦時体制のなかで、信仰を回復し、またキリシタンたちとの共同生活を通じてあらたにキリスト教の信仰を持った者も多くいたはずである。本書が『島原の乱とキリシタン』としての表題をもつのは以上のような経緯による。

本書ではまず原古城の築城事情についてキリシタン宣教師たちの報告書や書翰によって確認し、ついで最近十六年にわたって南島原市（平成十八年三月の市町村統合以前は南有馬町）教育委員会が実施してきた発掘調査の結果を踏まえて、戦場となった原古城について考察する。さらに、一揆の中心的存在であった島原と天草の百姓たちとキリスト教との関わり、彼らのキリスト教徒としての成り立ちについて見たのちに、一揆の発端とその経過、幕府の対応などについて述べる。

I　原城跡発掘から見えるもの

1 ― 原城航空写真

有明海に面した広大な城．当時の領主有馬氏が築いたが，一国一城の制によって廃城になっていた．同古城に一揆勢約３万人が立て籠もり，４ヵ月の間幕府軍と戦った．

原古城は島原・天草の百姓たちが幕府軍らと戦った古戦場である。彼らが四ヵ月にわたって立て籠った原古城の来歴について、原城築城の経緯について明らかにし、平成四年（一九九二）から同二十年（二〇〇八）まで十六年間続いた原城跡発掘調査の結果を踏まえて、築城時期について検討し、また発掘調査によって明らかになった原城の有りようについて見たい。

1　原古城について

原城をめぐる憶説

「原城」の文言が有馬家の家譜『藤原有馬世譜』（のち『有馬世譜』と略記）に見られるのは、有馬家十代晴純《はるずみ》の事蹟について述べて、晴純の時に武威が強大になり本領の高来だけでなく、藤津・杵島《きしま》・三根・神埼《かんざき》・佐賀の六郡をことごとく支配して二十一万石を領していたとする記事に関連してである。すなわち、「按《あん》するに正行公より次第に御武威盛んにして高来郡有馬村原日野江両城を保ちたまひ、此御代に至りて御威勢盛んにして強大になりたまふなるべし」（巻一）。正行公とは有馬氏の初代経澄《つねずみ》のことであり、建保の頃（一二一三〜一八）に常陸国より肥前国に移って高来郡口之津に至り日野江城を築いたとされる。

原城と日野江城については、『有馬世譜』に次のように記載される。

肥前国図巻末に出す、有馬村海浜に在て西有馬東有馬相去る事五十丁、洲嘴《すし》相向て西に日野江あり、其間海上二十丁余を橋を渡して往来し、近き頃海中より古き橋杭等を出し事ありし由、原の城ハ寛永中賊民等其廃れしを取立て籠り し所にて、松園公（直純）の譜に図あり、日野江城ハ原に比すれハ狭小にして御代ご隠居なりしと土俗云伝ふ、

『有馬世譜』の編者は、初代経澄の時代にすでに有馬に原・日野江両城が築かれていたとの憶測を、十代晴純の略伝に挿入することによって、最盛期にあった有馬氏の強大さを強調し印象づけようとしたようである。しかも、原城がその広大さから見て本城であったかのように記され、日野江城が代々隠居所であったとの伝聞を伝えている。同『世譜』が編纂されたのは、江戸時代後期の文化十一年（一八一四）である。その編纂の経緯は以下のとおりである。寛延の初め（一七四九年）に峰政氏によって『有馬略記』三巻が著され、文化八年にこれを補足して『国乗遺文』十巻が編纂された。さらに同書の欠漏を補い、不定の時日を詳らかにするために編纂されたのが『有馬世譜』であった。

『国乗遺文』では、「原城」はどのように語られているのであろうか。「封国第九　肥前高来開封之事」（巻之四）には、十世晴純が三根・佐賀・神埼三郡を合わせて六郡二十一万石を領し、それより島原に築城したこと、本城日野江城が要害の温泉岳（雲仙岳）によって牢固としてあるとして、「原城ハ日野江城ノ南ニ在り、相距ル事二十［丁］、蓋《けだ》し晴信公ニ及ヒテ全是ヲ築ク、備中守純忠ヲ置キ玉フ、下図シテ原城ノ役ヲ弁ス」とある。編者鷹屋純芳が晴信の時代に原城が完成を見たであろうと推測していることは注目すべきことである。晴信と原城との関わりを暗示しているように思われるか

らである。

島原半島にキリスト教が初めて伝えられた永禄六年（一五六三）に、同地方を支配していたのは有馬家十一代義直《よしなお》（のち義貞）であったが、天文二十一年（一五五二）に隠居していた晴純（仙岩）がなお隠然たる政治力を揮っていた。この当時口之津・島原で宣教活動をしていたイエズス会宣教師たちの書翰には、原城についての報告はない。また、佐賀龍造寺《りゅうぞうじ》氏の侵攻に対して、十三代晴信の要請に応えて援軍を派遣した薩摩の島津氏の老臣上井《うわい》覚兼《さとかね》の『日記』にも、原城に関する記事は見られない。文禄三年（一五九四）に来日したスペイン人商人アビラ・ヒロンは翌年日野江城を訪れ、これについての詳しい報告を『日本王国記』に書き留めたが、原城について報告することはなかった。十一年度分の「イエズス会日本年報」と多数の書翰を書き、浩瀚な『日本史』を執筆したルイス・フロイス神父も原城について語ることはなかった。彼が死没したのは慶長二年（一五九七）である。

晴純治世の永正年間（一五〇四～二〇）以降晴信の時代、慶長二年までの間に原城が実在していたならば、同時代人の記録や書翰・報告に必ずその一端が書き留められたはずである。有馬家の家譜編纂は基本的には記録類が焼失したのち、江戸時代後期に主として伝聞史料に基づいてなされたものである。有馬家関連以外の者による編纂物、例えば、享保五年（一七二〇）に書かれた『北肥戦誌』（一名『九州治乱記』）では、「肥前国高来志自岐原《しじきはら》今の原城。城主有馬越前守入道随意斎仙岩と申すは……」（巻十六）との記載があり、仙岩すなわち晴純の居城が原城であったと認識されていた。これに先立つ享保二年に刊行された『陰徳太平記』は、龍造寺隆信《たかのぶ》が天正十二年（一五八四）に有馬氏を攻撃した事に関連して、隆信が島原で軍勢を整え、「島原ヲ立て有馬ノ原ノ城ニ向ントス」と記す。同年の有馬・龍造寺両氏の攻防について、天保十二年（一八四一）に編纂された『鍋島直茂公譜』は、島津家久と有馬鎮純《しずすみ》（のち晴信）が評定して軍を分け、「原［　］江ノ両陣ニハ有馬ノ家人堀、志々岐、白石、本田、林田以下究境ノ者共ヲ差置」いた（巻第四）、と述べる。天正十二年時に「原城」が存在していたとする所説は、「原城」が島原の乱の主戦場であったことによって既成事実として流布していた結果であった。

宣教師が伝える築城報告

秀吉が慶長三年八月十八日（一五九八年九月十八日）に死去すると、朝鮮に出陣していた諸大名は帰国し、秀吉後の政局をめぐって政治的混乱が予想されて新たな緊張が生じた。諸大名・諸領主の間では城の修築、さらに築城による軍事力の強化が急がれた。一五九八年八月五日に三度目の来日を果たしたイエズス会の日本巡察師アレッシャンドロ・ヴァリニャーノは、一五九九年十月（慶長四年八月）に作成した「日本キリスト教界状況報告書」で、こうした緊迫した状況について次のように述べている。

私たちのキリスト教徒の領主たちもまた、自分たちの城を修理することに専念している。なぜなら、大村殿は最初にもっていた城から四分の一レグア離れた大村に一城を築き、そこに移動しているからである。私に報告されたところによると、そこでは六〇〇〇人以上の者が［築城のために］働いていた。有馬殿もまた海に近い場所であるシマンバラ Ximanbara に［大村殿］同様に築城していて、甚だ強固な一城を造っている。そして、有馬の城（日野江城）を別の良好な土地に移す考えを持っている。津守殿（小西行長）の領地では各地に城を築いており、彼が［朝鮮から］到着した時に急ぎ工事を終えるために無数の人間を集めるに違いないと言われている。要するに、日本全体が現在沸き立っていて、各領主が自領内に非常に壮大な城を築いており、彼らが以前に築いていたよりも大きなものを造っている。それは、太閤様の時代に別の［新しい］戦法を身につけ、彼らが最初に所有していたのとは異なる城の築き方を習得したからである。（五野井隆史「有馬晴信の新城経営と原城について」）

肥前大村の領主大村喜前《よしあき》が新城久島城を慶長三年冬に築いたことは、『大村家覚書』（巻之四）によって知られる。久島城の築城工事はヴァリニャーノの記すように慶長四年八月の時点でまだ続いていた。同じく有馬晴信もまた新城の築城に着手していたことが彼の報告書によって初めて明らかになる。「海に近いシマンバラ」の表記が誤記である事は、のちに報告された「日本年報」などの記事から確認される。晴信が新城を築いた理由は、中世に造られた本城日野江城がすでに当時の戦闘に対応できず、より堅固な城が必要であると痛感していたからである。そのことについて、年報作者ジョアン・ロドリゲス・ジランは一六〇四年十一月二十三日付で執筆した「一六〇四年度日本準管区年報」において、次のように報じている。

有馬殿が今までに居住していた城は、戦時には有利で安全であるとは考えられていないために、彼はより優れてより堅固な別の城を、このためにもっと相応しい思われた、そこに近い他の場所に築くことを決めた。

山城の日野江に近い他の場所とは、ヴァリニャーノが指摘する「海に近い」場所であり、原城がこれに当たると見ることができる。有馬氏の新しい城、原城は一五九九年に築城工事が始まり、あしかけ六年の歳月を費やして一六〇四年の秋ころにはほぼ完成していた。

もう一つの普請工事

有馬では新城の築城工事と同時にもう一つの造築工事が行なわれていたことが、ヴァレンティン・カルヴァリョが一六〇〇年十月二十五日付で作成した「一六〇〇年度日本準管区年報」から知られる。一五九八年十二月に朝鮮の陣から帰国した有馬晴信は、翌年一月（慶長三年十二月）に伏見に上って徳川家康に拝謁し、三年の暇を給わって日野江城に戻った（『有馬世譜』巻二）。彼はこの時菊亭季持未亡人と結婚して帰領時に彼女を伴い、彼女のために広大で豪華な新邸を城の麓（城下）に建造した。晴信夫妻の有馬到着は一五九九年七月ころであった。カルヴァリョは新邸建造の経緯を次のように伝えている。

すでに書き認めたように、有馬殿は最初の妻が死んだので、前年都で非常に高貴なある女性と結婚した。彼女とその親族に対して、有馬で彼らに行なうべき饗応を懇ろにすることを望んで、新たに非常に大きく気品のある屋敷数棟を、有馬にあって城の麓にある広大な広場の端に接する最も美しい土地に建造することを命じた。それは、有馬に妻を伴った時に彼女をそこで迎えるためである。城内には甚だ上品で立派な屋敷がいくつもあったが、彼は妻に鷹揚さと愛情を示したいと思って、彼女を有馬に伴ってのち彼女と共に一年近く住んでいた屋敷を他所に彼女のためにわざわざ新築したからである。

晴信の妻女は有馬到着後に、彼女に付き添って来た侍女たちと一緒に、当時有馬に二十八日間滞在していたヴァリニャーノからキリシタンの教理について学び、数ヵ月後に洗礼を受けた。彼女の洗礼名はジュスタである。彼女が新邸に住んで一年も経っていなかったことからすると、彼女の有馬到着時には新邸はまだ完成しておらず、日野江城内の屋敷に数ヵ月間居住したようである。カルヴァリョによると、晴信の屋敷新造にはもう一つの目的があった。

彼はそれらの屋敷を彼自身と妻のために造ったのであって、妻が［都から］有馬に来た時にそこに迎えるためだけでなく、彼がのちに、日本の習慣であるように彼の息子のミゲル殿（直純）に高い所にある屋敷を城と一緒に彼に譲って隠居する時、利用するようにするためである。

新城の普請工事と同時期に新邸の建造が進行していた。城築工事が進んでいた一六〇〇年六月、ヴァリニャーノが再び有馬を訪れ、有馬城下に住むイエズス会宣教師たちの修院 casa と、長崎にあったセミナリオの有馬移転について、晴信に援助を求めた。

有馬には、パードレ（神父・司祭）やイルマン（修道士）たちの健康にあまり相応しくない地所しか私たちにはなかったので、そして、現在長崎にあるセミナリオを有馬〔の修院〕に集めることが求められていたので、この件について協議した。彼もまたパードレたちがより快適な状態にあることを望んでいたので、決断してある事柄を実行した。（「一六〇〇年度日本準管区年報」）

晴信が実行したある事柄とは、彼が妻ジュスタを迎えるために、また自らの隠居のために建てた数棟の屋敷を、彼所有の果樹園と菜園と共に、さらにそれらに隣接している家臣たちの屋敷を巡察師ヴァリニャーノに与えることであった。このため、妻ジュスタの新邸での生活は「ほぼ一年」にすぎなかった。

教会新築と築城工事の遷延

晴信はヴァリニャーノとの会見で一つの提案をした。有馬城下に大きな教会を建てたいとの意向を表明したことである。彼が教会建設を決意した理由は、朝鮮出陣中に無事に帰国した時には教会を建てると神に誓言したためであり、また一つには前任の準管区長ガスパール・コエリョの懇願によって教会を建造するために大量の木材を伐採して、およそ十五年前に高来領内に確保していたが迫害勃発により中止せざるをえなかったためであった、という。関ヵ原の役を前にして中央の政局が不安定であったなか、家臣たちの反対にもかかわらず、晴信はヴァリニャーノに設計を依頼し、一六〇〇年秋には城普請を中断して教会の新築に着手した。その経緯についてはカルヴァリョの報告に詳述されている。

第三の結果は、有馬殿が大いなる熱意に燃えて、非常に気品のある教会をすぐにも建造するということであった。彼はパードレたちが考える方法、大きさおよび形状のものを造って欲しいと言って、パードレ（巡察師）に設計させたので、その周囲に露台をもった三つの身廊からなる甚だ大きく美しい教会の設計がなされた。そのような教会はこれまでに日本のキリスト教界では建造されることがなかった。彼が私たちに与えた屋敷に隣接していた教会は、屋敷の利用のためにも外部の人々のためにもたいへん好都合な場所にあって、その正面に非常に大きな庭を備えて城の前面に位置し、教会の側面の一方が海側にあるために眺望が開け、身体のためには適度の風があって健康を損ねる冷たい風から守られていた。それは城の麓にある広場に美しさを与え、また飾り物になっている。

彼の家臣たちの多数の者には、殿が非常に大きな教会の建造に公然と着手するにはまだその時期ではないと思われた。それは、パードレたちが天下の主の許可によってまだ以前の状況を回復していなかったので、彼が非常に大きな教会を建てていることを内府様（徳川家康）が知った時、そして彼の面前で敵対者たちから告発された時には彼が激怒することがありうるからである。そしてまた、彼が当時城に取り付けるために（当地で櫓《やぐら》と称する）三層の塔のようなものを築いていたからである。それは城を美しくし、また戦闘するためにそこに弾薬と糧食を蓄えるための便宜を与えるためである。これには相当数の大工たちが従事していた。このようにして、それらの工事を行ない、教会建築の問題をも扱うことは不可能なことであった。しかし、有馬殿は結局すべての困難を取り除いて教会を造ることを決断して、まず彼が高麗の戦いに参戦していた折り、私たちの主［なる神］が無事に彼を有馬に連れ戻した時にはこの教会を造ると誓言したことを述べて、その誓言を果たそうと思っていること、またこの他にもすでにコンパーニャ（イエズス会）にあれらの屋敷を与えたからには彼らのために教会をも建てたいと、そして彼がすでに内府様にキリスト教徒として表明していたし、内府様は彼がキリスト教徒たちに十分に愛情を抱いていることを知っており、このために、彼は怖れてはいないし、むしろ迫害後に公然とこの教会の建設を始めた最初の者となることを喜んでいる、と述べた。そして、両方の建築を同時にすることができないために、櫓建造を中止して領内の大工全員を教会の工事に投入することを決めた、と述べた。彼はこの件について決定するとすぐに、巡察師に一通の伝言を送って、自分はたいへんに激しやすく、ひとたび学んだことを実行するにおいては躊躇しないために、［教会を］建造することを決断した旨を彼に伝え、直ちに櫓の工事を中止するよう命じた。そして、教会建築のために七、八〇人以上の大工を、その基礎工事のために奉仕し毎日木材を引いて運び、石材を運搬するためにいた別の二〇〇人以上の人夫と一緒に遣わした。彼らはその他の必要な仕事でも助力している。彼はさらにまたその工事の監督をするように非常に勤勉な武士二人を派遣した。このようにして、工事はすぐに集中して始まった。彼が［櫓の］工事に着手した時期に、しかも城にとって極めて重要であった櫓［の工事］を私たちの教会建設のために中止したことは、誠に大いに感謝すべきことであった。

右の報告内容から知られることは、晴信が京都から迎えた妻女のために建てた屋敷に隣接する土地に三廊式の大教会を建てたこと、またこの工事のために進行中であった築城工事を中止して、そこで稼働していた大工と人夫を教会建造工事に振り向け、現場監督のために武士二人を宛てたことである。さらに一年以上継続していた築城工事では三層の櫓の建造が進み、これが戦闘と防御のために、また軍需品と食糧の備蓄のために造られていたことである。新城原城は軍事的性格が極めて強かったということである。

右の報告では、二つの工事を同時に行なうことができず、櫓工事を全面的に中断したとされるが、新城の築城工事には教会の造築工事に差し向けられた以上の人員が稼働していたと見るべきであろう。教会は一六〇一年十月までには完成した。ヴァリニャーノは一六〇一年十月十日付書翰で、長崎の教会建造について述べたのち、「有馬でも当地の領主が教会を完成している」と伝える。司教ドン・ルイス・セルケイラが長崎から同地に赴いて初ミサを上げたのは一六〇一年十二月十八日である（ヴァリニャーノ、一六〇二年二月十五日付書翰）。

築城工事の再開

教会完成後に、新築の築城工事は以前同様の規模の人員、あるいはそれ以上の人員をもって進められた。マテウス・デ・コウロスが一六〇三年十月六日付で作成した「一六〇三年度日本年報」からは、築城工事に大工や人夫の他に、領民もまた課役のために徴発されたことが知られる。

これら［五つ］のレジデンシア（住院）の一つに、非常に献身的な多数のキリスト教徒が参集した。そして、彼ら自身はまったく言葉を交わすことなく私たちの教会の周囲と、教会が位置する広々としてゆったりした広場の周りに、高く幅広の石垣を築いた。そしてこれは、有馬殿が行なっている新城の工事とその作業に彼らが従事していた時期であるのにもかかわらず、男子のみならず女性までがたいへん熱意をもって駆けつけて来たし、また子供たちまでがやって来て競って石運びをしていた。

イエズス会が当時有馬教区に有していたレジデンシアは、有家《ありえ》・島原・西郷・千々石《ちぢわ》および加津佐《かづさ》にあった。レジデンシアに付属する教会とその広場の石積み作業に参加していたキリシタンたちは、一方で新城の築城工事に駆り出されていたというから、彼らは原城に近い加津佐のキリシタンであったようである。築城工事は一六〇三年にも続いていた。大工事で財政負担の大きかったこの時期に、有馬氏は財政難に苦しむイエズス会に対して多額の寄進をしている。

かようにして、有馬殿は上記三〇〇タエス（両）をセミナリオに寄進しただけでなく、有馬のカーザ（修院）に一〇〇［タエス］、そして都のカーザにさらに一〇〇［タエス］を与えた。このことは、彼が目下最も金《かね》を必要としているだけに益々感謝すべきことである。というのは、彼が現在居住している所よりも一層すぐれてより堅固に防御できる場所であるために、移転することを決めている所に新城を築くことに全員が従事している時期であるからである。

完成した新城原城

新城は一六〇四年にはほぼ完成していたようである。既述の「一六〇四年度日本準管区年報」が長崎で執筆されたのは一六〇四年十一月二十三日である。同年報作成のための「ポントス（覚書）」が有馬教区で作成され長崎に送られたのは九月末であった（五野井隆史「イエズス会年報について」）。先に紹介した「一六〇四年度年報」の記事に続いて、以下のような記載が見られる。

［もう一つの城の］各屋敷ができあがると、有馬殿は準管区長のパードレ（フランシスコ・パシオ）に対しては、私たちの主［である神］が各屋敷を保護し、その新しい城を神の庇護の下においてくださるように、その屋敷で最初のミサを立て、これらを祝別してくれるように願った。パードレは荘厳にミサを立て慰めの言葉をもってすべての屋敷を祝別した。パードレを［同所に］案内したことが殿の喜びであった。彼は［ミサに］臨席したパードレとイルマンの全員、そして教会の同宿《どうじゆく》全員をも［祝宴に］招待した。その日は聖劇を演じて祝い、その他の祝いごとは夜間も続いた。

城の諸工事はすでに終わろうとしている。家臣たちの屋敷も同様で、彼らのうち多数の者がすでにそこに移っている。彼は私たちが時機を見てそこに移転するためにたいへん相応しい良好な敷地を私たちに与えた。そして、彼は自費で教会を移転すること、また必要となる援助を全面的に与えると申し出た。私たちの敷地は現在整地されており、殿がこの城に移った時には、私たちもまた同じく移ることになる。

右の報告から勘案すると、新城は一六〇四年九月末にはほぼ完成していた。準管区長パシオは新築なった晴信の屋敷と新城に祝別を与えた。家臣団の屋敷も完成間近かであり、多数の家臣の移転が始まっていた。晴信はイエズス会にも教会の移転について打診し、そのための土地を整地し始め必要経費はすべて彼が負担することで調整されていた。このため、イエズス会もまた晴信が新城に移る時には移転するはずであった。

しかし、不思議なことに一六〇五年以降に書かれた「イエズス会日本年報」や、宣教師たちの書翰には、新城に関する記事や教会が別の地に移転したとの記載はまったく見られない。晴信は中央政局の動向を見て新城に急ぎ移る必要がないと判断したようである。関ケ原の役後、家康が一六〇三年に将軍職に就いて幕府を開き、秀忠が一六〇五年に後を継いで徳川氏による支配体制が固まりつつあったことが、臨戦の状況下にあった諸大名の緊張を解くことになったのであろう。

イエズス会の文書類に有馬氏の新城移転の記事が見られないことは、完成した新城への移転がなかったことを示しているようである。晴信が新城に移ったならばイエズス会もまた修院と教会を新城近くに移したはずであり、それは特別なこととして必ず報告されていたと思われるからである。新城の完成後、日野江城を凌ぐ大きな城と屋敷群がそのままに放置されたとは考えられず、すでに移転していた一部の家臣が新城の警固に当っていたのであろう。一六一二年四月、晴信が改易《かいえき》され、日野江城主となった嫡子直純《なおずみ》は一六一四年（慶長十九）に日向延岡《ひゅうがのべおか》に転封を命じられた。このことに関して、『有馬世譜』は、次のように伝える。

七月十三日（陽暦八月十八日）騎馬八十騎歩卒三百人を率ひて延岡へ移りたまふ、夫人及世子も同しく移りたまひ、日野江原の両城ノ番代有馬備中守純忠是を守リ鍋島信濃守勝茂カ至を待て是に授く。（巻四）

城として機能していた新城は原城と呼称されていた。鍋島勝茂に代って鍋島七左衛門茂賢《しげかた》が有馬に赴き、「原火ノ江両城并端城一箇所」を請け取った（『鍋島勝茂譜』巻三）。同年十月（陽暦十一月）には鍋島茂賢に代り多久《たく》長門《ながと》安順《やすより》が有馬の両城を守備した。多久安順は五〇騎兵卒九百余を率いて有馬の城を守った。「騎馬五十騎召連、其内三十騎ヲ以、原ノ城ヲ相守リ、廿騎ニ多久兵庫ヲ副テ日ノ江城ヲ守ラル、十二月ニ至リ松浦壱岐守家来ニ代テ長門ハ帰」った（同巻三）。多久安順は三〇騎、六百余りの兵卒をもって原城を守ったが、その守備兵の数から見ても日野江城を上回り、その規模の大きさが推測される。海に囲まれた堅城としての戦略的機能を十分に備えていたことが示唆される。

有馬に入部した松倉重政《まつくらしげまさ》は日野江城に入ったが、幕府が元和元年閏六月十三日（一六一五年八月七日）に一国一城令を出して居城以外の城塁の破却を命じていたため（『大日本史料』第十二編之第二十二）、原城は重政の入部後まもなく壊されて古城となった。重政は元和二年十二月に島原浜の城に移り、有馬の日野江城も廃城となった。彼が新城島原城の築城に着手したのはその二年後の元和四年で、工事は七年間続いた。

2　原城跡発掘

黄金の十字架

原城跡は有明海に面した標高三一メートル《メートル》の断崖に築かれた本丸を起点として、北方に二ノ丸、三ノ丸、西方に鳩山出丸、南方に天草丸とあり、その周囲は約四キロ《キロ》に及ぶ（『南島原市文化財調査報告書第四集　原城跡Ⅳ』）。その本丸跡から昭和二十六年（一九五一）二月に、一農婦が黄金の十字架を掘り出した。縦四・八センチ《センチ》、横三・二センチ《センチ》の小さな十字架である。現在、大阪市北区中津にある南蛮文化館が所蔵している。同館の図録には、次のような説明文がある。

十字架は、金線を縒り合わせて造られていて下部が球型になった籠状筒型で、その形状からキリストの磔刑に用いられた聖木十字架の一片がこの中に納められていたものと云われる。その聖木は土と化したが、今なおお金色燦然として視る人の襟を正せしめる貴重な遺品である。

さらに、この十字架は、ローマ教皇が有馬晴信に賜った品の一つで、ローマを訪れた天正遣欧使節に託され、ヴァリニャーノが晴信の胸に掛けたものであろうと推論している。フロイスの著述『天正遣欧使節記 Tratados dos Embaixadores Japões』や『日本史』に、教皇が有馬晴信に o Santo Lenho

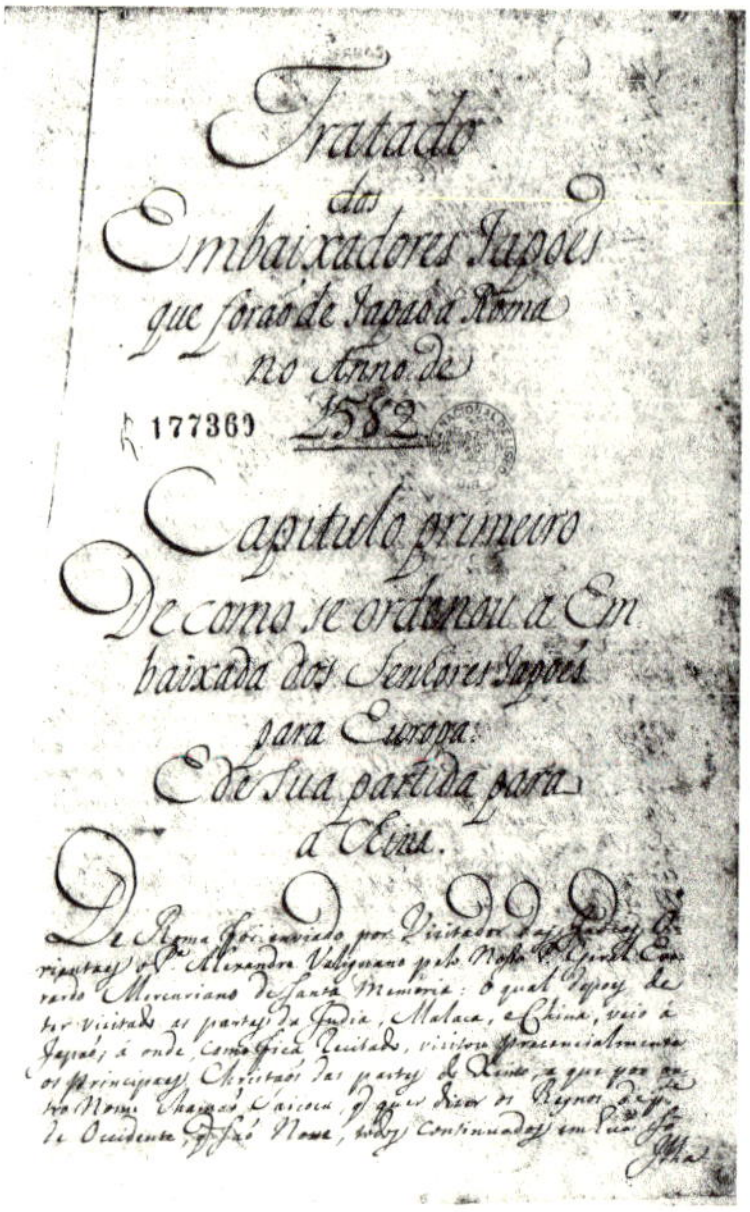

2――フロイス『遣欧使節行記』

da Cruz（「聖十字架木」あるいは「聖十字の木[片]」の訳が与えられている）を下賜したとの記載がある。「聖木片が嵌め込まれた黄金の十字架」は、大村・有馬・大友三大名に贈られたが、大村氏に贈られた「十字架の木片は」有馬・大友両氏のものよりも大きかった。

黄金の十字架が晴信の所持品であったとするならば、彼は一時期でも原城内の新屋敷に居住し、その際に何らかの事情のために同所に置かれていたか、同所で遺失したのであろうか。そのような可能性はあったであろうか。晴信の師父ヴァリニャーノが彼の胸に懸けた教皇下賜品の貴重な黄金の十字架を、彼はつねに肌身につけていたであろう。彼は一六一二年（慶長十七年五月六日）に流配地甲斐国谷村で自刃する際まで十字架を手放すことはなかったであろう。「一六一二年度日本年報」は、配所における晴信の死について言及して、畳二枚が重ねられ、赤い垂れ幕二枚が垂らされた時に、彼はそこに敬虔な磔刑《たっけい》のキリスト像 o devoto crucifixo を安置させ、その前に跪いて最後の祈りを唱えた、と伝える。そして、同地に埋葬された亡骸について、彼に付き添って配所にあった妻ジュスタは三年間は彼の墓所のある地に留まり、のち長崎にそれを持って行き、あるいは天下の君（家康）が宣教師をマカオに追放しようとする時には、晴信の亡骸をマカオに運ぶとの意向を示していた、と伝える。このことから類推するならば、妻ジュスタの配慮によって彼の遺体の一部と彼が身につけていた十字架像が彼の故地有馬に持って行かれ、彼が新築した縁ある原城本丸の一郭に埋められたという推測も成り立つようである。燦然《さんぜん》と輝く、また精巧に造られた十字架像が一般の武士や庄屋階層のキリシタンたちの手許にあったとは考えられないからである。

国指定の史蹟とその保存

原城跡は昭和十三年（一九三八）五月三十日の日付をもって、中・近世の城跡として国指定史蹟に指定された。旧南有馬町による原城跡の史蹟指定の動きは昭和十一年九月に始まり，土地所有者二二〇名の同意を得て文部省に、「原城趾ハ史蹟トシテ重要ト認ムルニ依リ指定セラルヲ適当ト認ム」との指定申請がなされ、上記の日付で文部省告示二二六号をもって「史蹟名勝天然物保存一条ニ依リ」指定された。その説明文には以下のような文言が見られる。

島原半島ノ南部ニアリ、明応年間有馬氏始メテ城ヲ此地ニ築キタリシガ、元和二年松倉重政島原ニ治スルニ及ビ廃城トナリ、城壁ノ石材ハ取除カレタリ、寛永十四年十二月島原天草ノ切支丹宗徒、増田時貞ヲ主将トシテ此ニ立籠レリ、幕府ハ板倉重昌ヲ使セシガ勢盛ニシテ、翌年正月幕府ノ征討使板倉重昌戦死セリ、幕府ハ更に松平信綱ヲ使ハシ、諸藩ノ兵ヲ率ヒテ之ヲ攻ムルニ及ビ、二月遂ニ落城セリ、城址ハ既ニ山林田畑ニ化シタリシモ、猶本丸、二ノ丸、三ノ丸、天草丸、出丸等ノ名ヲ存シ、板倉重昌ノ碑、佐分利氏ノ墓、骨カミ地蔵、及慶安元年供養碑等アリテ、旧態ヲ偲ブニ足レリ。

右の説明文で問題となるのは、（1）原城築城が明応年間であるとする点、（2）城壁の石材が松倉氏の治世に廃城により除去されたという点である。（1）についての明応年間築城説が憶測にすぎなかったことは前節において見た通りで、このことは、平成四年度から始まった発掘調査を通じて明らかにされた。（2）についても、城壁の石材が島原の新城築城のために運ばれた形跡のないことも調査によって確認された。

国史蹟に指定された原城趾の保存について、昭和十六年に文部省宗務局の現地調査を経て保存施設設置に関する勧告が出されたが、戦前・戦後にかけての時期には史蹟はほぼ原状のままで維持されていた。昭和三十年代以降四十年代にかけ、我が国が高度成長期を迎えて産業経済が急速に発達し、これに伴い社会構造の変化が顕著となったことに併行して、「原城趾」内では営農・農道整備が進み、住宅の新築改築が見られ、一方で観光施設の設置が求められるなかで、原城跡の保存管理計画が策定されるに至った。昭和五十二年（一九七七）にそのための協議会が発足し、翌年三月に「原城跡保存管理計画」が策定され報告書が作成された。

発掘調査に着手

原城跡の本格的な発掘調査は、前記「保存管理計画」に基づく保存環境整備事業の一環として平成四年（一九九二）度から本丸地区を中心に着手され、平成二十年（二〇〇八）度まで毎年実施された。まず平成四年度には、蓮池門の遺構と空壕《からぼり》が調査され、五年度から十八年度までは本丸跡を集中的に調査し、十九〜二十年度には大手門跡を含む三ノ丸地区が調査された。

平成五年度の本丸中央部の調査では、本丸東端から石垣と階段の遺構が検出され、絵図資料に描かれている門跡であることを確認した。平成七年度の本丸の城内と西側石垣調査では、櫓台石垣と、破壊されて埋められていた石垣を確認し、八年度の調査では、櫓台の内隅部を検出したことにより、本丸櫓台跡の全容が判明した。また石垣の内隅部が破壊された石垣の石材で埋め尽くされ、本丸大枡虎口《おおますこぐち》および他の場所でも破壊された石垣の石材が埋め尽くされた状態で検出されている（『調査報告書第三集原城跡Ⅱ』）。

平成四年から十年度にわたる七年間の調査により確認された顕著な成果は、（1）石垣が完膚なきまでに破壊されて埋め尽くされたこと、（2）多くの石材の検出によって原城の築城時期について解明されたこと、（3）櫓台石垣を確認したこと、（4）石材が島原に運ばれた形跡のないことが明らかになったことであった。『原城跡Ⅱ』は、原城の破壊の状態はすべて島原の乱後の破却によるものであったとし、有馬直純の日向転封により城としての機能が停止し、松倉氏が島原に森岳《もりたけ》城を築いた時に原城と日野江城を破却した石材を島原に持ち去った形跡はなく、また同氏による両城の破壊はかなり手抜きであった、とする。松倉氏の破壊は外見される範囲内の施設のみで、「調査で検出した石垣遺構や崩壊している築石などの石材は破却の際の埋め込み用として使って」いた。城の破壊は島原の乱後の破却によるものが大きく、前期段階における破壊行為の実態は確認できないこと、このため、乱後の大量の人骨が破壊されて埋め込まれている石材および土砂の下から出土している、と指摘されている。

平成十一～二年度の調査によって、原城築城のプランはほぼ解明できたとされる（『報告書第四集　原城跡Ⅲ』）。すなわち、十一年度調査では、本丸北側にある広場（虎口空間）において最も本丸寄りの出入口を検出し、築城当時の石垣を確認した。広場の中央部には礎石と階段があることが推測され、虎口は幅五メートルの石垣を外側に張り出した外枡形としたこと、また礎石の存在から何らかの構築物があったとの確信を得ている。翌十二年度の調査では，前年度に予想した問題に対する解決の緒が提示された。本丸虎口遺構の調査により、床面に七個の礎石と一個の礎石跡を検出し、床面の一部に玉砂利を、本丸内部に取り付くところに階段遺構を、それぞれ検出した。また瓦が多量に見出され、瓦葺《かわらぶ》きの建物が存在したことが予想された。この結果、本丸の虎口内部の礎石の配置から見るとき、門は東西に張り出した石塁から本丸石塁に渡る櫓門形式と思われ、瓦葺きの建物のようであるとの見解に達した。

原城本丸の玄関に相当する出入口と思われる虎口外側の石垣のなかに、巨石が鏡石として使われていることも明らかになった。巨石（大石）を石壁に使う「鏡石」は、天正年間後半期から文禄年間

（一五八〇年代後半から九〇年代）の豊臣氏系統の諸城の間で急速に流行した様式であるとされる（宮武正登「検出遺構（主に石垣）から見た原城趾」）。調査報告書は、原城の築城時期について、本丸石垣の仕上げは慶長年間前期の豊臣系城郭の影響を色濃く受けているとする。このことを証明するように、出土した多くの陶磁器はほとんど十六世紀末から十七世紀初頭に製作されたものであった。前節で紹介した宣教師たちの書翰・報告書は、新城原城の築城工事が一五九九年に着手され一六〇四年秋にほぼ完成していたことを報じている。このことは発掘調査で検出された石垣および出土した遺物からも裏付けられたことになる。

十三年度以降の調査結果

本丸西側に位置する石垣の前面広場部分から、一辺が約二メートルから三メートルの方形の竪穴建物跡が確認されたのは平成十三年度の調査によってであり、島原の乱時における籠城者の生活の一端を示す遺跡が明らかになった。翌十四年度の調査では、本丸北側広場にある巨大な土坑二つに、石垣に使用の石材が埋め込まれていることが確認され、中から陶磁器、瓦、人骨等が出土した。十五年度の調査は、前年度同様に本丸の大枡形虎口に破壊された石垣の石材が埋められていること、また大枡形虎口の構造のおおよそを確認している。翌十六年度には、本丸の大枡形虎口の開口部に位置する本丸正門を調査した。検出された礎石八基が門の柱を支えるためのものであり、柱と柱の間が一間六尺五寸（一・九七メートル）の京間を基準とする桁行四間、梁行二間からなることを確認した。十七年度の調査では、本丸正門の構造が判明し、また本丸第二門を構成する両側の石垣沿いに約三〇チセン幅の水路が作られていたこと、さらに石垣の東面に「鏡積み」石垣が確認されている。本丸に相当する地域の調査は、十八年度の本丸正面の広場の遺構、すなわち、外枡形を構成する石垣の隅角部と暗渠の検出をもって終了した。

平成十九年度には、新たに三ノ丸地区の調査に着手した。東側に大きな門跡があって原城の重要な地区とされる。現在、中央部に上使板倉重昌の碑が立つ。その碑付近の北側広場からも石垣遺構が検出されているが、使用石材は本丸遺構で確認されたものに比べて規格性が乏しく小振りの自然石を使用して直立型石垣に仕立てられており、中世城郭の石垣としての特徴を持っているとする（『原城跡Ⅳ』）。本丸における石垣が当時流行の様式を採用して築かれたのに対し、三ノ丸の石垣工事では従来の中世城郭の様式が踏襲されていることは、原城が中世から近世に移行する過渡期の典型的城郭としての性格を備えていたことを示している。

原城の構造

『報告書第四集　原城跡Ⅳ』によって見る原城の構造は、織田信長や豊臣秀吉の時代に完成された石積み技術が用いられた近世城郭の特徴をもっていた。すなわち、本丸は石垣で囲まれ出入口が枡形となっていた。一方、二ノ丸、三ノ丸は自然の地形を活かした土づくりであった。三ノ丸の東側海岸に面した所に大手門があり、他に、田町門、池尻門、蓮池門、田尻門がある。全体の平面構造の特徴は、中・南九州で多く見られた中世的な様相と近世的な様相を併せ持つ「館屋敷型」あるいは「群郭型」と呼ばれるものであった。

本丸が大型の外枡形虎口と櫓台を備えた総石垣の近世城郭的様相をもち、それに用いられた築城技術については、文禄・慶長の役に出陣した有馬晴信が倭城《わじょう》普請に関わったことにより中央政権の技術を身につけた結果であるとも考えられている。「一六〇〇年度日本年報」に記載される「(当地で櫓と称する)三層の塔のようなもの」が、天守相当の櫓と見られ、本丸にあったであろう(千田嘉博「城郭史上の原城」)とされる。しかしまた一方で、原城には近世城郭に共通する直線的かつ直角に折れ曲がる塁線がほとんど見受けられず、このため土づくりの城郭部分の三ノ丸にある大手門や各曲輪などの入口の部分に手を加えただけで、その他は自然の地形を活用している程度の土木レベルであったとも推測されている(『原城跡Ⅳ』)。

3—発掘された十字紋瓦

瓦の大量出土により、瓦葺きの礎石建物が存在したことが明らかになった。出土した瓦は軒丸瓦、丸瓦、軒平瓦、平瓦、隅軒平瓦、鬼瓦、鯱《しやち》瓦からなる。注目すべきは、軒丸瓦と呼ばれる瓦の破片の花十字紋瓦が出たことである。花十字紋瓦は長崎市内のキリシタン関連遺跡から多く出ているが、有馬では初めてである。乱後の破却は甚大で徹底していたが、そのことが発掘調査によって確証されたことは大きな成果の一つであった。石垣などに使われた多量の築石の石材が破壊されて裏込石などと一緒に虎口の内部空間に埋め込まれた。原古城の徹底的な破壊は、幕府が乱再発にはこれを再び利用できぬようにするためであった、とされる。

出土した遺物

平成四年度から十八年度に至る一七回にわたる発掘調査によって出土した遺物は、陶磁器、瓦、キリシタンの信心具、貨幣、鉄砲玉などの金属品からなる。陶磁器と瓦が圧倒的に多い。七年度から十年度までの調査では約三万点の遺物が出土した。その大部分は陶磁器であり中国系の青花の器種が多く、東南アジア産品も含まれる。キリシタン関連では十字架一一点、メダイ三点、ロザリオの珠六点が出土した。十字架は二点が銅製で図柄をもち、鉛製八点、ガラス製一点からなる。メダイは真鍮《しんちゅう》製である。

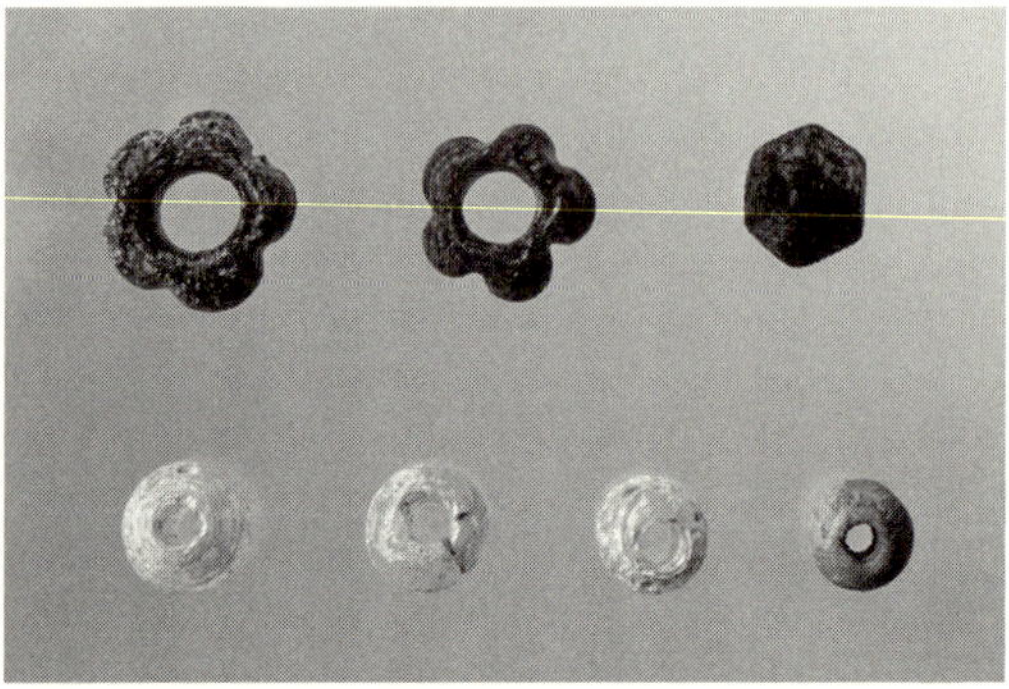

4―出土したロザリオの珠

十一・二年度の調査による出土遺物は約一万三〇〇〇点で、前回同様に陶磁器が多量に出土し、ついで瓦が多く出た。キリシタン関連では十字架五点と花十字架紋瓦二点が出土した。十字架は鉛製で板状の鉛に十字架が付いたもので、製作途中のものとされる。十三年度から十九年度までの調査では、約三万五六六〇点の遺物が出土した。陶磁器二万七八〇〇点、瓦七五〇〇点を数える。陶磁器はヴェトナムとタイ製のものが含まれるが、これは有馬氏が朱印船貿易に参加して東南アジア諸国に朱印船を渡航させたことに関わるだけでなく、原城築城後に城内の一部が生活の場として、機能していたことを示唆しているようである。この間の調査で出土したキリシタン関連の遺物は、十字架六点、メダイ二点、ロザリオの珠二一点、花十字紋瓦二点である。十字架は鉛製で、いずれも未完成品である。

Ⅱ　島原におけるキリシタン

5—口之津港

島原半島南端の天然の良港．領主有馬氏がポルトガル船招致のため，宣教師を招き，キリスト教を保護したことから，住民の全員がキリシタンになった．

口之津《くちのつ》は高来《たかく》の最も古いキリスト教界であって、その信仰と帰依心は日本のいずれのキリスト教界にも劣ることはない。（「一六一二年度イエズス会日本年報」）

右は、マテウス・デ・コウロスが一六一三年一月十二日に長崎で執筆した有馬布教区に関する報告の一節である。江戸幕府が一六一二年四月二十一日（慶長十七年三月二十一日）に、江戸・京都などの直轄地と肥前国《ひぜんのくに》有馬領に禁教令を発したことに関わって、口之津のキリシタンたちの信仰について述べたものである。禁教令発令の原因を作った一人有馬《ありま》晴信《はるのぶ》の改易後、後継の嫡子直純《なおずみ》は、六月九日に島原に到着するとすぐに全領民に棄教を命じた。口之津のキリシタンは信仰を堅守した。島原半島にキリスト教が初めて宣教されたのは港町の島原と口之津においてであった。

1　島原地方におけるキリスト教の始まり

（1）島原と口之津の開教

島原における開教

大村の領主大村純忠の領内横瀬浦にポルトガル船が来着したことを機に、彼の実兄有馬義貞《よしさだ》（義直）は出陣中にイエズス会のイルマン（修道士）、ルイス・デ・アルメイダを引見した。

パードレ（コスメ・デ・トルレス）は、昨年私に出陣中の有馬の王 el Rei を訪問させました。というのは、彼がこの地の領主であり、同地でデウスの事柄を聴聞することを望んだからです。彼の家臣の一領主（島原純茂）は、自領に戻ったならばすぐに、デウスの事をじっくり彼に教えて自領内をキリスト教徒にするためイルマン一人を送ってくれるようパードレに要請する、と約束しました。（アルメイダ、一五六三年十一月十七日付横瀬浦発信書翰）

肥前佐賀の龍造寺《りゅうぞうじ》氏と戦っていた有馬氏が高来郡藤津地方に出陣し、実弟大村純忠《すみただ》や縁戚の島原純茂《すみしげ》が参陣していた折りに、アルメイダは上長トルレスの命で陣中に純忠を見舞ったようである。その時、彼に強い関心を示したのが港をもつ島原氏であった。アルメイダは前記書翰で、「島原は非常に大きな町で海に近く、日本全国から人々が集まる所であるため、また人々がより優れた理解力を有するため、私たちはこの地をますます重視することとし、私は早急に当地に帰還するべく島原に戻ることを決めた」と報じる。また、上洛のため一年後に同地に滞在したルイス・フロイスによると、島原には当時ガレー船よりも少し小さいが、大型船が約一〇〇隻碇泊していた（一五六四年十一月十五日付書翰）。

島原氏がトルレスのいた横瀬浦に使者を遣わしたのは、一五六三年四旬節に入った二月二十八日頃であった。使者は「シラクサ・イチノスケ殿」（フロイス『日本史』一部四四章）といわれる。島原氏のイルマン派遣要請に対し、トルレスは二週間後の四旬節第三週（三月十四〜二十一日）にアルメイダと日本人伝道士ベルシオールを遣わした。彼は横瀬浦を発ち、途中で有馬氏の従兄弟の土地に寄り、五日後に島原に着いた。当地では、山口でキリスト教に改宗した大内義隆の元侍医エサン・パウロの家に八〜一〇日間寄宿し、島原氏の許可を得て一日に三回、早朝・午後・夜に説教した。有力商人たちが改宗を望み、領主もこれを支持した。

アルメイダが聖週（四月四〜十日）のため横瀬浦に戻る頃に、五〇名が洗礼を受けた。出発前の枝の主日（四月四日）に領主が四、五歳の娘に洗礼を懇請したため、彼はその夕刻に娘とその侍女三人に洗礼を授けた。

口之津における開教

アルメイダの島原滞在中に、出陣する有馬義貞が同地に至り一泊した。面識のあったアルメイダは自ら求めて彼を表敬訪問した。義貞は横瀬浦のトルレスにすでに使者を遣わして、その返書を得ていた。トルレスはアルメイダが戻り次第有馬に遣わすと返翰していた。フェルナンデスの一五六四年十一月十七日付平戸発信書翰によると、彼の使者は二人、剃髪者 rapado すなわち仏僧と、身分ある家臣 fidalgo で港の奉行 Governador であった。同港にはすでにシナのジャンク船が来航し、日本全国から交易のために多くの船が来ていた。義貞もまた貿易船来航を期待して直轄地の港口之津の奉行を派遣した。なお、フロイスは、まず義貞の父仙岩（晴純）が使者として武士土黒エイキュウを派遣してイルマンの来訪を求め、ついで義貞が同じく使者を遣わし口之津港の寄進を申し出た、という（『日本史』）。

口之津で宣教が始まったのは復活祭（四月十一日）後である。アルメイダは通訳の日本人伝道士三人を伴って、十五日に横瀬浦を発ってまず大村を訪れ、五、六日同地に滞在して教理を説いたのち、二十二日頃に日野江《ひのえ》城のある有馬に着いた。義貞はその日の夜、晩餐《ばんさん》に彼を招き、晩餐後に説教を聴聞した。翌朝、彼は使者をアルメイダに遣わして海港口之津に宛てた書状を与えた。アルメイダはまず同地から三、四レグア（一六・五〜二二キロ）の島原に赴いて同地に数日間滞在し、七〇人に洗礼を授けた。彼は伝道士ダミアンを島原に留めて口之津に向い、その途中、安徳《あんとく》に上陸して、義貞の義父安富越中守得円（徳円）から饗応を受けた。彼は娘婿島原純茂の屋敷ですでに二度アルメイダの説教を聴いていたため、彼が口之津に行くのを知って、妻子や縁者に説教を聴聞させようとして、彼を安徳に招いた。

安徳を出帆したその日の夜に、アルメイダは口之津に着いた。四月二十五、六日のことである。翌日から義貞が宿所としていた奉行屋敷で説教が始まった。同地に滞在して一五日後に、彼は教理を理解した者を一人一人審問し、ほぼ二五〇人に洗礼を授けた。五月十二日前後に、彼は再び島原に行き、聖霊降臨の祝日（五月三十日）後の六月初めに口之津に戻ったようである。その間、口之津の人々のキリスト教に対する熱意は次第に冷めて、子供たちも含めて説教を聴かなくなり、多くの者は子供たちを寺院に通わせていた。彼はその理由を究明し、彼の宿舎が有馬殿の宿所であるために、人々は同所に来ることを避け子供たちを寺院に行かせていることを知った。彼は宿主の奉行に他所に移りたい旨を伝え、義貞が教会のために与えた大きな廃寺に移ることにした。翌日、廃寺は仏像などが取り払われて教会に改められ、伝道士パウロがそこで子供たちに読み書きと教理を教えるようになった。アルメイダはこの訪問時に約一七〇人に洗礼を授けた。口之津には四月以降一ヵ月半で四二〇人前後のキリシタンがいたことになる。彼の一年後の書翰によると、

口之津の港は全員がキリスト教徒であるため、同港には四五〇人のキリスト教徒がいるであろう。……パードレ・コスメ・デ・トルレスが最も驚いたのは、これが三ヵ月間に全員が改宗したキリスト教界であるということである。（一五六四年十月十四日付豊後発信書翰）

島原における反キリシタンの動き

島原には領主の伯父が住職を務める寺院を含む三大寺院があり、寺院側のキリシタンに対する誹謗《ひぼう》と横暴は当初から際立って強かった。アルメイダの宿所であるトイ・ジョアン宅の木戸に打ち付けていた十字架像が仏僧によって破壊され、キリシタンの家の戸に貼られていた十字架が破かれたりした。聖霊降臨の祝日前には、酒に酔った若侍が自らの愚行のために面目を失って一族と共に、トイ・ジョアンの家を襲う計画を立て、これに対抗してキリシタンたちが武装を固めるなど不穏な状況が続いた。事件落着後、その祝日には二〇〇人ほどの改宗者があった。翌三十一日、アルメイダは領主に使者を遣わして教会建設のために与えられた地所に移る許可を求めて許された。

六月七日、アルメイダが口之津から島原に戻ると、領主は教会建設の用地を地均《じなら》しさせ、二〇日間

にわたって毎日二〇〇人を動員して、教会の入口に突堤を築かせた。一方で、教会建設用地に隣接したおよそ六〇戸の農民を教会に与え、建設後の教会維持のため彼らが年貢を納めるべきこととした。島原氏は、仏教寺院などの強い反発はあったが、ポルトガル船の来航に大きな期待を寄せて敢えてイエズス会の宣教活動に便宜を与えた。アルメイダによると、島原では裕福な家の子供二〇〇人のうち、六〇～七〇人がドチリナ（教理）を学び、キリストの受難や旧約聖書の物語についても教えられ、おそらく詩編をすべて彼ら風、すなわち日本風の節で歌っていた（一五六三年十一月十七日付書翰）。

六月二十五日にトルレスからの書翰を得たアルメイダは、ポルトガル船来航の近いことを考え、翌日口之津に赴いて伝道士パウロに指図を与え、彼の助手として中国人一人を留めた。この時、彼は教会から歩いて三〇〇歩の所にそびえる小高い岩山に三ブラサ（六・六メートル）の高さがある十字架一基を立てた。七月二日にポルトガル船が横瀬浦の近くに来航したとの報せを得て、アルメイダは口之津から島原に至り、金曜日（七月九日）の早朝に横瀬浦に戻った。島原には伝道士ダミアンとトイ・ジョアンが留まっていた。

大村の騒動と有馬領内の動静

ポルトガル船ナウは、七月六日に横瀬浦に着いた。同港に戻ったアルメイダは翌十日に、ナウ船の来着を報じるため同港から海路と陸路で一〇レグアの地に出陣中の大村純忠と島原純茂の許に赴いた。十二日に純忠を訪れたのち、彼はその陣中から居城に戻っていた純忠の実弟千々石直員《ちぢわなおかず》を訪れ、彼に教理を説いた。千々石氏は兄の要望に対して、時が至ればキリシタンになるとの意向を表明した。

十五日に横瀬浦港に戻ったアルメイダは、十七日には豊後府内《ぶんごふない》での用務のため、来日したばかりのジョアン・バウティスタ・モンテ神父と共に出発した。彼はまずポルトガル人三名を伴って有馬に義貞を表敬訪問し、翌日島原に渡海し伝道士ダミアンに会った。同地では洗礼の準備を終えていた二〇人に授洗した。同行したポルトガル人を感動させたのは、子供たちがラテン語を知っている人のような立派な発音でドチリナを唱えていたことであった。アルメイダは翌十九日早朝に島原から口之津に着き、伝道士パウロに同地のキリシタンに対する宣教方法について助言した。ドチリナを学んでいた子供たちは、アルメイダの指示によりポルトガル人のため聖書のなかの歌を歌った。それらの歌は子供たちがいつも歌っていた日本の歌を忘れさせるために聖書のなかから作られ、教会で歌う以外の歌は聞かれなかった、という。詩編が歌われていたようである。アルメイダは日没後に乗船して島原に着き、その明け方に島原から肥後高瀬に渡り豊後に向かった。

アルメイダの島原再訪は、ほぼ二ヵ月後の九月十六日であった。彼は府内にいた八月二十五日頃に大村における反乱の悲報を得て、急遽同地を発ち、肥後高瀬に至った。同地で三日間船待ちして島原に渡った。彼は同行の日本人キリシタンを上陸させ、同地のキリシタンたちと連絡を取った。島原氏がキリスト教を容認していたため仏教徒たちからの迫害はなく、彼は上陸した。翌朝、島原から口之津に着いたが、同地の小高い岩山に建てた十字架は見られなかった。彼は義貞の父仙岩の役人を通じて上陸しないようにとの指示を受けた。大村の凶事がキリスト教に起因すると判断した仙岩は嫡子義貞を退け、アルメイダを領内に受入れないよう命じ、これに背けば死罪にすると通達していた。彼はこのため船内で一夜を明かしたが、夜更けにキリシタンたちが小船で彼の許を訪れて迫害の様子を語り、陸上で彼をもてなすことのできないことを詫びた。

アルメイダの乗った船は、翌朝口之津を出帆して、二日後の九月二十日に横瀬浦に帰着し、ジャンク船に避難していたトルレスに再会した。そのほぼ二ヶ月後に、トルレスを救出するため島原から来た船に彼が乗り込んでまもなく、教会が焼かれ、ついでキリシタンたちの家が焼かれた。トルレスとアルメイダはこれを眼前にして同港を去った。島原から二艘の船を率いてきたのは島原の一キリシタン武士 hum homem fidalgo であった。アルメイダによると、二艘の船を横瀬浦に派遣したのは、ドン・リアンと称する武士 fidalgo である。トルレスは彼の屋敷に八日間滞留したのち、十二月上旬に同地から高瀬に渡った（一五六四年十月十四日付書翰）。

（2）上長トルレスの口之津居住

義貞のトルレス招聘

大村の争乱事件を機に禁教令を出した有馬晴純（仙岩）は、フロイスによると、彼が大友義鎮《よししげ》（宗麟《そうりん》）に遣わした使者が臼杵《うすき》滞在中にアルメイダから経済的便宜を与えられ、また宗麟からの宣教師の保護を要請されたこともあって、キリスト教に対する態度を軟化させて宣教師の口之津復帰を許した（『日本史』一部四九章）。嫡子義貞がトルレスに口之津への来住を求めて高瀬に使者を遣わしたのは一五六四年五、六月頃であった。義貞には、実弟純忠の港町横瀬浦が焼亡したため、ポルトガル船を自領口之津に誘致したいとの考えが生じたかのようである。

トルレスはまず義貞に二度書状を送り、大友氏の保護を受けているため彼の許可なしには動けない旨を伝えたのち、アルメイダを有馬に遣わして交渉させた。アルメイダは宗麟の許可状が届く前に有馬に行き義貞の指図を仰いだ。義貞は住民四五〇人のほぼ全員がキリシタンである口之津に司祭padreが行っていいこと、司祭の到着に合わせて地所と家を与えるため家臣一人を派遣すると返答した。義貞の提案は正にトルレスが願望していたことであった。アルメイダの前記書翰によると、有馬の王は、彼の領地のキリスト教徒たちがキリスト教徒であることを止めなかったため、彼がキリスト教徒でないことを弁解して、パードレ・コスメ・デ・トルレスが自領内に来てくれるよう人を遣わして彼に願った。したがって、パードレ・コスメ・デ・トルレスが望んでいたのは、それ以外のことではなかった。彼が高瀬に留っていたのは、このためであった。

トルレスが高瀬から口之津に小船一隻で直航したのは六月であり、同地のキリシタンたちから暖かく迎えられた。直ちに住家と地所の整備が始まった。彼は有馬地方のキリシタンについて実態を知らなかったため、口之津のキリシタン教界について認識を新たにした。教会建設のための地所が整地され、七月末に教会は再建された。教会は前年八月に仙岩によって壊されていたからである。アルメイダは前記書翰において口之津のキリシタンの堅信を高く評価して、次のように述べている。

コスメ・デ・トルレスが同地のキリスト教徒について最も驚いたことは、このキリスト教界が三ヵ月間で全員が改宗させられたということであった。そして、彼らにはすぐにキリスト教徒であることをやめるように命じられたが、これに屈服しなかったことである。迫害の最中にその港に着いた私は何もできなかったが、夜間にその地の主要な者たちが私を訪ねて来て、デウスを棄てたならば、私たちは誰を選ぶべきか、石や木の偶像を取るべきか、と言った。

トルレスが口之津に移り住んだ二ヵ月間に、七、八月にポルトガル船三隻が平戸に着いた。同地には三年振りの来航船であった。司祭三名が来日した。その一人ベルシオール・デ・フィゲイレドがまもなく口之津に至り、一ヵ月後にトルレスの命により豊後府内に赴いた。同地から戻ったばかりのアルメイダが同行した。

宣教活動の発信拠点

口之津に定住したトルレスは一五六七年末まで同地にいた。彼はここから都・堺・豊後、そして平戸《ひらど》や度島・生月島《いきつきじま》にいた同僚たちに指図を与え、また彼らの活動地を調整した。一五六四年に宣教師三名が来日したことにより平戸地方には同年八月に五名の宣教師がいた。前記フィゲイレドを府内に異動させたあと、フロイスの都派遣を決定した。アルメイダがその指示を携えて豊後から博多経由で平戸に行き、フロイスにその旨を伝えた。フロイスは十一月十日に口之津に着き、トルレスに一年振りに再会した。彼は同地に四日間滞留してトルレスの指導を受け、十四日にアルメイダと共に同地を発って島原に至り、同地に二日間留まったのち、十六日に高瀬に渡り、豊後を経て上洛した（フロイス、一五六四年十一月十五日付島原発信書翰、アルメイダ、一五六五年十月二十五日付福田発信書翰）。

一五六五年五月半ば頃、トルレスは島原を六ヵ月振りに訪れてキリシタンたちの告解を聴いた。同地のキリシタンは一五六四年十一月の時点で八〇〇名であった。同地には日本人伝道士ダミアンとベルシオールの二人がいたが、フロイスによると、同地のキリシタンは伝道士二人が語る説教以外のことは知らなかった（前記書翰）。トルレスが島原を訪れて二五ないし三〇日が経った六月十日頃に、アルメイダが堺から豊後を経由して島原に戻って来た。日本人イルマンのロウレンソと、堺の医師養方軒パウロが一緒であった。彼が上方から戻った頃の島原のキリシタンの推定数は一〇〇〇人以上であった（アルメイダ前記書翰）。トルレスは数日してアルメイダらと共に口之津に戻ったが、島原滞在中にキリシタン全員の告解を聴き、アルメイダの到着以降に一八〇人に洗礼を授けた。彼は教会に領主島原純茂を迎えて説教をし、その翌日には領主の妻女や身分ある者たちにも説教を行なった。

一五六五年七月、ポルトガル船が大村領福田に着くと、トルレスはアルメイダを福田に遣わし、ポルトガル人たちの告解を聴くために豊後府内に赴任していたフィゲイレド神父を口之津に召喚して福田に派遣した。十一月ナウ船が帰航すると、フィゲイレドは福田港に近い手熊《てぐま》で宣教に従事したが、降誕祭を口之津で迎えた。降誕祭第二の八日（一五六六年一月一日）に新年慶賀挨拶に同地を訪れた島原のキリシタンたちの要望に応えて、トルレスはフィゲイレドを島原に派遣した（アルメイダ、一五六六年十月二十日付書翰）。

一五六六年五月十日頃、トルレスは前年に続き再び島原を訪れた。日本語がまだ不十分であったフィゲイレドに代って告解を聴くためであって、四〇日以上同地に滞在し、新たに五〇人に授洗した。この間、フィゲイレドは口之津に行き、イルマン・サンシェスから日本語を教わった。彼は同年秋には島原のキリシタンたちの要請により再び同地に派遣された（フィゲイレド、一五六六年五月二十五日付、九月十三日付書翰）。

島原における反キリシタンの高まり

島原のキリシタン教界は、宣教活動が始まった一五六三年以降つねに仏教勢力や反キリシタン武士らの中傷と妨害に曝《さら》されてきた。アルメイダが臼杵から戻って口之津にいた一五六五年十月中旬頃に、キリシタンたちの擁護者であったドン・リアンが仏教徒と仏僧らによって毒殺される事件が起こった。アルメイダは前記一五六五年十月二十五日付書翰で、「数日前に島原のキリスト教徒たちが父と仰ぐ、また異教徒たちと同地の領主に対する保護者として見なしていた一人の武士が当地で死んだ。領主とはたいへん近縁であった」と報じる。島原のキリシタンたちは、ドン・リアンの葬儀を仏教徒のように盛大に行うことができなかったので、トルレスに書状を送って、葬儀のために彼の島原来訪を要請した。しかし、彼は健康が優れず、代わりにアルメイダを遣わした。

＊　フロイスは『日本史』一部六二章で、毒殺されたのはドン・ジアン（島原上野介《こうずけのすけ》新介）とする。ドン・リアンは一五六三年十一月にトルレス救出のために横瀬浦に船を遣わした武士で、その使船二艘を横瀬浦に伴って来た人物が、「ある武士hum homem fidalgo」、すなわちドン・ジアンであった。フロイスはドン・ジアン自らが船parao を仕立てた、とする（『日本史』一部四九章）。キリシタンの保護者を失った島原では、養方軒パウロが伝道士として活動し子供たちの教育に当っていた。教理教育の傍ら日本の文字や漢字を教えていた。一五六六年の復活祭（四月十四日）には聖劇が演じられ、彼が日本の歌形式にしたものを子供たちに教えて指導した（フィゲイレド、一五六六年九月十三日付書翰）。伝道士ダミアンはフィゲイレドに代って説教をしていた。アルメイダの前記書翰によると、島原では「この三年間で一三〇〇名がキリスト教徒になった」。これは、一五六三年の宣教開始から三年ということであろう。

島原氏は、一五六三年以来宣教活動に理解を示し宣教師に保護を与えてきたが、その意図はポルトガル船の島原招致にあった。しかし、同地への来航船はなかった。彼は実母が関わったドン・リアン毒殺事件を黙認していたようであり、彼の反キリシタンの姿勢は次第に顕在化した。トルレスの病気悪化により、アルメイダが五島宣教から口之津に戻ったのは一五六六年九月初旬のことで、その後、島原に派遣され二〇日間滞在した。この滞在中に「ある祭」すなわち祇園会《ぎおんえ》があり、キリシタンたちはこの祭がデウスの教えに背くものとして前年同様に参加しなかった。このため、領主の母や親戚、異教徒の住民が島原氏に掛け合って異を唱え、修道士サンシェスの追放と教会没収、キリスト教への改宗禁止と禁教令の発令を要求した。領主は彼らの要求を容れてキリシタンたちに棄教を命じたが、彼らが死を賭する覚悟であることを知って圧力をかけることを断念した。なお、フロイスは『日本史』一部四六章において、この祭について祇園会と記し、一五六三年の記事に関連して言及している。

島原でキリスト教に公然と反対し、これを嫌悪する空気が明確になったのは、一五六七年の四旬節の頃（二月二十日前後）であった。浄土宗の僧が京都から島原に来て、領主が全家臣と共に同宗に帰依したことが契機になった。キリシタンには棄教を要求し、これに従わなければ悉く成敗するとの噂が立った。大村純忠はこれを伝え聞いて島原氏に翻意を促したが拒絶された。キリシタンの多くが家財を置いて口之津に避難した。このため、島原氏は彼らの逃散を防ぐため警備を強化した。都から来た仏僧について、フロイスは『日本史』一部五一章で、一五六四年の記事に関連して言及する。大のキリシタン嫌いである島原の町役人で別当を称する人物が京都・黒谷の法然寺の僧を連れ帰って阿弥陀の教えを説かせた、という。この僧は運誉上人とされる（根井浄『修験道とキリシタン』）。有馬氏が島原のキリシタンが口之津に逃亡することを容認したため、島原氏はこれを苦々しく思い、有馬氏に対する不満を募らせていった。

アルメイダはマカオにいた司教カルネイロ宛一五六八年十月二十日付書翰で、島原について、「当町には一五〇〇名以上のキリスト教徒がおり、当地方の華であった」と述べながらも、島原氏による迫害のため、現在、キリシタンは同地を去り、また司祭のいる口之津に告解のために訪れて来る、と伝える。

宣教師の周辺にいた一ポルトガル人が一五六九年八月十五日に書いた書翰でも、イルマン・サンシェスが同地を去った後、島原氏は教会を没収し、引き続きキリシタンに棄教を強要したため、これを拒むキリシタンたちは口之津に逃れ、そこで貧窮の生活に甘んじている、と伝える。これは一五六八年ないし一五六九年一月頃の状況について述べたものである。

口之津キリシタンの信仰と熱心

アルメイダは口之津で宣教を開始して一年半以上が経った一五六四年十月十四日付書翰で、同港の住民全員がキリシタンであるとして、その数は四五〇名になると推定していた。四年後に司教カルネイロに宛てた前記書翰には次のような記載が見られる。

口之津はひとつの小さな町 villa である。そこにはすべてのキリスト教徒一二〇〇名がいるであろう。この土地には異教徒が誰もいないため、たいへん平穏である。当地では数々の祝祭が深い信心をもって執り行われ、特に聖木曜日の祭の行列は、私が生まれて目にしたうちで最も多くの涙と嗚咽のうちに行なわれた。というのは、聖週間の木曜日に、私は四〇〇名以上の男と、五〇〇名以上の女が刺のある鞭で、甚だ厳しく一心不乱に涙を流しうめき声を発して、自らを鞭打つのを見たからである。……行列は私たちの修院から非常に敬虔な高い場所にある岬の聖母nossa Senhora do Caboのカーザまでであり、それはここから上等な銃の射程距離（四〇〇メートル）ほどである。有馬の王がたまたま居合わせてこれを見、ことの新奇さに心動かされ、少なからず感じるところがあって、キリスト教徒たちは来世の安息を十分に得ている、と語った。

一五六四年から四年経って口之津のキリシタンは急増していた。港周辺地域の住民に加えて、口之津全領域の住民が改宗したことになる。一二〇〇名のなかには、島原や天草の志岐・上津浦から逃れて来た者もいた。島原から避難して来た者が多かったことはすでに見てきた。一五六七年の四旬節頃に島原での反キリシタンの動きが活発になり、キリシタンたちが逃れて来た流れは一五六八年になっても止まることはなかった。

アルメイダは一五六九年に天草《あまくさ》島河内浦の領主天草尚種《なおたね》の招きによって同地の宣教に着手し、八月下旬まで滞在して約五〇〇名をキリシタンにしたが、仏僧や天草氏の兄弟らの反対が強く、執政ドン・リアン（レアン）は受洗後二ヵ月して妻子と家臣五〇名および義父と共に口之津に亡命した（アルメイダ、一五六九年十月二十二日付、ミゲル・ヴァス、同年十月三日付書翰）。口之津は周辺地域のキリシタンたちの避難所となっていた。トルレスがいた口之津には、周辺の諸領主との間に戦乱が続いて不安定なため宣教師が住めなかった大村からは、洗礼を受けるために三人、四人と訪れ、また告解のためにやって来た（フィゲイレド、前記書翰）。こうした状況は，トルレスが大村に赴いた一五六八年十月まで続いた。

口之津のキリシタンの信仰はその当初から熱意に溢《あふ》れ堅信を保った。その有りようは、トルレスが住みついた一五六四年六月以降に教理教育を施されてさらに固められたようである。トルレスは特に子供たちの教育に熱心であった。一五六六年から六九年八月まで同地の宣教に関わったジョアン・バウティスタ・モンテ神父の一五六六年十一月七日付口之津発信書翰には、次のような記載がある。

彼は子供たちにキリスト教の教理を教えるだけで満足せず、他に夕べの祈りの時に詩編や聖歌や祈禱文を歌うことを教えました。子供たちが上手に整然と歌い、ラテン語を立派に発音するさまを見聞きすることはたいへん美しい光景です。

トルレスが子供たちに詩編や聖歌や祈りを日本語だけでなくラテン語で歌わせ祈らせていたことに、子供たちは従順に従ったようである。このことは親への宗教教育にもなったようであり、また幼児期に覚えたラテン語文の詩編や聖歌は日常的に歌われ、歌い継がれていったであろう。一五六五年十月から十二月の降誕祭過ぎまで口之津にいたアルメイダもまた一五六六年十月二十日付書翰で、トルレスの子供たちに対する徹底した教育について詳述している。

私は十月にパードレ・コスメ・デ・トルレスが居住している口之津の港に向けて出発し、そこに降誕祭過ぎまで彼と一緒にいた。この間に私が留意したことは、パードレ・コスメ・デ・トルレスが当地のキリスト教徒たちに教理を説く際「に見せた」たいへんな熱意と気遣いであって、少年や少女たちにも彼は同じように心を配っている。少年の合唱隊と少女の合唱隊がこれを聴くことが驚きであるほどの篤い信心をもってグレゴリオ聖歌に合わせて晩課を歌うのを見るのは、私たちの主を誉め讃えるのに大いに相応しいことである。私には彼らが私よりも二倍も多く詩編を知っているように思われ、また発音や音合わせもよく、これを聴くものは彼らが修道者でよく文法を学び歌にかなり精通した若者と見なすほどである。こうしたことがこの土地で十分になしうるのは、彼らの間に異教徒が一人もいないからである。彼らは私がこれまで見てきたなかで、最もよく教理を授かった子供たちである。驚くべきことに彼らは教会に毎日三回、すなわちミサ、晩禱、およびドチリナのために、夜には連禱のために来ている。また、パードレは彼らに自分たちの文字の書き方を教えさせている。そのために偉大な祐筆《ゆうひつ》である師匠がいる。彼は世間を捨てて、この教会でデウスに奉仕している者で、徳の高い尊敬すべき人物である。

口之津のキリシタンがトルレスを敬愛し慕う姿は、彼が一五六八年一月に口之津から天草の志岐に去ったのちの行動にも窺うことができる。彼らは同年の四旬節にトルレスに告解を聴いてもらうために志岐を訪れ、四月十八日の復活祭が終わったのちに七艘の船に乗り込んで彼を訪ねた。なお、「祐筆である師匠」とは、養方軒パウロを指しているようである。

（3）有馬義貞の改宗とキリシタン教界

一五七〇年時の有馬領内のキリシタン

一五七〇年時、有馬地方にはキリシタンおよそ四〇〇〇〇人がおり、主要な教会四つがあった。この頃、大友勢が筑後から肥前に侵攻して大村・有馬領をも併呑する形勢にあった。トルレスは二月初め大友宗麟に戦勝祝いの使者としてアルメイダを遣わし、有馬・大村両氏のためのとり成し工作を行なわせた。アルメイダは日田から大村のトルレスの許に戻る途中、有明海の高瀬・口之津間で海賊に襲われ、フィゲイレドのいた口之津に着いて復活祭（三月二十六日）を迎えた。彼は一週間後に大村に行きトルレスにその使命の結果を報じた。大村純忠が大友勢の南下を懸念してトルレスに長崎転住を勧めたのはこの後のことである。アルメイダは彼に代わって大村に留まったが、その一五日後に再度宗麟のもとに遣わされ、有馬国破壊後の諸教会とキリシタンたちが危機に曝《さら》されないよう保証を求めた。このため、アルメイダは口之津から高瀬を経て二日路の陣所にいた宗麟を訪ねた。以上の文脈のなかで、冒頭の有馬地方のキリシタンの数と教会数が報じられている（アルメイダ、一五七〇年十月十五日付書翰）。

一五七〇年時に、有馬に四教会があったとする記載について、口之津以外は定かでない。同年十月に日本からゴアに発ったガスパール・ヴィレラがポルトガルに送付した一五七一年十月二十日付書翰から有馬地方の状況が知られる。

口之津にはキリスト教徒三〇〇〇名がいる。彼らは堅信である。そこにパードレ・コスメ・デ・トルレスが七年（正しくは三年半）間居住した。教会二つがある。島原には八〇〇名のキリスト教徒がいるであろう。その土地の領主は以前［キリスト教徒たちの］友人であったが、仏僧たちの説得によってキリスト教徒たちの敵となったために教会はない。

有馬地方にほぼ四〇〇〇人のキリシタンがいたことはアルメイダとヴィレラの書翰から確かなことである。アルメイダは一五六八年の司教カルネイロ宛書翰で島原のキリシタンを一五〇〇人以上と報じたが、一五七〇年時に半減していたことは、おそらく彼らの多くが口之津に移ったからであろう。教会の所在については口之津の二教会以外は不明である。口之津のキリシタンの模範、領主義貞への期待、島原での宣教再開について言及した書翰を、ヴィレラはインド到着直後の一五七一年二月四日に書き送っている。

口之津は有馬国の一つの大きな町 villa であり、すべてキリスト教徒からなる。全員が堅固に善き模範を示して［信仰を］維持している。王は異教徒であるが、領国内にキリスト教徒をもつことを喜んでいる。私たちは彼の家臣たちと彼の兄弟であるドン・ベルトラメウ（大村純忠）の祈りによって彼に真理について認識させ、これを信じるための光明を授けてくれるよう、私たちの主［なるデウス］において期待している。……島原は以前にキリスト教徒たちが追放された土地 lugar である。現在、住民たちは彼らを復帰させることを望んでいる。そして同時に、当地に住むパードレ一人と共に以前のように教会を建造することを強く要望している。

義貞のキリスト教との接触

義貞がキリシタン宣教師に会いキリスト教について知ったのは一五六二年である。翌年、彼は横瀬浦のトルレスに使者を遣わしてイルマンの派遣を求め、当初から港町口之津をキリシタンの町とするため住民の改宗を奨励した。住民たちもまた領主の意向に添って熱心な信仰共同体を作った。義貞の意図はポルトガル船の口之津招致にあったが、それだけが彼の目的ではなかったようである。トルレスの来住によってポルトガル船来航に対する彼の期待は俄《にわか》に高まったであろう。一五六四年横瀬浦入港を断念した商船が平戸に廻航した時、度島にいたフロイスはカピタン・モールに口之津への廻航を指示したが、この時は実現しなかった。

口之津にポルトガル船が初めて来着したのは一五六七年である。この年、ナウ船を含め三隻が来着した。その来着の経緯は不明である。イルマン・ヴァスの同年十一月二十二日付書翰によると、領主義貞が口之津を訪れて説教を聴き、のちヴィレラ神父を有馬に招いて再び説教を聴いている。ヴァスは、彼が可能な限りキリシタン教界を保護し、キリシタンになることを望む者すべてにこれを許している、と報じる。口之津では毎週各地から来た者たちの洗礼が見られた。

この年、島原では浄土宗運誉上人の下向を機に迫害が強化された。大村純忠はこれを憂慮して有馬に兄義貞を訪れて協議し、のち口之津にトルレスを訪ねて司祭の大村派遣を要請した。義貞が再度口之津を訪れて、キリシタンたちが教会から岬の聖母教会まで行列して歩く姿に感銘したのは、翌一五六八年の聖週間（四月十二～十七日）の時であった。イエズス会は領主たちの保護を得る方法の一つとして、彼らを修院に招いて饗応した。豊後府内では毎年恒例として九月頃に宗麟を招いていた。トルレスが同地を去った一五六二年以降にはその接待のためアルメイダが肥前から派遣された。彼の府内行きの要務の一つは宗麟饗応であった。食事の間にヨーロッパの音楽が奏され、自然科学の話と共に、キリスト教について話された。京都でもヴィレラは足利将軍の重臣たちを教会に招き、横瀬浦でも純忠を招いてポルトガル料理と日本料理をもってもてなした。義貞にも同様の饗応がなされた。

口之津では私たちの祝祭を行なった期間中に、王と親しくするための良い機会として、また私たちの主であるデウスへの奉仕と隣人の幸福に関する問題が生じた時に政庁で人に助けを求める必要があるので、私たちは何度か有馬の王を私たちの修院で饗応した。この物質的な招待と自然科学の講話のお蔭で、私たちは彼とその家臣たちに知っておくべき創造主と救世主について理解させた。王は生来すぐれた分別の人で、教養ある人であるので、キリスト教徒たちの真理にかなり傾いているようである。彼は幾度か明言し、また一度は書状で、彼の家臣たちがまだ理解に達していないために、自分はキリスト教徒にならない、と書いて寄越した（フィゲイレド、一五七〇年十月二十一日付書翰）。

一五七〇年以降一五七四年十月まで、口之津にはバルタザール・ロペス神父が配属されていた。彼は一五七〇年六月にカブラル、オルガンティーノ両神父と共に来日した。フランシスコ・カブラルの一五七一年九月二十三日付書翰によると、ロペスは日本語が不十分であったため通訳interpreteを通じて告解を聴いていた。

一五七二年、島原にポルトガル船が入港し、島原氏のキリスト教に対する対応に変化が見られた。島原では今後デウスの扶けにより成果が挙がり始めると思う。というのは、当地の領主が一艘のナヴィオ船がそこに行ったことによって［キリスト教に］配慮しているからである。パードレ・バルタザール・ロペスが当地に赴き、土地の領主とキリスト教徒全員から厚遇されて、彼が住んでいる口之津に帰還した。この道が開かれることは私たちが願望して七年以上になる。（アルメイダ、同年十月五日付書翰）

ポルトガル船が島原に来航した記事は、管見では右の書翰に見られるだけである。ロペスの島原入りは、一五六六年にサンシェス修道士が同地を追放されて以来のことであった。その後一五七三年から一五七五年までの有馬地方に関わる記事は少なく、当地のキリシタンについては知りえない。アルメイダの一五七六年一月三十一日付口之津発信書翰によって、若干の情報が得られるにすぎない。

有馬の近くに一つの美しい教会が建てられ、その教会に多数の人が集まった。そのうち五〇人の者がすぐに改宗した。現在、他に五〇人が心を動かされているといわれる。私が天草に出発する前に彼らに洗礼を授けることを期待している。そして、主要な人物が今まで妨害しなかったならば、さらに多くの者が改宗していただろう。

島原において一五七三年以降も宣教活動が継続されていたことが知られる。しかし一方で、島原にポルトガル船が来着した事実は、口之津を領有する義貞には決して穏やかなことではなかったであろう。

義貞の受洗

義貞は一五七六年枝の主日（四月十五日）に口之津でガスパール・コエリョ神父から洗礼を受けた。彼がどのような経緯でキリスト教への改宗を決断するに至ったかについては定かでない。彼の受洗前後の事情については、フロイス『日本史』一部一〇八章に詳しい。ただし、その記事は、彼が当時一五六五年以降都地方にいたために伝聞に基づくものである。当章の初めには、義貞の由緒、人格と資質が描写されている。当然、好意的で楽観的な記事である。その概略は以下のようである。

肥前国は大きい国であるため、通常高貴で裕福な武将 fidalgo が多くいる。彼らのなかで第一位を占めているのが、高来の屋形 Yacata do Tacacu 義貞であった。彼の家は日本で甚だ古く、そしてその他にも高貴な身分と家柄のために、またあわせもつその人格と品格をいっそう飾り立てていた希有な特性のために、彼は高く評価されていた。彼は武将たちの間では日本では珍しいことに、真理を重視する領主 principe であった。温厚な性格で正義の味方であり、所作は完璧で、彼の鷹揚さと寛大さによって家臣たちに敬慕され、日本の歌 utas や詩歌に造詣があり、優れた書家で、その治世において成熟し、慎重で分別があった。

当時の戦国武将・大名に求められていた理想的な姿を見るようである。義貞は、版図を最大に拡大して肥前国守護職であった父晴純（仙岩）の跡を継いだが、隣領龍造寺氏の攻勢を受けて弱体化した。このことからして、彼が優れた武略家・武将の才能に恵まれていたとは言えないようである。彼は父の庇護のもとに京都の公家衆《くげしゅう》との接触があり、和歌や連歌を詠む文化人としての資質に恵まれていた。フロイスが「日本の歌や詩歌」について言及するのは、宣教師らの間にその才能の一端が知られていたからであろう。『有馬世譜』（巻之一）に次のような記載がある。

公（義貞）御生質従順にして風采あらせられ、和歌を御好なされ、しかも其道に達せられ、三光院実澄公（西三条実澄）より御学びあり、

中央の文化に深く心を寄せて詩歌を嗜んだ義貞には、実弟純忠が異国の宗教を受入れたことに強い違和感を抱くことはなかったようであり、むしろ純忠が貿易船を領内に招致していたことに関心を持った。フロイスが記すには、義貞は大村で宣教に従事していたコエリョ神父に使者を遣わして口之津への来駕を求めた。口之津にいたアルメイダが、義貞がコエリョを招聘した真意について検討した結果に従って、コエリョは口之津に至ったようである。

口之津に着いたコエリョは、早速、有馬の義貞に来着を報せた。受洗を決意した義貞はその五、六日後にコエリョに伝言を送ったのち、代官の東殿 regedor Fingaxidono と数名の家臣（のちに約三〇人と記載がある）を伴って、その目的を彼らに語ることなく口之津に赴いた。彼は家臣団や仏僧たちの

強制的改宗を避けて慎重に領内の改宗を進めることについて、コエリョの内諾を得た上で、洗礼を彼に求めた。義貞は同行の家臣一人一人に面会して自らの改宗の意向を伝えて約三〇人全員の了解を得て、受洗のため説教を聴いた。義貞と家臣全員が教会に行きコエリョから洗礼の秘跡を受けた。彼はコエリョが示したいくつかの洗礼名のなかから、「アンドレ」を選んだ。日本の文字で「天（天国）をたやすく奪い取る男」の意味である（『日本史』一部一〇八章）。アンドレに「安天連」を宛てた事例はいくつか見られる。

府内から口之津に戻った上長カブラルは、「ドン・ベルトラメウの兄弟である有馬の王はこの模範（臼杵や博多のキリスト教徒のこと）に心を動かされた。このため、有馬の王は口之津にいたイルマン・ルイス・アルメイダを呼んで、自らの意向を彼に表明した」と簡潔に述べ、二ヵ月間でおよそ一万五〇〇〇人の者が洗礼を受けた、と記すのみである（一五七六年九月九日付書翰）。イルマン・ヴァスは九月三日付書翰で、義貞の受洗後に、奥方 Rainha も受洗し（洗礼名マリーナ）、以来今日まで多数の者が洗礼を受け、盛大な洗礼式があって、この六ヵ月間に一万五〇〇〇人が受洗したであろう、とする。集団の洗礼式が執り行なわれたようである。

義貞受洗から二ヵ月ほど経った六月二十五日にマカオからジャンク船が口之津に来着し、アフォンソ・ゴンサルヴェス神父が到着した。同神父の書翰によると、義貞受洗から彼の到着時までに八〇〇〇人以上が改宗し、彼は到着の翌日（聖洗礼者ヨハネの祝日）に二一〇〇人に授洗した。それ以来五〇

6——有馬家系図

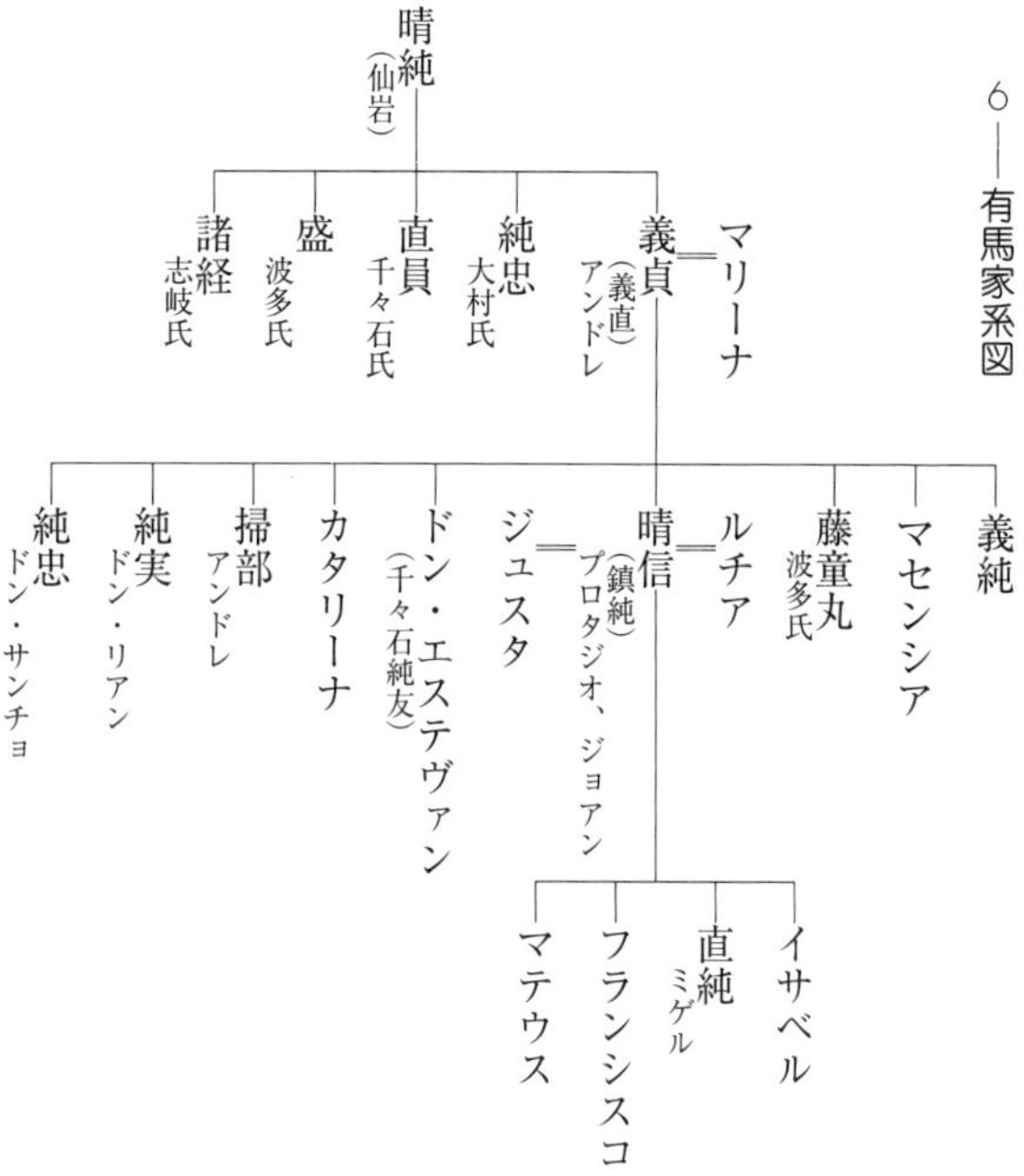

（結城了悟『キリシタンになった大名』, Alvarez-Taladriz, A. Valignano, Sumario de las cosas de Japon により作成）

〇〇人に洗礼を授けた。有馬全体で六ヵ月間にキリシタンになった者は二万人以上と見られた（一五七六年九月二十四日付書翰）。

当時豊後にいた上長カブラルはコエリョから義貞受洗の報を得て有馬に至り、アントニオ・ロペス神父をアルメイダと共に有馬の教会に配属した。ロペスは同年六月にナウ船で長崎に着いたばかりであった。義貞改宗後の有馬領内で宣教活動が急展開していた最中に、ドン・アンドレ義貞が病死し有馬のキリシタン教界は苦境に追い込まれることになる。

義貞死後のキリシタン教界

義貞の守護聖人聖アンドレの祝日（十一月三十日）に盛大な祝いがあり二日間続いた。キリシタンも仏教徒も演劇や踊りを楽しみ、他に祝いごとがあった。しかしその二日間の最後に、肩に生じた悪性の腫瘍が彼に見つかり、それから二〇日の内に彼は死去した（カブラル、一五七七年九月一日付書翰）。その兆候は早くからあったのであろう。カブラル書翰によると、異教徒であった継嗣（鎮純）と家臣団の主要な領主たちは、いまだ彼らが異教徒でありデウスの教えに憎悪を抱いていたため、病臥している義貞にイエズス会が与えた伝言を彼に与えようとせず、仏僧たちを招いて助言を得ていた。鎮純は、義貞の嫡子義純が元亀二年六月十四日（一五七一年七月六日）に急逝したのちに家督を継いでいた。カブラルによると、鎮純と仏僧たちは、キリシタン武士たちが棄教して元の仏教信仰に戻るよう説得し、彼らが義貞の臥す部屋に入ろうとしたが、これを許さなかった。宣教師が知ったことは、義貞が悪魔の説教に決して応じなかったということであった。まもなく鎮純と主要な領主たちが迫害に着手して十字架を伐り倒し、死刑を振りかざしてキリシタンたちに棄教を迫ったため、大多数の者が信仰を棄てた。彼らは新しい信者で、宣教師不足のため十分に教化されていなかったからである。カブラル、ロペスの両神父とアルメイダは教会が焼かれるまで有馬に踏み止まってキリシタンたちを励ましたが、ついに口之津に退いた。カブラルはロペスとアルメイダに天草行きを命じ、彼は豊後に赴いた（カブラル前記書翰）。カブラルが義貞死後いつまで有馬に留まっていたのかは明確でない。十字架が倒され教会が焼かれるのを見て有馬を出たのは一五七七年の四旬節（三月）頃であったろうか。彼は口之津に退いたのち九月初旬には豊後に発ったようである。

イエズス会東インド管区巡察師ヴァリニャーノは一五七八年九月六日にマカオに着き、有馬義貞の死と有馬の迫害について知った。彼はこのことを早速ゴアに報じた。「巡察師作成、当［一五］七八年シナおよび日本からもたらされた情報のスマリオ（摘要）」の表題を持つ報告である。

日本の会員たちといくつかの地方は、大きな困難と迫害に耐えている。それについて、私たちの主はついに大きな利益を得た。昨年キリスト教徒となったドン・アンドレなる王が有馬国で死去したため、またいまだ異教徒であった彼の息子が跡を継いで、パードレたちやひ弱いキリスト教徒たちに大きな迫害を引き起こしたからである。しかし、多数のキリスト教徒は堅固であり、第一に追放されることを覚悟している。他の者たちは特に口之津の者たちは武器を取っている。このため、王は彼らを放逐しようとしなかった。そして王はこの様子を見て父が立てた十字架をすべて伐らせたし、多くの弱いキリスト教徒たちに強制して棄教させた。しかし今では、同じ王がキリスト教徒になることが期待されていた。それは、彼の叔父ドン・ベルトラメウの娘との間に結婚することが交渉されていたためである。また彼は自分の家臣たちが許可なく十字架を伐り倒したと言って、パードレたちに弁解させていたからである。

右スマリオの有馬に関する情報は、一五七八年十一月前後に日本から帰航したナウ船によってもたらされたようである。そのなかで注目されるのは、口之津のキリシタンたちが新しい王鎮純の迫害に果敢に立ち向かったことである。フロイス『日本史』二部一八章によると、「口之津の村は二〇〇軒以上の家があり、キリスト教徒たちは、彼らが得ていた信仰を棄てるよりも、むしろ追放されたり死ぬことを覚悟した」。この時の迫害は口之津のキリシタンたちの心意気と覚悟を示す事件であった。彼らのそうした抵抗の精神は信仰の深化によって次第に強められ高められていくことになる。口之津キリシタンの堅信と同時に注目すべきは、鎮純が自らの結婚問題を機に迫害を緩和しつつあったことである。このスマリオ執筆前に、カブラルが日本からローマに送った一五七八年十月十五日付書翰の一節は、鎮純がキリシタン教界との関係修復を積極的に模索していることを示す内容である。

有馬国では、新たに改宗したドン・アンドレ王の死によって一昨年日本で経験した最大のものであった迫害を蒙った。キリスト教徒たちを元の［宗教に］戻らせようとすることに加えて、十字架を伐り倒し教会を焼却し、若干名の死者を出した。しかしながら、私たちの主は故ドン・アンドレの子息である若者の王自身をもって私たちを慰めた。彼は倒れた者（棄教者）を立ち上がらせ、十字架のいくつかを建立させ、彼の一人の弟をキリスト教徒となし、望む者たちが以前のように［キリスト教徒に］なるための許可を与え、さらにできることなら、彼もまた［キリスト教徒に］なるだろうと予告した。

彼の弟とは、母マリーナと共に洗礼を受けたドン・サンチョである。彼がキリスト教の信仰に戻ることを許し、彼もまた将来改宗するだろうと予告したとされるが、彼が予告した相手はコエリョ神父であったろう。

カブラルが一五七七年九月に書翰を発信した時点では、口之津を除く有馬領内のキリシタン迫害が止む見通しはなかったが、それから一年間のうちに事態が変化したことがヴァリニャーノのスマリオとカブラルの前記書翰から知られる。鎮純が反キリシタン策を変更せざるをえなかったのは、龍造寺氏の攻勢が熾烈になり守勢に追い込まれていたためであった。彼が窮余の策として考えたのが、叔父大村純忠との連繫であり、そのため、彼の子女との結婚を目論んだことである。このことは、『日本史』一部一一五章に詳述される。

有馬の諸事態は先に述べた限界状況に直面しており、またかのキリスト教界は鎮純の［家督］継承によって壊滅されてすでに二年が経っていた。この者に対して彼の主要な敵である龍造寺は、彼の父に対して始めていた戦いで優勢を占めていた。そのため、有馬殿は自分の軍勢が劣勢であるのを見て、その軍勢によって甚だ強力で強大な敵に抵抗しうる見込みがないために、彼の叔父ドン・バルトロメウといっそう連繫して、彼の助力と好意を利用しようと決断した。彼はドン・バルトロメウとは血縁関係であったことに加え、ドナ・ルチアというドン・バルトロメウのキリスト教徒の娘と結婚したいと望んだ。

フロイスは、鎮純が大村に居住していたコエリョ神父を介して結婚の意向を純忠に伝え、この問題がどのように展開したかについて述べている。すなわち、鎮純が純忠に息女ルチアとの結婚についてコエリョを通じて申し入れたのに対して、純忠は甥鎮純に、彼が全家臣と共にキリスト教に改宗することを条件として結婚を約束したが、家臣たちの苦言により純忠は約束を反古にした。そのため、コエリョは純忠の翻意を遺憾として大村から手熊に退去し、一方で鎮純の有馬招聘に対しては棄教した家臣全員の立ち返りの保証を要求した。鎮純・純忠・コエリョ三者の間に上記のような駆け引きが見られた。鎮純の側近左兵衛ジョアン（安富得円）が、コエリョと連絡を密に取り続け、彼の有馬訪問のために尽力した。コエリョは二ヵ月間有馬に滞在して鎮純と粘り強く交渉を重ね、家臣たちのキリスト教への立ち返りを実現した。鎮純と純忠の息女ドナ・ルチアとの結婚問題については、その後言及されることはない。

2　有馬鎮純（晴信）治世下のキリシタンの動向

（1）　巡察師ヴァリニャーノと鎮純の受洗

ポルトガル船の口之津来航

一五七九年七月二十五日（天正七年七月二日）、ポルトガル船ナウが口之津に入った。義貞が受洗した年から三年目である。カピタン・モール（総司令官）、レオネール・デ・ブリトは本来なら長崎に渡航すべきであったが、この年はヴァリニャーノの意向に従い、渡航地を変更した。「一五八〇年度日本年報」の作者ロウレンソ・メシアは、ヴァリニャーノが有馬の港にナウ船が入るよう便宜を図った、と報じる。ヴァリニャーノはマカオで鎮純が迫害を止めて、むしろイエズス会に接近してその関係を父同様のものに修復させようとしてキリスト教に改宗することを表明していることを知って、ポルトガル船を彼の領内に入れることが、軍事的に苦境に追い込まれていた鎮純を援助することになり、また彼をキリスト教に導く絶好な機会である、と判断したようである。

鎮純は天正六年に高来表に主張して来た龍造寺隆信軍に攻められ、同年三月に姉を隆信の嫡子鎮賢《しげかた》（政家）に嫁がせて和睦した。彼は再度龍造寺氏と戦って敗れ、鎮賢に起請文を提出した。それは天正七年六月一日（陽暦六月二十四日）で、ナウ船到着の一ヵ月ほど前のことであった。

鎮純の受洗決意と戦況

鎮純はヴァリニャーノ神父の到着を知るとすぐに口之津に彼を表敬訪問した。同神父もまた答礼として有馬の日野江城を訪れた。鎮純はキリスト教への改宗を表明したが、神父は彼が全領内を上げてキリシタンになるよう求め、特に教会の大敵で、強大な権力をもつ仏僧たちの受洗を条件として要求した（フロイス『日本史』二部一九章）。彼は、この要求に対し、龍造寺軍の攻勢に怯えながら、有力家臣や仏僧たちの改宗に懸命に努めた。伯父たちの一人、別の伯父の嫡男の従兄弟や他の家臣たちが改宗を決断したため、神父は鎮純の受洗を容認した。彼が口之津に赴いて神父から洗礼を受けようとしていた時、龍造寺勢が再度侵攻し、また城持ちの領主たちへの切り崩し工作が進んでいた。その事態についてヴァリニャーノは一五七九年十二月十日付書翰（A）において、次のように述べている。

全領を上げてキリスト教徒となることを交渉していて、すでに結論に達していた時、ほどなくしてある災厄によって彼（鎮純）は一日に三つの城を失った。そして少しのちになって、彼は勝利して大勢の敵を殺した。まもなく、領主の幾人かが領土を彼から奪おうとしていた龍造寺に呼応して謀反を起こした。（もっとも彼はその反逆を知って直ちに彼らを殺した。）少し経ってから、彼はキリスト教徒になるために多数の領主たちと共に、乗船して［口之津に］来ようとしていた時に不意に失神した。このため、彼は死んだように地に倒れた。

ヴァリニャーノが右書翰の五日前の十二月五日に口之津から書き送った書翰（B）がある。

当日本の変化が甚だ大きいため、今日述べられることは、少しあとには事態の大きな変動によって変化する。そして同じ週に不意に絶望的な多くのことが現に起こっている。私たちは全員、突然に教化に専念するというよりも、当地に私たちが有している少数の者をどこに逃がし救い出すことができるかと考えることで［頭は］一杯である。キリスト教徒になろうとしていた有馬殿が、今週彼が所有していた最も重要な城二つを失ったためである。その二つの城は彼に謀反を起こして、彼の敵である龍造寺に降伏した。さらに十五日間で三つの城が彼の領内で失われた。彼の全領内は、これらの城が失われたことによって、このような状況にある。大方に怖れられていることは，全領が短期間に龍造寺の支配下になるだろうということである。

B書翰で「十五日間で三つの城」を失ったという記事は、実際には十一月中に起こったことを指しているのであろう。そして、「今週」とは、十二月五日を遡る「今週」は、十一月二十九日からということになるのであろうか。五つの城の城主は、十一月中旬から十二月五日までに有馬氏に謀反したことになる。A書翰には「一日に三つの城」が謀反したとある。この記載はB書翰の「十五日間で三つの城」に対応し、この両書翰に見られる「三つの城」は同じことを述べているようである。とすると、鎮純は十一月中に洗礼を受けるために口之津に行こうとしていたが、失神してできなかった。ともかくも、彼の親戚縁者と仏僧らに対する懸命な説得は八月頃から十一月まで続いたことになる。彼が口之津行きを前にして倒れたことについて、フロイスは「乗船しようとする時にまず風呂に入ったが、そこで突然目眩《めまい》に襲われて一同の前で死んだように倒れた」という。A書翰では、前記引用文に続いて以下のように記載される。

彼は再び回復したのちに、キリスト教徒になることを決断して二度目に［口之津に］来るはずであった一日前に、ある城にいた家臣たちが彼に謀反を起こした。その城は彼の領内で最も主要なものであった。彼らはそれらを敵の龍造寺に渡した。そのため、その領土全体が大きな危険に陥った。このため、彼の［口之津］来訪が妨げられたので、私たちは彼が出かけて来るかは分からない。しかしながら、彼はこうした状況にもかかわらず、彼の領内になにがしかの援助が与えられたのちには必ず［口之津に］来るとの伝言を私に送ってきた。のちに再び彼に説教をするために人を遣わした時、その同じ日に、彼の別の城が彼に謀反を起こした。彼の領国は甚だ大きな危機に見舞われている。

鎮純が洗礼を受けるため二度目に口之津に行こうとしたのは、十二月五日から十日までの間であったと思われるが、新たな謀反がその出発の前日に勃発して中止された。メシア神父によると、鎮純の従兄弟が前日に口之津に赴き、彼は当日伯父と一緒に口之津に来ることになっていた（「一五八〇年度日本年報」）。ヴァリニャーノは事前にパードレ一人を口之津から有馬に遣わして、彼の受洗のために万全を尽していた。前記神父は日野江城に留って有馬のキリシタンたちを世話し、城内に避難していた人々のために多量の糧食を城内に運び込ませた。口之津のキリシタンたちも自ら防備を固め、ヴァリニャーノも同地の強化を支援した。

鎮純がヴァリニャーノに求めた救援に対して、彼はナウ船が保有していた鉛と硝石《しょうせき》を供与した。その額はほぼ六〇〇〇クルザドに達した。日野江城包囲は五ヵ月間ほど続いたとされ、城内に避難していた者たちは、イエズス会とポルトガル人からの糧食援助によって苦難を凌いだ。

有馬のキリシタンの信仰回復

ヴァリニャーノは洗礼を求める鎮純の要請に応えて、一五八〇年の四旬節の第一週（四旬節の初日は灰の水曜日、二月十七日に当たる）に有馬に赴いた。彼は、日野江城内では鎮純や重立った家臣たちにカテキズモ（教理）を教え、それについて説教をした。しかし、鎮純と女性との同棲問題のためその解決を待って、ようやく洗礼が彼に授けられたのは三月になってからであった。その日付は詳らかでない。洗礼名はドン・プロタジオである。

彼の兄弟たちや有馬に居合わせた有力武将たちも受洗した。

ヴァリニャーノが有馬に滞在した三ヵ月間に、有馬各地で四〇〇〇人以上がキリシタンになり、四〇以上の神社仏閣が破壊されて、その跡地に教会が建てられた。破壊を免れた寺院は改修されて教会となった。仏僧たちはキリスト教に改宗するか、あるいは有馬の地を立ち退いた。迫害により信仰を棄てた八〇〇〇人ないし一万人の者が信仰を取り戻した（「一五八〇年度日本年報」）。

聖週間の始まる三月二十七日以前に、龍造寺氏との休戦が成立したこともあって、聖週の間に盛大なミサがあり、聖体行列がなされた。聖土曜日には日本に初めて持って来られたオルガンが奏されるなか、ヴァリニャーノによってミサが立てられた。オルガンの一台はセミナリオに置かれることになる。復活祭の日（四月三日）には、日の出前から聖体行列が行なわれ、キリシタンたちは提灯をかざして参加した。有馬城下での初めての復活祭は盛大に祝われ、彼らは深い喜びにひたった。

「一五八一年度日本年報」によると、有馬・龍造寺両氏の和議成立後に、ヴァリニャーノと準管区長コエリョは龍造寺氏に度々使者を遣わし、コエリョは招きに応じて領主隆信を訪れた。隆信はポルトガル船の領内招致を念頭に教会建設を約束した。イエズス会が、長崎内町《うちまち》六町を大村純忠から寄進されてポルトガル船の入港に強い指導力を揮《ふる》っていた事実を無視できなかったようである。

有馬における宣教と教会の建造は、鎮純の支配地全体に次第に及んでいった。彼の支配領域は、堂崎《どうざき》が北限で、南は小浜《おばま》までであったが、仏寺が教会に改修されて宣教活動は進展を見た。有家《ありえ》に建った教会は、有馬城下にあった教会を除くと最も立派であった。同地の教界の中心は鎮純の伯父安富得円ジョアンであり、彼の父も改宗した。島原には古キリシタンを主体として五〇〇人以上がいた。彼らは龍造寺氏に組した島原氏の反キリシタン政策にもかかわらず、日曜日と祝日にはキリシタンの家に集まって祈り、有家の教会に通っていた。一五八二年、有馬の改宗者はおよそ六〇〇〇人であった。同年の四旬節にはコエリョ神父が有馬に赴いて同地のキリシタンの教化に当った。特に日野江《ひのえ》城では家臣たちの教化と改宗に努めた。ヴァリニャーノがマカオに出発した二月以降七ヵ月間に、高来地方では三四〇〇人の改宗者があり、仏僧二五人が含まれていた。加津佐《かづさ》にも新教会が建ち、一五八二年十月に二三六人が受洗した。口之津では仏教寺院の破壊・焼却が進み、仏教徒たちは半レグアの海上にある岩戸山と称する小島の洞窟に仏像などを隠し置き、そこで礼拝をしていた。コエリョはこれを知って、同地のキリシタンである有力な領主やキリシタンたちと共に小島に渡り、洞窟の礼拝所に火を放って仏像などを焼いた。有馬における改宗事業は、領主鎮純の協力の許に進められ、有力家臣たちの妻子・親戚・下僕たちが改宗した。十四、五ヵ月間でおよそ六〇〇〇人がキリシタンになった（「一五八三年度日本年報」）。

セミナリオの開設

ヴァリニャーノが来日したのち、日本のイエズス会はゴア管区の布教区から準管区に昇格した。準管区長のもとに下《しも》・豊後《ぶんご》・都《みやこ》の三教区制が採られた。下教区の修院は有馬に置かれ、日本人青少年を教育して修道者を養成するためのセミナリオ（神学校）が有馬の教会に隣接して設置された。一五八〇年の復活祭後に「シモのセミナリオ」が開校した。鎮純はイエズス会が町外れに所有していた西正寺跡地の代替地を城下に与えた。六月頃に教会とセミナリオが建造された。神学生三〇名以上を収容する施設には中庭と外廊があった。この年、セミナリオには二二名が学び始めた。パードレ二名とイルマン四名が教育に参与した。一五八四年に、鎮純はセミナリオに隣接する土地をイエズス会に与えたため、セミナリオの地所は城の麓まで拡張された。

有馬教区では有家と口之津にレジデンシアが置かれた。有家は有馬よりも領域が広く、有力武士が住んでいた。彼らの子弟がキリシタンとして成長していく基盤が用意された。セミナリオのある教会に近接して、キリシタンたちが子供たちを教育するための学校を建てたのは、「一五八三年度日本年報」によると、一五八三年末から翌年一月のことである。教会で学んでいた一〇〇名以上の子供たちが通うことになっていた。

レジデンシアがあったキリシタンの港町口之津には神父と修道士各一人が居住していた。同地は対岸天草への窓口であったため、宣教師たちが同島に赴く際の宿ともなっていた。一五八〇年、同港にジャンク船がマカオから来着した。同船はヴァリニャーノの要請により糧食と武器などを積載していた。有馬氏を援助するための派船であったようである。ポルトガル船が二年続けて口之津に来着したことは、有馬氏の財政事情を好転させ、鉛と硝石の補給は龍造寺氏との戦いを優位に導いたようである。同年長崎には従来通りナウ船が入港した。一五八二年にもポルトガル船が口之津に来航した。翌年のナウ船は、当時加津佐にいたコエリョの意向にもかかわらず口之津ではなく長崎に入港した（ペドロ・ゴメス、一五八三年十一月二日付書翰）。

島津氏救援と有馬氏

九州における軍事的勢力図は、天正六年（一五七八）十一月上旬、大友宗麟が日向国耳川《みみがわ》・高城《たかじょう》で島津軍に敗北したことにより大きく変わった。肥前では龍造寺隆信が筑後さらに肥後に進んで「五州の太守」と称せられるほどの勢いを示していた（『佐賀県の歴史』山川出版社、一九九八年）。隆信は天正九年（一五八一）四月に肥後南之関に着陣し、菊池郡隈部《くまべ》城の赤星氏、八代《やつしろ》の相良《さがら》氏や宇土《うと》氏、天草の志岐《しき》氏などを服属させた。北上を目指していた島津義久は、同年八月中旬島津義虎を大将として水俣《みなまた》城を攻略し、八代の相良氏を攻めてこれを臣従させた（『旧記雑録後編』一）。

龍造寺氏の攻勢に苦しんでいた有馬鎮純（鎮貴）は、天正十年秋以降に島津義久に救援を求めて使者を派遣した。義久がこれを容認すると、鎮純は八代に島原肥後守《ひごのかみ》と峯左近将監《みねさこんしょうげん》を遣わして謝意を表した。十一月十九日である。その翌日、島津氏は川上久信を大将として軍勢を有馬に送った。同年十二月四日（一五八二年十二月二十八日）、有馬・島津両軍は龍造寺氏が天正六年に占拠して城番を置いていた千々石《ちぢわ》城を攻撃し、城番龍造寺家盛を敗走させた（『上井覚兼日記』上）。鎮純の弟ドン・エステヴァンは島津勢千五百余名と共に千々石城攻撃に参加した（「一五八四年度日本年報」）。鎮純は同六日に舎弟新八郎を人質として八代に送り、島津家久がこれを預かった。同十三日（一五八三年一月六日）、鎮純自らが八代に渡海して島津氏への臣従を誓った。彼は十九日に有馬に戻ったが、龍造寺氏に千々石奪還の動きのあることを報じた。彼に同行した伯父安富得円は人質として八代に留め置かれた（『上井覚兼日記』上、『有馬世譜』二）。

天正十一年三月（同五月）、島津氏は有馬に増援軍を派遣した。有馬・島津両軍は、天正六年に龍造寺氏に内応し臣従していた深江・安徳両氏の城を攻めて、五月六日にこれを降伏させた。その後、有馬・龍造寺両軍の戦闘は膠着《こうちゃく》状態が続き、島津氏の増援は継続した。同年九月（同十一月中旬）、肥後表《おもて》の玉名郡で対峙していた島津・龍造寺両軍は筑後の秋月種実《あきづきたねざね》の斡旋により和議交渉に入り、十月二十二日に和議は成立した。これにより、有馬氏に対する島津氏の救援は無用となり、島津勢は有馬から軍を引いた。

天正十二年初め、龍造寺氏は有馬氏討伐のため出陣した。鎮純が年頭の挨拶のために遣わした使者が島津義久に面謁したのは正月二十八日（一五八四年三月十日）である。その三日後に、義久は有馬表への出陣を命じて弟家久を三千余騎の大将として派遣した。有馬軍はおよそ五〇〇〇と推定された（『旧記雑録後編』一）。龍造寺勢は二万五〇〇〇とも八万ともいわれる（林銑吉『島原半島史』上）。フロイスは「一五八四年度日本年報」において、薩摩の軍勢は日々増強し、有馬軍合わせて七〇〇〇以上であったと述べ、一方、龍造寺軍について、「ヨーロッパの戦法を身につけていると思われる軍団を分隊した形をとって二万五〇〇〇人以上の戦闘員を率いていた」と指摘する。龍造寺勢は戦力的に圧倒的な優位を占めていたが、寡兵の有馬・島津連合軍との激戦の末、隆信は三月二十四日（陽暦五月四日）に島原の沖田畷《なわて》で戦死した。龍造寺軍の死者は三千余人、手負いの者一万余とされた（『旧記雑録後編』一）。翌日、隆信以下千騎を討取ったとの報せが肥後佐敷《さしき》に出陣していた義久にもたらされた（『上井覚兼日記』中）。

（2）伴天連追放令と有馬氏

有馬氏の回復とキリシタン教界

劣勢の有馬・島津軍勝利の報せが、有馬のセミナリオの院長バルタザール・デ・モーラ神父にもたらされたのは戦闘当日の夜であった。敗戦を予期していた神父は教会の鐘を打ち鳴らして有馬城下の人々に勝利を知らせた。彼は直ちに当時口之津にいた準管区長コエリョに使者を遣わした。

有馬氏に背いて龍造寺氏に奔《はし》った島原純豊と安徳純俊の両城主は再び有馬氏に下った。島原城内には純豊配下のキリシタン武士三〇〇人以上がいたが、彼らは城外の一キリシタンの家に小祭壇を設けて交替で昼夜秘かに訪れて祈っていた。彼らが祈願したのは有馬氏の勝利であったという（上記年報）。島原氏は一度降伏したが、堂崎を逃れて龍造寺氏の許に奔った。安徳城の純俊は安富得円の弟で、膝にできた腫瘍が悪化していた。これを知ったコエリョは純俊が知っていた日本人イルマンのロケを見舞わせた。彼はこれを機にキリスト教に改宗した（『日本史』二部一〇章）。

千々石は一度有馬氏の所領に帰したが、龍造寺隆信の島原遠征時に再度奪還されていた。隆信の死後二日目に明け渡された千々石城には、鎮純の弟ドン・エステヴァンが再入城した（上記年報）。千々石にはドン・エステヴァンと同地を治めていた者以外にはキリシタンがいなかったため、ドン・エステヴァンは家臣らの改宗に努めた。セミナリオの院長モーラは有馬から同地を訪れて三〇〇人に授洗した。教会建築用地として仏教寺院跡地がドン・エステヴァンから付与され、教会完成までは、彼の代官 veador アドリアンが新築の家を礼拝のために提供した（「一五八五年度日本年報」、上記『日本史』）。

龍造寺氏から奪還した島原城と三会《みえ》城の守りについて、鎮純は四月二十二日に島津氏に諸軍の帰陣延長を要請した（『上井覚兼日記』下、『有馬世譜』二）。彼は五月三日にも島津氏に島原と三会の在番を求めたが、翌日島津勢の帰国が伝えられると、一転して島原と三会が追って自分に与えられるよう覚兼に願い出た。彼は六月二十一日に使僧を鹿児島の義久の許に遣わして勝利の祝言を述べ、有馬表への出勢を謝して太刀・馬・南蛮笠（帽子）・水晶の花瓶などを贈った。鎮純自らも十月二十二日に肥後八代の徳之渕に至り、翌日義久の子義弘に面謁した（同日記、下）。

鎮純の島津氏服属

天正十三年二月二十四日（一五八五年三月二十五日）、鎮純は島津義久に彼の一字を懇望して「久」を賜って久賢と改め、官途も求めて左衛門大夫を称することとなった（『有馬世譜』二）。覚兼もまた同様のことを『日記』に書き認めている。フロイスは一五八五年十月一日作成の同年度年報で、彼がおよそ三〇〇人を率いて薩摩に赴き、出発時には復活祭(陽暦四月二十一日)までに有馬に戻る予定であったが、彼が帰領したのは復活祭後であった、と報じる。有馬城下の町は復活祭を迎えるために枝を飾り付け旗を掲げて当日の聖体行列に備えていた。鎮純改め久賢とその一行は鹿児島においてキリスト教を棄てるよう強要され、信仰を棄てれば裕福になると言われ試された。「聖霊」を守護者とする有家の教会では、復活祭の聖体行列に参列できなかった領主ドン・プロタジオのため、彼の帰領後の聖霊降臨祭の祝日に聖体行列が執り行われた。これには準管区長コエリョを始め、有馬領内にいた司祭全員とセミナリオの神学生たちが参列した(同年報)。

ドン・プロタジオ久賢は、同年九月十五日(同十一月六日)にも薩摩に義久を訪れた。覚兼によると、この日到着した久賢は遅延を糾問された。久賢は大村境での大村氏との紛争のため鹿児島来着が遅れたことを弁じた。彼は義久に神文(起請文)を提出するに際し、南蛮宗(キリスト教)であるとの理由で誓詞は作成せず、ただ書状のみで義久に忠誠を示した(上記日記)。

島津氏の庇護のもとに有馬領内が安定するに従い、同領内におけるキリスト教の宣教と教化も進展した。準管区長コエリョは、「一五八五年度日本年報」によると、一五八四年秋から翌年十月まで加津佐のレジデンシアにいたようである。同地近在の村々には毎日曜日、イルマン数人が巡回してドチリナを教えていた。この年の復活祭に、加津佐では九〇〇名以上の告解者がいた。キリシタンたちは救霊のために告解の秘跡がいかに大切かを知っていたから、三、四レグアの遠方から教会にやって来た。口之津のレジデンシアには司祭と修道士各一人が居住し、四旬節には六〇〇名以上が告解した。司祭はコエリョが加津佐に不在の時には同地に行ってミサをあげた。フロイスが、パードレ二人が高来で余り離れていない土地で一五〇〇人の告解を聴いたと述べていることは(『日本史』二部一六章)、加津佐と口之津での告解者のことである。

有馬では一五八四年の四旬節に、有馬表にあった龍造寺軍と有馬・島津軍とが戦闘間近であったため、キリシタンたちは告解ができず、その代わりに十字架の前でジシピリナ(鞭打の苦行)を行なった。翌一五八五年の四旬節にはすでに龍造寺氏勢が撤退していたため、金曜日毎に聖体行列があり、セミナリオの院長モーラ神父はマントを着てキリストの小十字架を手にして、キリシタンたちは多声部(多旋律)聖歌 canto de orgão による連禱を唱えながら歩んだ。同地でも一五〇〇人以上が告解し、半分以上の者は告解ができずに帰宅した。復活祭には、すでに述べたように、城主ドン・プロタジオ不在のまま聖体行列が執り行われた(上記年報)。

有馬氏と温泉山

島津義久の家老上井覚兼の「日記」(中)には、温泉岳(雲仙)が壊滅しているため、これを再興するための立願をしたこと、そのための手立てがなされ自らも同山に参詣したことが記載されている。天正十二年四月二日に三会に着船した覚兼は、その六日後に神代《こうじろ》で談合をもった。その日、八日の日記に「当郡中南蛮宗にて、温泉山坊中無残破滅候、然者、御再興之御立願、此度被成候」とある。この記載からすると、鎮純は改宗後数年のうちに温泉山にあった満明寺などの寺院をことごとく破却したようである。

島津氏は四月二十二日に温泉山再興のため、その修造料として一二ヵ所の土地を寄進した。覚兼は五月一日に温泉山に登り満明寺の廃墟を見た。フロイスは、島津氏による満明寺再興について「一五八四年度日本年報」においておおよそ次のように述べている。島津氏は当初鎮純に一パルモ（二三センチ）の土地も望まず、なし得る限りの援助を彼に与えると公言したが、薩摩の国主とその弟中務（家久）は神々や仏たちに誓言して、有馬の城の上、三レグアの山地にあって巡礼者が多く訪れていた荘厳な寺院を再建すると誓い、このため高来にあった全所領（寺領）を与えると誓った、そしてその工事の経費とその便宜のために当面は島原と三会の知行を宛て行なった。鎮純はほとんど力のない状態であったため、島津氏の決定に敢えて反対しなかった。

鎮純は、フロイスによると、龍造寺氏に戦勝した暁にはイエズス会に「雲仙《うんぜん》」と呼ばれていた著名な僧院の知行（寺領）すべてを与えると約束していた。しかし、雲仙の僧院の知行が一部は異教徒たちの支配下にあり、また一部がキリシタンたちの間に分散していたため、これの集約は困難と思われ、また戦勝後にイエズス会では同会がその知行を受け取ることは良くないと考え、有馬殿も同意見であったため、長崎に隣接する浦上《うらがみ》の土地を与えることになった（『日本史』二部一〇章）。鎮純は島津氏の温泉山再興に対する強い意志を知って、イエズス会に与えた約束を変更せざるをえなくなり、浦上の寄進ということで落着したようである。

一五七二年に来日して日本の慣習に精通していた準管区長コエリョは戦勝祝いの使者として日本人イルマンのダミアンを薩摩の国主と主要な領主たちに遣わした。彼はロウレンソ同様古参の修道士であった。

イエズス会と島津氏

島津氏によって長崎に遣わされた使僧が義久に長崎を直轄するよう上申したのは、天正十二年五月二日（一五八四年六月十日）である。島津氏の強権の矛先は有馬氏のみならずイエズス会にも向けられ、次第に鋭さを増した。準管区長コエリョは「日本布教長規則」に基づいて都地方への巡歴を計画した。フロイスの一五八六年十月十七日付書翰によると、彼は一五八六年三月二日長崎を出発したが、それまで三回上洛しようとして果たせなかった。一回目は一五八三年頃で、出発前に深堀氏に襲われてフスタ船を奪われたためである。二回目は翌年のことと思われ、有馬氏の要請を受けて断念した。鎮純が島津義久に会うため肥後八代に発つ直前のことで、不都合な事態が予測されるとして鎮純がコエリョに出発中止を懇請したためであった。彼の上洛は一五八四年十、十一月頃に計画されていたようである。三回目の上洛を決意した時、島津氏が使者二人をコエリョに遣わして年内の豊後と都地方への出立を止めるよう命じ、出発を強行すれば殺害すると伝えた。下関からの傭船一隻がすでに荷造りを終え、コエリョは長崎を出発するところであった。島津氏はイエズス会が豊後の大友氏支援のために動くことを警戒し、コエリョ自身が大友氏のために秀吉にその出動を要請するものと推測した、とフロイスは指摘する。

コエリヨが長崎出発を予定していたのは、天正十三年九、十月頃であった。陽暦では一五八五年十〜十一月に当たる。彼はやむなく天正十三年中の出発を中止した。彼は上洛が秀吉から教会用地を付与されたことへの謝礼のためであるとして、島津氏の上洛中止の指示には納得しかねる旨の書状を上井《うわい》覚兼《さとかね》ら重臣たちに送った。彼の書状を持参した使者が鹿児島に着いたのは十月十日(陽暦十二月十日)であった。覚兼の「日記」には、「長崎之伴天連《ばてれん》より……拙者へ使書にて申され候、当年上洛之志候処、御留なされ候、笑止に存じる由也、羽柴殿より大坂ニ寺家を預り置き候、一礼のため上洛申し候処、御留納得なき由共也」とある。

これに先立つほぼ一ヵ月前に、有馬久賢は鹿児島を訪れ、九月十五日から二十一日(陽暦十一月六日〜十二日)頃まで同地に滞在していたから、彼はこの時コエリヨの上洛計画を義久に伝えたようである。義久はこれを知って直ちにコエリヨに使者を遣わして上洛中止を勧告したことになる。

コエリヨと他のパードレたちは、二ヵ月経てば日本の「今年(天正十三年)」が終わるので来る年の初めには上洛が可能であると判断した。彼が秘書フロイスらを伴い長崎を発ったのは天正十四年一月十六日、一五八六年三月六日である。秀吉は三月十六日(和暦)にコエリヨを大坂城で引見した。二十日後の四月五日、大友宗麟が同城で秀吉に面謁し救援を求めた。同年七月、島津勢が筑後の高橋紹運《しょううん》(鎮種)の岩屋城攻略に着手し、有馬氏の軍勢も同城攻撃に参加した(『上井覚兼日記』下)。

これに関連して、島津氏は重臣伊集院忠棟《いじゆういんただむね》を通じてセミナリオの院長モーラに書状を送り、大砲・弾丸・火薬・砲手を岩屋城に送るよう命じた。イエズス会は島津氏の家臣であり農民であると暴言し、長崎の町の裁判権と支配権は島津氏の掌中にある、と言い切った（『日本史』二部八三章）。これはコエリョの上洛中に起きた。モーラ神父は日本人イルマンを島津氏のもとに派遣したが、彼は面会を拒絶された。モーラは自ら八代行きを決断したが、ドン・プロタジオ久賢は彼が人質になることを懸念して反対した。代わって長崎の上長アントニオ・ロペス神父が日本人イルマンや長崎のキリシタンたちを伴い八代に渡った（同二部八三章）。

秀吉の西下と有馬氏

コエリョは秀吉訪問後に都の教会を視察したのち、七月二十三日（和暦六月七日）堺を出発した。海路牛窓《うしまど》・伊予の港を経て豊後臼杵を初めて訪れ、津久見《つくみ》で宗麟に再会した。その後、下関に至り十二月十四日まで滞在した。この間に島津勢の大友勢に対する攻勢は激しさを増し、九月十日（和暦七月二十七日）に島津勢は筑前の立花城を攻囲した（「一五八六年度日本年報」）。こうした状況を憂慮したコエリョは下関に来た「陸の総司令官、官兵衛殿Quambioidono」、黒田孝高の紹介によって、秀吉に「殿下が至急シモに来て頂きたい」とする旨の書状を書いて、フロイスを大坂に遣わした。彼は黒田官兵衛とコエリョの書状を持参し、秀吉に面謁する前に彼の祐筆に書状を提出した。祐筆はコエリョの書状についてオルガンティーノ神父に忠告して、「準管区長はこのような［政治的］問題に関与すべきではないと伝えた」（オルガンティーノ、一五八九年三月十日付書翰)。この祐筆はシメオン(シモン)安威了佐五左衛門と思われ、同神父はフロイスに祐筆の意見を伝え助言した。コエリョの書状が秀吉に渡されることはなかったであろう。

秀吉が肥前の諸領主に島津氏討伐のため出陣を求めたのは天正十四年十月二十一日(一五八六年十二月一日)である。松浦《まつら》・大村・波多《はた》・有馬・草野・宇久《うく》の各氏に朱印状が遣わされた(『小早川文書』一)。秀吉の出陣命令に対して、有馬氏の対応が注目された。大村の宣教に長く携わって来たアフォンソ・デ・ルセナ神父は、有馬氏の去就について、ヴァリニャーノに次のように報じている。

有馬殿は、尊師もご存知のように今まで薩摩の陣営にいた。その悪魔たちはつねにキリスト教の教えの敵対者であったので、彼らは高来にひとりのキリスト教徒もいることに同意せず、また有馬殿が取った領地三会と島原を彼に渡さなかった。今では、彼はパードレ司 Padre ccucasa(準管区長)の説得によって薩摩の者たちとの関係を解消して関白殿 Quãbacudono の軍団に入った。また関白殿のキリスト教徒の武将(小西行長)が高来に行く前に、同パードレは長崎からその地に赴いた。日本ではすべて戦争の問題は甚だ不確実であるので、薩摩の者たちが勝利を得ることは十分にあり得るし、カミ(上)の者たちが何らなすことなく戻ることもあり得ることである。このシモ Ximo(下)すべて[の地]において私たちが留まることができるかについて、私は分からない。(一五八七年三月十二日付大村発信書翰)

ルセナの書翰からは、有馬氏がコエリョの説得によって島津氏から離反したことが知られるが、彼を秀吉側に引き入れるために、まずコエリョが高来に行って有馬氏に会い、そのあとで小西行長アウグスティノが高来に赴いた。しかし、その当時の形勢から島津氏が優勢であると見られていたようである。そのため、有馬氏はすぐにコエリョの説得に応じたかについては不明である。有馬氏とコエリョ・小西側との交渉がどのように展開したかについて言及した書翰がある。平戸にいたジョアン・デ・クラスト神父の書翰である。

アウグスティノが艦隊を率いてシモに赴いた時、準管区長のパードレは都から長崎に［帰って］来た。彼は同地から下関に人を送って十分な艦隊 armada を率いて来たアウグスティノを呼び寄せた。それは彼が有馬殿を薩摩に反対させるために交渉していたためである。アウグスティノは来た。彼は大小三〇隻のフネを率いて来た。兵士は甚だ少数であった。私がナウ船と一緒にいた平戸から、彼は準管区長のパードレに会うため二隻の軽舟 funes legeiros で長崎に赴いた。その他の艦隊はそこに残した。パードレがまもなく有馬に向かったこと以外に、彼がパードレと共にそこに渡ったかについては、私は分からない。アウグスティノは艦隊を捜しに平戸に戻って来て、さらに同地から都の地方に向かおうとしていた平戸の船五隻を加えて［艦隊を率いて］行った。彼は準管区長のパードレがいた口之津に［平戸ヵ］から行った。彼らは彼（有馬氏）に同意するよう協議したように思われる。（一五八七年三月十九日付）

有馬氏とコエリョ・小西行長との最初の協議は不調に終わったようである。クラスト神父の書翰は、そのことに関して、有馬氏が小西引率の艦隊を抑留し小西自身を拘留したと伝える。コエリョは有馬氏との協議のすべてが欺瞞であると見なして立腹し、有馬にいた全宣教師とセミナリオの神学生を長崎に退去させた。セミナリオが一五八七年二月から十一月頃まで浦上にあったのは、そのためである。小西は口之津での事態に立腹し自尊心をいたく傷つけられた。有馬氏がこの交渉に消極的であったのは、クラスト神父によると、有馬氏が約束したことが十分に保証されなかったためであったようである。クラストはその経過と結果についてよくは把握していなかった。彼はこの交渉の失敗が、他のパードレに相談せずに独断専行したコエリョにあると見ていた。彼は有馬氏とその家臣たちがキリスト教問題にほとんど満足していないと指摘し、島津氏の優勢な情勢から、羽柴殿が薩摩を破ることはなく、宣教師がシモ全域から逐い出されることになると懸念した。こうした状況が有馬氏の決断に大きく影響していたのであろう。

そして、協議の論点となった人質問題が、有馬氏には受け入れ難いものであったようである。島津氏にさえ出さなかった人質を要求され、しかもその一人に弟ドン・エステヴァンを指名されていたからである。オルガンティーノ神父は前記書翰で、小西が秀吉の命でキリシタン領主たちから人質をとるために長崎に出発し、有馬氏からも受け取るため長崎から有馬に向かった、と報じる。有馬氏は手薄な艦隊と寡少な兵力を率いる小西から、人質要求の書状を突きつけられて、弟を人質として出すことはできないと言って拒絶した。有馬氏は秀吉が後続の軍隊を九州に派遣する可能性を疑い、一方で島津氏が勝利者になる情勢にあったと見ていたようであり、秀吉に味方することは有馬家の破滅・滅亡に繋がると判断した、とオルガンティーノは見ていた。小西は大坂に戻ったのち、秀吉に九州出兵を説いて大艦隊を率いて再び長崎に現れた、という。

有馬では、城下や口之津および加津佐にいた宣教師全員が長崎に退去したため同地の司牧は停止した。秀吉が大将五名からなる軍勢を九州に派遣したのは復活祭（陽暦三月二十九日）頃とされる（『日本史』二部六〇章）。秀吉はすでに天正十四年十二月一日（一五八七年一月九日）に、明春三月の九州出陣を表明していた。

伴天連追放令と有馬のキリシタン教界

秀吉が博多に凱旋《がいせん》したのは天正十五年六月七日（陽暦七月十二日）であった。彼は直ちに九州全域の知行割りを実施した。有馬氏は本領を安堵され、二会と島原を回復した。肥後八代に秀吉を訪れた準管区長コエリョは彼を博多で迎えるためフスタ船で長崎を発った。博多姪《めい》の浜《はま》到着は五月三十日（陽暦七月五日）頃である。彼は秀吉の博多町割りに際し、教会建設用地を請願して許された。町割りは六月十一日に始まったから、秀吉が彼に教会用地を与えたのは十一日以後のことと思われる。それから一〇日も経たない六月十九日（同七月二十四日）に、秀吉は伴天連追放令を発した。この日、彼は高山右近《うこん》の許に彼の茶匠千宗易《せんそうえき》（利休《りきゅう》）を遣わして棄教を要求し、一方でフスタ船に小西行長の家臣とキリシタンの祐筆安威了佐《あいりょうさ》を遣わした。コエリョと秘書フロイスは行長の陣屋で秀吉の質問状四ヵ条について詰問された。彼らに詰問したのは行長自身であったであろう。「一五八七年度日本年報」に次のような記載がある。

関白殿は、彼がいた博多で日毎に怒りを募らせ、パードレたちや私たちの救い主であるジェズ・キリストの教えや、キリスト教徒になった者に関して度々憤慨して語り、さらに悪意をもって振舞って、日本のキリスト教界を悉く破壊しようと決断した。このため、彼は［キリスト教徒の］有力者たちを屈服させることに着手し始めた。こうして、彼は中心人物の武将 fidalgo を召喚した。そして、私たちが称していたように海の総大将 Capitão General do mar で彼の側近であったヤクラン（弥九郎）殿アウグスティィノを呼んだ。彼は私たちの［聖なるヵ］教えを悪し様に彼（行長）に語って、最後に結論して彼がキリスト教徒であることを止めて欲しいと言った。これに対してアウグスティィノは茫然自失の体であった。なぜなら、日本ではすべての者が暴君に抱いている恐怖は甚だ強烈であるからである。

右の文面からすると、秀吉は行長に直接棄教を命じたというよりも棄教を要請した印象である。あるいは年報作者フロイスの潤色があったのであろうか。秀吉に見出されて仕えた行長は、いわば子飼のような立場にあったから、秀吉は穏便な言葉だけで行長はキリストの教えを棄てると確信し、行長もまたそうした形の棄教要請を受け入れざるを得なかったのであろう。このあと彼は陣屋に戻ってコエリョを詰問したようである。詰問後、彼は秀吉から遣わされて有馬・大村両キリシタン大名に対し棄教命令を伝えた。

有馬久賢は日本の慣例に従って、行長に「御意次第」と答えて恭順の意を示して信仰を棄てる意向を表明し、内心では領内に戻った時には秀吉の命に服することはないと考えていた、とフロイスは前記年報で語る。

久賢が博多から帰領したのは七月二日以後のことであったと思われ、領内に宣教師はいなかった。長崎に退去していたセミナリオ院長のモーラは有馬のキリシタンたちの求めに応えてアルヴァロ・ディアス神父を派遣した。彼は秘かに有馬の港に上陸して教会に入った。その到着はすぐに知れ渡り、有家では安富得円ジョアンの妻ジェロニマが同地の教会世話人に司祭来着を知らせた。同司祭は到着の四日目に有馬殿を訪れた。彼は何事もなかったように司祭を迎え、特に博多において秀吉によって起こされた事態について話し、ディアス神父が当地にいることを喜んでいる、と語った（『日本史』二部六〇章）。

有馬氏の家臣数名は、まだパードレが高来にいることができる時機ではない、せいぜい口之津までであると苦言を呈したが、有馬氏は司祭がいることを誰にも言わないようにと家臣たちに口留めした。ディアスは安富ジョアンの妻ジェロニマの招きで有家に行き、同地の教会でミサを上げた。彼の有馬行きは、彼が有家から一五八七年九月九日付書翰を発信していることから見て、九月初め頃であった。ディアスの有馬訪問を機に、有馬氏とイエズス会との関係は修復された。同年度年報によると、有馬氏が回復した領地では、禁令下にもかかわらず二〇〇〇人以上の改宗者があった。

伴天連追放令の発令後、平戸に集まったイエズス会の宣教師たちは日本残留を決めて再度長崎において会合し、有馬氏の領内に潜伏することで一致を見た。堅固な城と多数の士卒に加え，武士のほぼ全員がキリシタンであることが、その理由であった（同、二部六一章）。コエリョが有馬氏と協議のためパードレ数人と共に高来に赴いたのは降誕祭の少し前のことであった。彼は「主なるデウスの名誉と当キリスト教界の保護のために生命を捧げる所存である」と述べて、宣教師たちがすぐに高来に来るが良いと表明した。上記「日本年報」によると、有馬領内には七〇名近いパードレとイルマンがセミナリオの神学生七三名と共に移動して来た。なお、島津氏の緊縛から解かれたドン・プロタジオは、久賢を改めて晴信の名を称するようになった。天正十五、六年（一五八七、八）の頃とする（『有馬世譜』二）。

（3）キリシタン信仰の深まり

禁令下の潜伏活動

有馬領内にはおよそ七〇名の宣教師が分散・潜伏し、教育機関もすべて同領内に置かれた。準管区長コエリョはパードレ二人、イルマン二人と加津佐に居住した。ドン・エステヴァンが城主の千々石にコレジオ（神学院）が移り、豊後府内にいたパードレ二人とイルマン二〇人が住んだ。コレジオは七ヵ月間存続し、翌一五八八年に有家に移った。修練院Casa de Provação は引き続き有家にあり、パードレ三人の他に修練者も含めてイルマン二〇人がいた。

修練院は同年聖体の祝日（六月二十三日）以前にドン・ジョアン天草鎮種の所領河内浦に移った（『日本史』二部六章）。有馬から一レグアの山奥にある八良尾に置かれたセミナリオには神学生七三人が学び、パードレ一人とイルマン三人が世話していた（「一五八八年度日本年報」）。

潜伏した宣教師たちは同宿を伴って有家・有馬・口之津・加津佐以外の土地での宣教に従事した。教育に携わるパードレ、コレジオに学ぶイルマンたちが日曜日には居住地とその近在の村々に出かけてキリシタンの教化に当った。禁令施行直後の厳しい環境のなかでキリシタンに対する教化と、仏教徒への教理教育が積極的に行なわれた。有馬氏の支配が十分に及んでいなかった有家以北の安徳・島原・三会への宣教が集中的になされた。コエリョが一五八九年二月二十四日付で作成した「一五八八年度日本年報」によると、島原と三会では洗礼式二回で六〇〇〇人、三回目に五〇人が洗礼を受けた。しかし、フロイス『日本史』では島原の最初の洗礼式では二二〇〇人、二回目に六〇〇〇人が受洗した（三部一章）。三回目の洗礼式ののち島原には異教徒はいなくなり、改宗を拒む仏僧たちは退去した（三部二章）。安徳では、グレゴリオ・セスペデス神父の一五八八年一月十八日付書翰によると、同年一月初めに一六六五人が受洗した。三会では、一五八八年の降誕祭前に日本人イルマンたちが集中的に説教し、一人のパードレが七〇〇人に授洗した。セスペデスによると、安徳・島原・三会の受洗者は全員がその土地の長《おさ》cabeçaであり、名のある人たちであった。まだ洗礼を受けていない残りの者たちは一般の下層の人々であった。島原のキリシタンはすでに十数年間も宣教師との接触が絶たれていたために告解の秘跡を受けることのできなかった人々であった。

宣教活動は三会からさらに北の多比良《たいら》に及ぶ勢いであった。多比良の北隣りの神代では一五八八年に二〇〇〇人が受洗した（『日本史』三部七章）。神代から内陸にある古賀では、エジィジオ（ヒル・デ・ラ・マタ）神父がイルマンのアマドール・デ・ゴイスと共に藁葺《わらぶ》き屋に身を潜めながら宣教していた（三部二章）。フランシスコ・ペレス神父の一五八八年三月二十日付書翰によると、有家を拠点としてその近隣への宣教が行なわれていた。同神父は有家から田舎、すなわち堂崎・布津・深江に宣教し、七〇〇〇人に授洗した。深江の改宗者は五〇〇〇人であった。同年度の「年報」によると、宇野 Uno の城下で四〇人が改宗した。宇野は正確には大野 Vono であり、深江村から内陸に位置した。大野城下ではさらに四〇〇人が受洗した（三部一・七章）。

有馬城下では、一五八八年に五三〇人の改宗者があった。晴信のキリスト教に対する熱意が影響したようである。コエリョ神父は前記「年報」で、彼が頻繁に修院に足を運び修道士でもあるかのようであった、と報じる。しかし、コレジオが置かれた千々石では、キリシタンたちの信仰は教理教育が不十分であったため祈りを覚える意欲に欠け、教会にはたまにしか行かず、告解もしなかった。このため、学院長モーラはイルマンたちを動員して村々に送り出し教化に当らせた。教理の基礎から理解させ、新たな教理の知識を教え始めた。この結果、彼らは信仰を取り戻して祈りを積極的に覚え教会に通うようになり、コンタツやヴェロニカのメダイを求めるようになった。四旬節を迎えて告解に関する説教を聴いて新たな気持ちで告解をし、金曜日にはジシピリナ（鞭打）の苦行を行なうまでになっていた。復活祭（四月十七日）を迎える頃までに千々石のキリシタン教界の復興はかなり進んだ（三部二章）。その後千々石では仏教徒五〇〇人余りが改宗した。同地教界の支柱であった城主ドン・エステヴァンが肥後一揆鎮圧後に帰領してのち、一五八八年九月十八日に突然発熱して七日間で死去した。彼はまだ二十三、四歳であり教界には大きな痛手であった。同地のコレジオはまもなく有家に移動した。

禁令下のイエズス会の動向

コエリョ作成の一五八九年十月七日付、同年度「日本年報」Aによると、宣教師たちは有馬領内の七ヵ所にいた。有馬の日野江城下にシモの教区長ペドロ・ゴメスがいた。準管区長コエリョは加津佐にいた。有家にコレジオ、八良尾にセミナリオ、他にレジデンシア（住院）が口之津・千々石・古賀にあった。有馬にいた司祭二人は五、六レグア離れた近在の司牧に当り、新たに五〇〇人を改宗させ、一五〇〇人以上の者の告解を聴いた。大半の者は初めての告解であった。加津佐には五月頃に八良尾のセミナリオが移って来た。神学生七八人が学び、うち一三人が同年中に修練院に進んだ（『日本史』三部二一章）。加津佐の教会が管轄するキリシタンの大多数は、受洗して一〇年、一二年が経っていたが、一度も告解を受けていなかった。フロイスによると、一〇〇〇人以上の告解者のうち、五〇〇人以上の者は初めての告解であった。告解を終えた者たちはそのあとで婚姻の秘跡を授かった（三部二〇章）。前記「年報」によると、加津佐の新しい成人洗礼者は四〇〇人以上であった。

コエリョは子供たちの教理教育に配慮して彼らが教会に通うよう指示した。数日後に一〇〇人以上の子供たちが教会に来て教理を教わった。また、加津佐近在の村々に住むキリシタンたちのために、まず日本人イルマンたちを派遣して告解を聴くための説教をさせ、のちパードレ一人を巡回させて彼らの告解を聴かせた（三部二〇章）。有家には同年九月中旬以降にコレジオが移転してあり、二二人の司祭とイルマンがいた。有家の周辺、いわゆる田舎と称する土地の城下で一二〇〇人が新たにキリシタンになった（前記年報A）。フランシスコ・ペレス神父の一五八九年三月二十日付有家発信書翰によると、同神父は四旬節（二〜三月）に二四日間田舎のいくつかの村 aldeas、深江とその近在、安徳を巡回宣教して五〇〇人の告解を聴き、二五〇人に授洗した。その巡回中に狭小な深江教会の拡張工事を行なった。この年、有家の代官 Regedor 安富得円ジョアンの妻ジェロニマは木場の地に聖ジェロニモに捧げるために教会を建て、その祝日（九月三十日）にミサを上げることを決めていた（ペレス前記書翰）。フロイス『日本史』によると、復活祭の第一日曜日（四月九日）に初ミサがあった（三部二二章）。同年、有家近在に七つの教会が建った（一五八九年九月二十日付「一五八九年度日本年報」B）。ペレス神父はこの二年間で有家の近在では二六〇〇人が受洗した、と報じる。彼は同年八月十八日付書翰で、様々な土地 lugares でおよそ三〇〇〇人がキリシタンになり、彼らの助力を得て五ヵ所の地に五つの教会を造ったと報じ、またある土地ではおよそ一〇〇〇人が受洗した、と伝える。

「一五八九年度日本年報」Bに収載されるアルヴァレス・ディアスの一五八九年四月二十一日付書翰によると、島原にレジデンシアがあり、フロイスによるとパードレとイルマンが各一人いた。一五八八年十一月から八九年四月十五日までに一〇〇〇人以上が受洗し、この間の告解者は約八〇〇人であった。彼らのうちには二十七、八年あるいは三〇年間告解をまったくしていなかった者たちがいた（ディアス書翰）。

口之津の一五八九年の告解者は一四〇〇人以上であった（『日本史』三部二一章）。アントニオ・フェルナンデス神父は一五八九年三月二十日付千々石発信書翰で、四旬節にはおよそ六〇〇人が告解し、また日本人イルマンのパウロが毎金曜日に異教徒に説教をしていて、その結果二二六人が受洗した、と伝える。フェルナンデスは、同地の新代官 Regedor アドリアンが故ドン・エステヴァンの屋敷に移ったため、彼の屋敷を教会として使った。アドリアンは教会の監事 mordomo（組親）たちを指名して、キリシタン全員の告解推進のため全員を名簿に登録させ、また慈悲の組の活動のために保護を与えた。同地での新たな改宗者は一五八九年一月から九月二十日までに五〇〇人余りであった（前記年報B）。フロイスによると、一五八九年の千々石の改宗者は六四三人、告解者は一三〇〇人以上である（三部二一章）。この年、セスペデスとフェルナンデスの両神父が千々石から串山の村々 aldeas を巡回して一五〇〇人以上の告解を聴いた。彼らには初めての告解であった。有馬教区内の改宗者は、この年九月の時点で、五六五五人であった（前記年報B）。

聖十字架の出現と晴信の瑞夢

一五八九年十二月二十五日降誕祭の朝に、小浜で二日がかりで伐られた周囲一尋《ひろ》（太さ七パルモ＝一・五《メートル》強）、高さ二丈（二ブラサ＝四・四《メートル》）の犬樒《いぬたら》の木の幹の一節を真二つに断ち割ると、長さ半パルモ（一一《センチ》）以上もある十字架が現われた。

このことは、一五九〇年に来日したマヌエル・バレト神父作成の、いわゆる「バレト写本」の冒頭で、「日本にて奇跡的に出現したクルスの物語」として紹介される。「二つに割れたる真中に黒白明なるゼズ・キリシトのおんクルスの標《しる》しありて、両方共に相現はるる」（『キリシタン研究』七、吉川弘文館、一九六二年）。フロイス作成の一五九〇年十月十二日付「一五九〇年度日本年報」によると、その十字架は赤と黒の中間色を帯び、その残りの木は自然にあるように白いものであった。発見者の青年ミゲルが家に持ち帰った十字架の標をもつ木は、二日後に千々石から巡回して来たフェルナンデス神父によって祭壇に置かれ、その前でミサが立てられた。これは有馬にいたゴメス神父のもとに持参され、この報は準管区長コエリョに伝えられた。彼

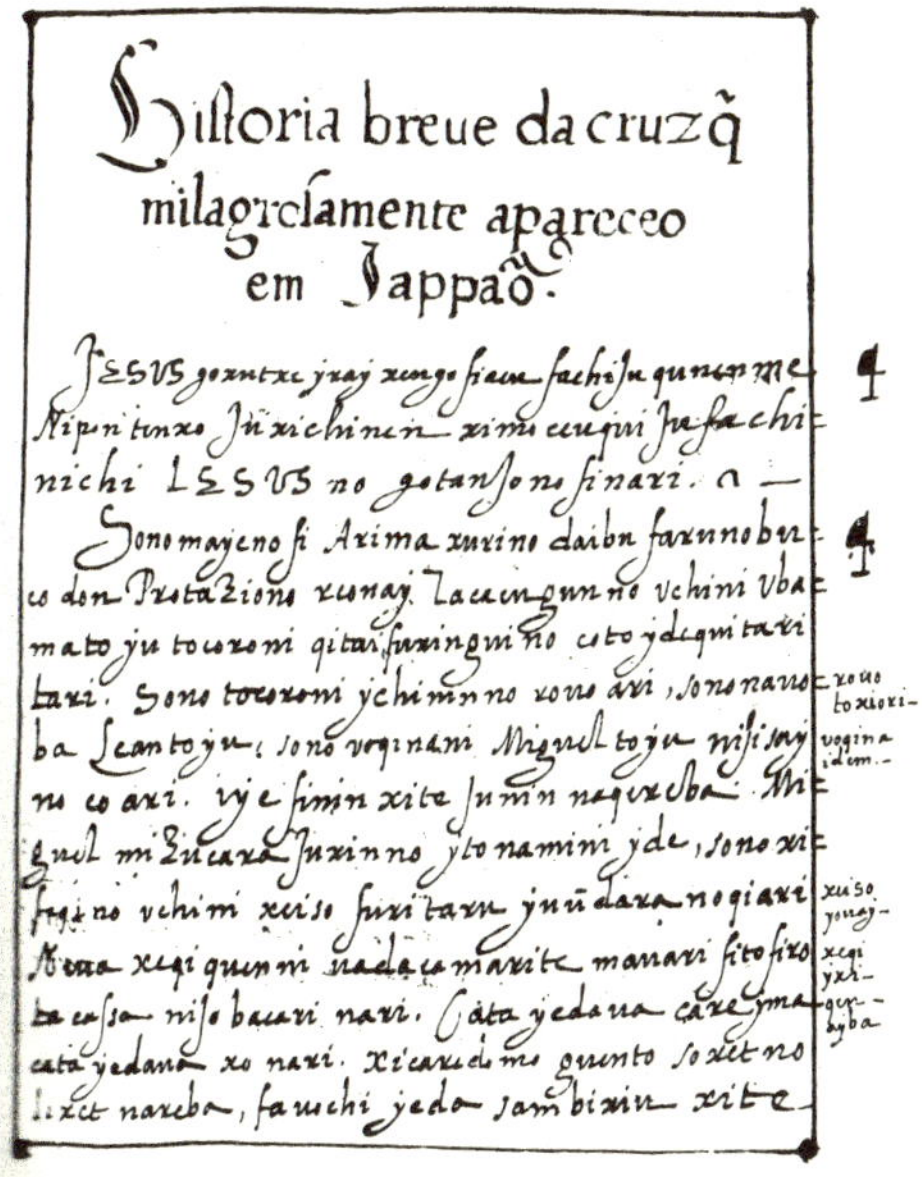
Historia breue da cruz q̃
milagrosamente apareceo
em Jappaõ.

7—バレト写本のクルス物語

はこれについて調査を指図し、その報告に基づいて金箔を施した聖遺物箱に十字架の両片を納めた。

この聖十字架の木発見に先立つ六ヵ月前に、有馬晴信は霊夢を見た。ある夜眠っている時に天から来たと思われる二人の人物が夢に現れて、彼の信仰の不熱心を責め詰問した、という。そして彼の領内のある土地に「イエズスの徴 Señal de Jesus」が見出され、それが人間業によったものではないためにそれを大いに評価すべきということであった（同年報）。晴信はこれに驚いて、朝になるとゴメス神父を訪ねてその詳細について語ったが、この時は誰も気に留めなかった。聖十字架発見の報に接して、これを拝した晴信は、六ヵ月前の夢がここに顕現したことを悟り、「今こそ半年前に私が見たことが、ついに実証された。パードレよ、これこそは、人の手によるのではなく神の力によってなされたイエズスの徴である」と語った（同年報）。

聖十字架は晴信の求めによって有馬の教会に安置された。フロイスは「多くの地方から大勢の人がこれを拝むためにやって来ている」と伝える（『日本史』三部二七章）。この聖十字架顕現は、宣教師だけでなくキリシタンたちにも、厳しい禁教時代に神から与えられた大切な賜物として受け止められた。特にそれが晴信に啓示され夢告されたこととして喧伝されたため、有馬領内のキリシタンたちには領主晴信への信服を強める契機となったようである。

有馬領内のキリシタン教界は、戦乱と禁教令下にもかかわらず、領主晴信の善行と

準管区長コエリョの有馬領内巡歴と死

準管区長コエリョの熱意によって進展していた。各地では主要な人物の改宗も進んだ。コエリョは一五八九年十一月五日に日本人イルマン四人を伴って加津佐から山田・守山・西郷・伊福《いふく》・多比良《たいら》の五ヵ村を巡回宣教した。晴信はこれに家臣二人を同行させた。山田では四八〇人が改宗した。守山では八七七人に洗礼を授けた。晴信のキリシタンの姉の子西郷信尚が支配していた西郷では四四〇人が改宗した。伊福では二二六人が受洗した。最も住民の多かった多比良では一二四五人が改宗した。この最初の巡回宣教では三三〇七人の改宗者が得られた。この成果を踏まえて、パードレ四人がこれらの司牧に当り、教会建設が始まった（三部二六章）。島原・三会・多比良・西郷・山田・守山における改宗者は七二九八人に達した。

コエリョが加津佐で死没したのは一五九〇年五月七日である。一五七二年に来日した彼は、晴信の改宗に尽力した一人である。晴信の改宗後には口之津・加津佐での居住が長く、晴信が龍造寺・島津両氏の圧迫と屈従を強いられた時代に苦汁を共にした。晴信との関係は秀吉の島津討伐に際し一時決裂したが、伴天連追放令発令を契機に信仰堅守を誓った晴信が、コエリョとの関係を修復したことは既述した。晴信は病床のコエリョを加津佐に三度見舞った。コエリョは死の四、五日前に彼を病床に招き、彼が迫害下にあるキリシタン教界と堅く結ばれ、主なるデウスが彼を援助してくれるよう望んでいる、と伝えた（三部二八章）。

彼の遺骸は加津佐から陸路口之津に運ばれ、同地から船で有馬に至った。晴信はミゼリコルディア（慈悲の組）の建物で彼の遺骸に対面した。五月九日、遺骸はミゼリコルディアから教会に移され、その行列には晴信も参加した。葬儀は教会でゴメス神父の司式により執り行われた。

遣欧使節の帰国と晴信

コエリョの死から二ヵ月半後の七月二十一日、遣欧使節四人がインド副王大使ヴァリニャーノと共に長崎に帰着した。晴信は彼らの到着の報を得て長崎に赴き、ヴァリニャーノに再会し、病気の従兄弟千々石ミゲルを見舞った。彼は暇乞《いとまご》いの際に、大使と四使節との有馬訪問を申し出、同地において教皇から賜った贈物の拝受式を盛大に行いたいとの意向を示した。ヴァリニャーノはこれに対し、禁教令下パードレたちが追放を申し渡されている状況で公然たる祝祭を行なう時期ではない、と助言した。

拝受式は、ヴァリニャーノが京都から戻って来たのち、一五九一年五月中に行なわれた。晴信はあくまでも拝受式を盛大に行うことを願望し、そのための準備をしたが、秀吉にことが知られることを危惧して教会内で行なった。拝受式はヴァリニャーノの司式により荘厳ミサで始まり、セミナリオの神学生によってオルガンやその他の楽器が奏された（『日本史』三部四四章）。

一五九二年十月一日付「一五九二年度日本年報」は、有馬のキリシタンたちが殿プロタジオのキリスト教に対する真摯な姿勢を理解し、一段と勇気づけられた、と伝える。晴信は城内に大きな十字架一基を建てさせた。ヴァリニャーノが一五九二年に作成した「日本諸事摘要　補遺」は、高来（有ている。

馬）のキリシタンについて述べて、かつての二万人から今では七万人前後の数に達している、と報じている。

晴信の朝鮮出兵とコンフラリア（信心会）活動

晴信は朝鮮出兵には小西行長の率いる第一軍に参加した。「一五九二年度日本年報」によると、行長は同年三月二十六日（天正二十年二月十三日）に諸大名を従えて名護屋に着いた。晴信も四月九日（同二月二十七日）日野江城を発った（『有馬世譜』二）。その随伴者は二〇〇〇人にすぎなかったが、一〇〇〇人以上の兵士は十分に装備していた。小西の軍船八〇〇隻が対馬から釜山に到達したのは五月二十三日（同四月十二日）である。

晴信出兵後、有馬におけるキリシタンたちの日常生活は信仰に深く根ざしたものになっていた。その一例は告解者が年毎に増えていったことである。一五九一年十月から九二年七月までの告解者は九〇〇〇人に達した。「一五九四・五年度日本年報」によると、有馬には修院があり、その管轄下に四住院（有家・加津佐・千々石・島原）にあって、パードレ七人とイルマン九人が在住していた。有馬修院には司祭三人と修道士二人がいた。晴信は高麗にあったが、キリシタンたちは「組と称していたコンフラリア」の指導を受けて信仰面における成果は顕著であった。一五九四年三月から十月までに一万六〇〇〇人以上が告解し、同年十月から翌年十月までに二万人以上が告解した。有馬全領内はすでに全員がキリシタンであると見られていたが、他領からの移住者の改宗が続いた。一五九四年に一四

表１　高来教区の秘跡数

	年度	洗礼	告解《ゆるし》	聖体	婚姻
有　馬	一五九六	一八〇	六五一四	二八六〇	
	一五九七		七〇〇〇		
有　家	一五九六				
	一五九七		五〇〇〇		
千々石	一五九六	二一二	一六〇四	一八〇	一九二
	一五九七				
加津佐	一五九六	四〇	三八〇〇	四〇〇	六〇
	一五九七	八〇	四二〇〇	六〇〇	
島　原	一五九六	六五三	六四一〇	六〇〇	
	一五九七	一五〇	五四〇〇		

〇七人、翌年には九五六人を数えた。有家には一五九五年夏に焼失した八良《はちら》尾《お》のセミナリオが、コレジオ跡に移って来たが、当地にも信心会に相当するコングレガサン Congregação が組織されていた。セミナリオが移転して来たのちの告解者は一万人以上であった。有馬領内には主要な土地で、宣教師の指導のもとにコンフラリアが組織されていた。キリシタンたちの教化の中心は、「一五九四・五年度日本年報」によると、コンフラリアに移っていた。その組織は準管区長ペドロ・ゴメスの指示によって多くの主要な地に導入された。翌年度の「日本年報」は、有馬の城下に組織された「聖母マリアの信心会 Confrades de Nuestra Señora」の会員たちが、キリシタンたちの告解を勧めるなどして原動力となっていたことを特筆している。島原でもコンフラリアが大きな力となって告解者が増え、また女性の堕胎をなくするために活動していた。同年報によると、有馬では禁令下にもかかわらず各地に

教会が建てられた。高来すなわち有馬の修院が管轄する領域には一二教会が新築され、キリシタンたちはそのために男女共に勤労奉仕した。島原レジデンシアの管轄下にあった三会には大きな教会が建ち、加津佐のレジデンシアの管轄内には四教会が新築された。

しかし、サン・フェリーペ号事件を機に迫害が再強化され、一五九七年二月に二六殉教事件が起き、有馬と大村にあった教会約一三〇は破壊・焼却された。このため、有家にあったセミナリオは長崎の岬にあった教会領域に造られた二階建ての建物に移った。

注目すべきことは、一時高麗から戻った領主晴信がキリシタンたちのあり方に一石を投じたことである。「一五九七年度日本年報」は、彼が帰国するとイエズス会宣教師に特別の配慮をしたと伝える。彼は家臣たちに対し教理教育の浸透に努め、特に結婚に関する法令をいくつか作り、離婚しようとする者、妻を離別しようとする者はすべて斬るという厳刑を定めた。領主晴信自らがキリスト教の教理とその精神の定着に努めたため、有馬領内のキリシタン化はさらに進んだ。一五九六・七年に神から与えられた秘跡を受けた者の数は表1にある通りである。

3　一六一二年禁教令以後の島原地方のキリシタン

晴信の改易とキリシタン教界

一六一二年四月二十一日（慶長十七年三月二十一日）、江戸幕府は天領の江戸・駿府・京都に禁教令を発した。キリシタン大名有馬晴信と、家康の側近本多正純の祐筆岡本大八パウロとの贈収賄事件が発端となった。岡本大八はその日駿府《すんぷ》安倍川で火刑となり、晴信は改易されて甲斐国の流罪地で六月五日に賜死した。嫡子直純が遺領を継ぎ、六月九日島原に戻った。長崎奉行長谷川左兵衛藤広が後見人として同行していた。彼は直ちに全領民に棄教を命じた。当時有馬城下にはコレジオとセミナリオがあり、パードレとイルマン各七名がいた。有家・島原・西郷・千々石・口之津・金山《かなやま》のレジデンシアには一六一一年の時点で、パードレ七名とイルマン八名、他に多数の同宿がいた。コレジオとセミナリオは長崎に移転を余儀なくされた。有馬には城下にパードレ二名と金山に一名が残留潜伏した。金山の城主は小西行長の元家臣結城弥平治ジョルジェであった。口之津には人里離れた地にパードレ一人がイルマン数人と同宿と共に潜伏した。キリシタンの多くが農民と漁民であった加津佐には司祭と修道士各一人が留まった（「一六一二年度日本年報」）。有家には、司祭一人が晴信の伯父安富得円ジョアンの協力を得て近在の村に潜伏した。得円は直純の出府中の一六一三年一月下旬頃に棄教を命じられたが、これを拒み知行の大部分を没収された。

島原やその近郷のキリシタンたちは、宣教師の追放後は宣教師二名が潜伏していた二レグア離れた金山に通って告解し聖体を拝領した。直純は弥平治の信仰を容認しレジデンシアの存続も認めたが、江戸参府に出た一六一三年一月下旬、彼に追放を命じ、レジデンシアを破壊させた（「一六一三年度日本年報」）。

有馬領内の初殉教者

新領主直純は一六一二年六月島原帰着後直ぐに、主要な家臣三人に全領内のキリシタンの棄教を実行するよう命じた。晴信の兄弟で、直純の伯父の掃部アンドレ、アンドレの甥コザエモン（小佐衛門ヵ）と元禅僧大和ルイスである。大和は改宗してほぼ三〇年であった。吟味役 juiso 三人は大和の屋敷に、名簿に従って地位ある武士全員を召喚して棄教を命じ、拒む者は知行と全財産を没収し、妻子の衣服までも奪うと脅かした。家臣の多くは殿に忠義を尽すが、信仰は別のことであると表明した。最初に出頭を命じられたのはオンダ（小田ヵ）平兵衛トメであった。高山右近の元家臣で、のち小西行長に仕え、一六〇二年に有馬氏に仕官した。彼は七月二十日に弟マティアス、妻ジュスタと子供四人と共に追放された。彼らが斬首されたのは一六一三年一月二十八日である。直純が出府途中で命じたものである（モレホン『殉教録』）。

直純がイエズス会に領内からの退去を命じたのは一六一二年六月十三日である。この命令は同会とキリシタンたちに衝撃を与えた。日野江城の山裾にあった修院には多数のキリシタンが告解と聖体を求めて出入りしたため、直純は出入り口を警備させた。彼の愛顧を得ていた伊助ミゲルが妻子と共に追放されたのは六月二十日ある。父リアンは二度も棄教を拒否した。この時、棄教を拒んで処分を受けた者には、理斎ジョアンとその妻子五人、七右衛門夫婦、山田ドミンゴ夫婦、伊助の義兄弟ゴンダ（権田ヵ）、理斎ジョアン弟がいた。彼らは高来領外に出ることを禁じられ、港湾や街道筋に警固人が置かれた（前記年報）。七月八日に吟味役の許に出頭したキリシタンたちはキリストと聖母マリアにかけて神のため生命を捧げることを誓った文書をパードレに送った。知行を失って追放されたキリシタンたちが森に入って難儀していることはすぐに広まり、高来の各地と天草の河内浦・志岐・上津浦のキリシタンたちは彼らの救援に駆けつけた。

有馬領内の最初の殉教者は七月二十六日に見られた。有家キリシタン教界の中心的指導者伊東ミゲルと弟コーイチ・マティアスが斬首された。同地にはイエズス会宣教師が一五年以上前に組織した一三のコンフラリアが活動していた。伊東ミゲルは一三コンフラリアの惣親 cabeça であった。有家には修院（住院）の近くに「ミゼリコルディア」と称する小教会があり、有力キリシタン一〇〇人が自費で建造したことから「一〇〇人のコンフラリア」と通称されていた。伊東ミゲルはこのコンフラリアの会長 cabeça（組親）でもあり、彼は自費で庵（祠）と墓地を造った。墓地の前面に十字架が立っていた。彼はコンフラリアの会長全員とその補佐役を集めて熱心に講話をし、キリストの兵士として自らの救霊の願望を表明する時が来たことを述べた。その後、彼は名簿に記載された一五〇〇名以上のコンフラリアの会員を励ますために訪問した。

有馬では吟味役大和ルイスが伊東ミゲルについての情報を入手し、直純の同意を得て伊東ミゲル・マティアス兄弟処刑を決定し行動を起こした。ミゲルは「ミゼリコルディアの教会」の敷地にあった墓地で斬られた。マティアスはミゲルの家で背後から斬りつけられた。有家の殉教事件からほぼ一ヵ月が経った八月二十二日に、有馬で千々石出身の武士喜多久左衛門リアンが棄教を拒んだため斬殺された。彼は先に追放されて山中に隠れていた伊助ミゲルを慰問して生活を支えていた。吟味役の掃部《かもん》と大和ルイスの説得を拒んだため、直純は殺害を命じた。彼は登城する途上で背後から斬られた（前記年報）。

口之津のキリシタンと一六一二年の禁令

口之津のキリシタンには、最も古いキリシタン教界の一員という自負があった。彼らにはつねに信仰のために生きるという覚悟ができていた。コウロス神父は「一六一二年度日本年報」において、「住民たちは新しい有馬殿がキリスト教の信仰を棄て、彼の来着によって領内で迫害が始まると聞いていたため、彼が上地方《カミ》から下って来る前に［信仰の］戦いのため準備を始めた」と伝える。領主晴信の改易と幕府の禁令施行の報はいち早く有馬領内に伝えられていたから、直純の帰領が禁教迫害の始まりであることは早くより予測されていた。彼らの信仰のための戦いの準備について、コウロスは以下のように伝える。

有力者たちは、彼らが持ちうる方法について議論し、その町（口之津）の者たちが日本で最も古いキリスト教徒であって、かの領国で聖福音の光を受け入れた最初の者たちであったこと、そして有馬の前領主たちがつねに彼らを教化したパードレと共に信仰において生きることを許してきたことを殿に申し出、同様のことを許可してくれるよう殿に請願することで全員が合意した。そして、彼がこれに同意しない時には私たちの主なるイエズス・キリストの信仰のために、むしろ全員が財産・妻子・自らの生命を棄てる覚悟であることを確認した。また、この決意をさらに堅固にするために全員が一枚の紙に署名した。聖母の信心会の会員は六六名であったので、彼らののちに、その土地の他の者たちが反対を唱える者はただの一人もなく［署名した］。彼らは署名された名簿を、彼らを棄教させようとする時が至った時に殿や吟味役たちに見せるために保管した。

口之津に禁教令が施行されることはなかったようである。直純は一六一三年一月に江戸に発った。その帰領は『有馬世譜』四によると、慶長十八年六月（一六一三年七〜八月）である。将軍秀忠の命によって浄土宗の碩学幡随意上人《ばんずいいしょうにん》も有馬に下向した。これは長崎奉行長谷川が人選したようである（モレホン前掲書）。前記「日本年報」は、直純が高名な一仏僧を帯同して領内のキリシタン教界を破壊するため来た、という。

ヴァティカン図書館に、慶長十八年三月二十二日（一六一三年五月十一日）付で口之津浦中のキリシタン四二名が堅信を守り一命を捧げる覚悟を表明した「誓書」がある。この写しが近年口之津歴史

8── マリア観音とキリシタン連判状

民俗資料館に寄贈された「マリア観音像」の胎内から見つかった。四二名が署名したのちに、「今度常土《浄土》のちゃう《長》老《老》下向ニ付而組中ニさまたけ出申来者、十《従》類一命捧奉るべく覚悟候、この為証拠、てうす、は阿てれ padre（父）、ひいりよう filho（子）、すひりつさんと spirito santo（聖霊）、と三つのへるさうな《ペルソナ》 persona（三位一体）の御方をたてまつり候」の文言が見られる。注目すべきことは、江戸神田の新知恩院住職幡随意の下向が直純の参府後まもなく決定し、そのことが早速に有馬に伝えられ、口之津のコンフラリアの組もすぐに対応して、全員が一命を捧げて殉教することを決意したことである。

幡随意の説教は、キリシタンたちに棄教を促すどころか、かえって彼らの信仰を固めることになった。彼は長崎奉行長谷川に有馬の実態について不平を述べた。八月に江戸でキリシタン二二人（正確には二七人）が処刑されたとの報が長谷川に届いた。彼は出府を控えた九月下旬に直純に書状を送って彼の棄教策の不徹底について非難し、彼の改易を仄《ほの》めかして、決然たる行動を強要した（モレホン前掲書）。

有馬城下の殉教事件とコンフラリア

直純は有力家臣八人を名指しして召喚し、短期間うわべだけでも信仰を止めて欲しいと要請した。十月一日に五人が棄教したが、高橋主水《もんど》アドリアン、林田右衛門レオンと武富助右衛門レオンは信仰を堅守した。同五日に直純は長崎奉行より彼らを妻子共々火刑にするよう指図を受け、七日朝の処刑を決めた。彼らの拘禁と処刑日のことはコンフラリアの組親たちを通じて有馬の教界全体に伝えられ、キリシタン二万人以上がその夜から七日朝まで、拘禁者八人がいた屋敷周辺に集まってその門出のために祈り、苦行をした。処刑場は城下の前に広がる広い砂浜にあり、強固な柵を廻らして、薪が大量に詰まった覆いのない一軒家のようなものが造られていた。

聖殉教者たちは、「聖母マリアの信心会」の会員たちが提供した晴着を身につけ、子供のヤコベ以外は両手を十字架に結わえ付けられた。火が家に点けられる前に、有馬のコンフラリアの惣親《そうおや》弥太夫ガスパールは、キリストの画像を殉教者たちの眼に入るように高く掲げた。弥太夫は禁令が出された時、一二人の有力キリシタンが組織した信心会の組親（惣親）であった。キリシタンたちはパーテル・ノステル（主の祈り）やアヴェマリアの祈りなどを唱えて殉教者たちの戦いを支えた。処刑後、彼らは殉教者の遺物を集め、焼けた木片や炭・灰を持ち帰った。信心会の組親弥太夫は組の指導者たちと聖遺物を棺に納めて長崎に運び、イエズス会管区長ヴァレンティン・カルヴァリョに引渡した。有馬の八人の殉教は有馬の全キリシタン教界に大きな勇気を与え、信仰を固めさせた。

有馬のキリシタン処刑と、これに対するキリシタンたちの熱狂的状況に十分に対応できなかった直純の無能振りを知った長崎奉行長谷川が、長崎を発ったのは一六一三年十月七日（慶長十八年九月四日）前後であった。全国的禁教令が布告されたのは、一六一四年一月二十八日（同十八年十二月十九日）である。奉行長谷川は翌年二月頃に九州に下向して、まず有馬に赴いて直純に会い京都の迫害状況を報じたようである。このため、直純は家臣の棄教を決意し、これを拒んだ五〇人を改易した（モレホン前掲書）。長谷川は有馬のコンフラリアの組親一二人を召喚し、直純同席の許に棄教を説得したが、拒否された。彼はついで口之津の組親五人を召喚して同様に要求したが、同じ結果に終わった。彼らは皆、主家有馬氏が改易されても神を裏切ることはできないとして堅い信仰を顕示した。彼らは告解（赦しの秘跡）のために長崎からパードレを招き、数日間に八〇〇人以上が告解した。有馬では一四歳以下の子供たちまでが信心会「ヨゼフの組」を作った。口之津では組への参加者が急増した。コンフラリアの組の定員は一〇〇名であったが、四〇名以上の者が加入を許された（「一六一四年度日本年報」。モレホンは五〇〇名とする）。

一六一四年の禁令と迫害の激化

長谷川は有馬に来た時、直純の日向延岡転封について話したようである。『有馬世譜』四は、「慶長十九年春」に台命があり、同年七月十三日（一六一四年八月十八日）に直純は「騎馬八十騎、歩卒三百人」を率いて延岡に移った、とする。長谷川はキリシタン家臣の同行を禁じたが、随行家臣の大多数はキリシタンであり、信仰のため有馬に公然と残った者はおよそ三〇〇人に上った（前記年報）。

モレホンは、有馬氏の延岡転封を一六一四年八月とし、「[長谷川]佐兵衛が有馬領の支配権を得た」と指摘する。彼は代官として有馬領を支配した。彼は一六一四年十一月三日から五日にかけ、上使山口駿河守長友と間宮権佐衛門と共に長崎に建つ一一教会の破毀を指揮し、六～八日に宣教師と高山右近らを福田港からマカオとマニラに追放した。

十七日、長谷川は上使二人と共に、長崎教会破壊に参加した島津・鍋島・松浦の士卒を伴って口之津に上陸した。同地の乙名《おとな》たちを召喚して棄教を命じ、その一方で、中国船の口之津入港につき斡旋の用意あることを語って彼らを懐柔しようとした（カルロ・スピノラ、一六一五年三月十八日付、殉教報告）。乙名たちは長谷川の指図によりキリシタンの名簿を作成・提出した。名簿登載者は一一二名で、全員が家長であった。奉行の家臣は名簿登載者の数を減らすよう要求したが、乙名たちは三年前のパードレ追放時からその覚悟をしていたことであり、奉行の決定は突然のものではないと言って拒絶した。長谷川は名簿を見て上使山口と協議し、主要な人物全員が登載されていたため、口之津の破壊とキリシタンたちの殺害を中止した。

彼らは口之津のキリシタン教界よりも信仰の基盤が弱いと思われた他の土地から着手し、その結果を知れば口之津の者も従うようになると考えた。彼らは海路有馬に行き、士卒を三分してキリシタンの迫害に着手した。彼らが迫害実行を急いだのは大坂の戦いに参陣するためであり、大坂の陣に関する報せが内府（家康）に不利なものであったから、とスピノラは指摘する。松浦氏の士卒は千々石と小浜を、島津氏は三会・島原・有家を、鍋島氏は有馬とその近在の村々を担当した。有馬の迫害の総指揮は間宮権佐衛門がとり、奉行と上使山口は船上にあった。十一月二十日、かつてセミナリオがあった場所にキリシタン二〇〇人以上が集まって声高に祈りを唱え詩編を歌った。この間に、名簿登載者たちが矢来のある他の場所に連行された。ほぼ七〇人が拷問を受け、うち五五人が裸にされ、彼らのなかから殉教者が出た。翌日、一九人が斬首された。コンフラリアの組親二人が含まれ、二十二日にもう一人の組親が首を斬られた。

奉行長谷川は二十一日夜七時に口之津に戻り、組親たちに伝言を送って再度棄教を命じたが、彼らは動じなかった。翌朝、処刑の噂を聞きつけた七〇人以上のキリシタンが教会跡地に集まった。名簿登載者が五人ずつ墓地に呼ばれて尋問され、拷問を受けた。額に十字の焼ごてを押し付けられて苦しみのうちに二一人が死んだ。翌日曜日にも五人が拷問を受けて死んだ（スピノラ、前記報告）。有馬・須川でも二十二日に長年組親および慈悲役を務めて来た城戸半左衛門アドリアンが斬首された。彼は「聖霊のコンフラリア」を作った有力者の一人であった（同報告）。千々石と小浜を担当した松浦氏の武将は、一六一二年に追放されて山中に隠れ、また小浜に近い小島の洞穴に家族と隠れていた元武士四人を見つけて拷問を加えた。二人は十一月二十九、三十日に死去し、他の二人は額に十字の焼ごてを押されたのち釈放された（同報告）。一六一四年十一月に国外追放を免れた中浦ジュリアン神父は、口之津にあって一六二六年まで潜伏活動していた。

十一月二十一・二日に有馬であった二〇人の拷問と斬首について、ドミニコ会のジャシント・オルファネール神父は、彼らはドミニコ会が組織したコンフラリア「ロザリオの組」の会員であったとする（井手勝美訳『日本キリシタン教会史』）。同地のドミニコ会の宣教活動は、一六一二年四月の禁教令布告後に、フアン・デ・ロス・アンヘレス・ルエダ神父により始められた。鍋島領にいた同神父は同地から長崎に退き、大村領内を巡回したのち長崎から有馬に至った。その時期はイエズス会宣教師が有馬から追放された一六一二年六月以降であり、同神父はイエズス会士が有馬を退去したのち七、八月頃に有馬に入ったかのようである。

ドミニコ会のコンフラリア「ロザリオの組」と有馬

イエズス会が他修道会のコンフラリアの活発な活動について最初に言及したのは、コウロスの一六二〇年三月十五日付書翰においてである。長崎と大村地方で「ロザリオの組」が各地に設立されていた。有馬でイエズス会とドミニコ会との間に、双方のコンフラリアをめぐり対立が深まったのは一六二〇年（元和六）で、三会・安徳木場・千々石の大津留・古賀に「ロザリオの組」があった。イエズス会の宣教活動は一六一二年七月以降に停滞し、同会士の手薄となった地域にドミニコ会士が入ったようである。三会や島原の棄教者をキリシタン信仰に立ち返らせたドミニコ会のパードレ・フライ寿庵すなわちルエダ神父は、彼らを積極的に「ロザリオの組」に入会させた（松田毅一『南蛮史料の研究』）。彼は一六一三・四年以降に同地方の宣教に従事し、「ロザリオの組」設立に当ったのであろう。

一六一九年七月に来日したディエゴ・コリャード神父は一六二二年秋に離日するまで有馬地方に関わった。ルエダは病気のため一六二〇年三月マニラに戻っていた。フランシスコ会のパードレもまた一六一四年以降に千々石で宣教に従事した。

イエズス会のコンフラリアの組織

ドミニコ会が長崎・大村および高来で「ロザリオの組」の組織作りを活発にしていた時期の一六一七年（元和三）、イエズス会管区長コウロスは、同会宣教師が一六一四年一月発令の禁教令施行後も自らの義務を果たしていることについて、諸国の有力キリシタンに証言を求めた。いわゆる「コウロス徴収証言文書」である。有馬旧領地で三通徴収した。有馬の証言文書の署名者は一八名、いずれも武士身分の者と思われ、彼らは日向延岡行きを拒んで土着したようである。有家・布津《ふつ》・深江の文書には三〇名が署名している。有家村からは庄屋三名、乙名七名、コンフラリアの組頭一〇名、布津村からは庄屋一名、惣代一名、看坊《かんぼう》一名、与（組）親二名、深江村からは庄屋一名、宗（惣）代一名、与親三名が、それぞれ署名している。また、島原町・山寺・三会町の文書には三三名が署名する。島原町からは乙名一〇名、組親（乙名兼任）一名、看坊一名、山寺からは乙名兼組親二名、乙名一名、さし（〔弁〕指）二名、惣代二名、看坊一名、三会町からは別当二名、乙名一名、組親五名、惣代二名、看坊一名がそれぞれ署名している。

その証言内容は三通とも共通し、一六一二年の迫害から五年間、当〔高来〕郡にイエズス会のご出家・伴天連四人が在宅していること、同地に他修道会の在宅者はなく彼らは一通りの見廻であり、それも稀である、と証言する（松田前掲書）。有馬地方のキリシタン教界の牙城であり、イエズス会宣教師が潜伏・常住していた口之津、イエズス会の教育機関があった加津佐のキリシタンたちの署名文書は不明である。

ドミニコ会の「ロザリオの組」の浸透・拡大がイエズス会に脅威になっていたことは、同会の宣教師たちが「ロザリオの組」の会員に対し、ドミニコ会士のミサに出席することや洗礼・婚姻の秘跡を禁じ、同組からの離脱を勧告していることから示唆される。こうした状況下に、イエズス会はコンフラリア（組・信心会）の再編を意図して同組織の見直しを行なったようである。一六一七年にマカオに退避した副管区長ジェロニモ・ロドリゲスが翌年十月十日付で作成した「組ないしコンフラリアに関する覚書」は、禁教令施行以前に全国的に組織されていた「被昇天の聖母の組」の実態を明らかにしてくれる。その「組」の成果は、「覚書」に言及されるように、「迫害の時期に特に際立って見られた」という（五野井稿『サピエンチア英和大学論叢』第四〇号）。

「組」は、小組・大組・惣組の三つからなり、小組はほぼ五〇人の男子からなり妻子も所属した。五〇戸単位であったようである。大組は小組一〇ほどの集合体で五〇〇〜六〇〇人以下の構成員からなっていた。惣組は同一地区の大組の集合体で、これには惣親一人がいた。小組に親（組親）二人がおり、カベサ cabeça（頭）と称し、一人は大親、他の一人は小親と称した。大親が各大組を指導し、彼らは惣親によって統轄された。彼らを補佐する役務者（役人）には、慈悲の奉行がおり、喜捨（布施）の出納管理に当り、奉加役とも言われた。惣代は組の会員のための請願や伝言人として連絡役を務めた。慈悲役は「慈悲の所作」すなわち慈悲を施す実務の世話役で役人と言われた。また年配の女性が各組親の指導の下にあって組の女性に対して慈悲の所作を実践した。前記「証言文書」には、村役人と「組」の役員の署名が共に見られる。

一六二〇・二一年に高来（有馬）のオノキに潜伏していたジャコメ・アントニオ・ジャノネが「サンタ・マリヤの御組」のために編集した「掟《おきて》」がある。オノキは深江村の大野木場かと思われる。この「掟」の末尾に、管区長コウロスは「後日のためせうこ《証拠》判形を為す」として、「御出世以来一六二一年　元和六年十二月二十五日」付で判を押している（J・シュッテ稿、柳谷武夫訳「二つの古文書に現はれたる日本初期キリシタン時代における「さんたまりやの御組」の組織に就いて」）。これはコンフラリアの会員たちのサンタ・マリアに対する信心について説いたものである。すなわち、あにま（霊魂）の救いのため、ほろしも（隣人）の徳のため、デウス（神）の名誉のために心を尽すことであった。組頭の心得としては、何かことが生じて談合の時には看坊に相談すべきことが指示されていた。宣教師不在時にキリシタン教界を世話し、キリシタンたちの拠り所となっていた看坊が、組（コンフラリア）の顧問格で何かにつけて助言を与えていたことが知られる。

有家に潜伏していたイエズス会のジョアン・バウティスタ・ゾラ神父は、コンフラリア「世主主（せすす）Jesus の御組」のための規則（レイカラス）regras を作成していた。そのなかでは、いづれのパードレが来訪した時には組頭の許可なしに集まりに参加することが禁じられていた。また、ゾラ神父の許可なくいづれのパードレの授けを受けることも禁止されていた（村上直次郎「キリシタン研究の回顧」）。「いづれのパードレ」とはドミニコ会士のことを指していた。この文書は、コリャード神父が一六二二年に日本を発ってローマに赴いた際に持参したものである。有馬でのドミニコ会士の活動については、一六二二年九月に長崎・西坂であった元和大殉教において司祭六人が殉教して多くの働き手を失ったため、その影響力は減じ、「ロザリオの組」がどのように存続したかは不明である。

一六二一年以降イエズス会は管区長パシェコがイルマンや同宿と共に口之津に潜伏し、またゾラ神父が有馬各地を巡歴して、同会の指導で設立されたコンフラリアを指導していた。

4 松倉氏支配下のキリシタン

松倉氏入部とキリシタン教界

一六一六年（元和元）、大和国五条の松倉重政が日野江城主として入部した。コウロスは、彼について、「有能な人物で甚だ勇敢な武人であり、それに加えて性格が穏やかで洗練されており優れた知識をもつ」（「一六一六年度日本年報」）と好意的に見ていた。彼は将軍秀忠から領国に一人のキリシタンの存在も許さず、その教えを表明した者を家臣に採用しないよう命じられていたが、有馬入部から、上記「年報」が書かれた一六一七年二月二十二日の時点まではキリシタンに寛大であると見られていた。バルトリも、一六二二年十一月にペドロ・パウロ・ナヴァルロ神父が島原で処刑されたことに関連して、重政は年相応に分別があって円熟した男で、偶像崇拝者ではあったが、駿府ではパードレからキリスト教教理を何回も聴聞したことがあり、高来入部後も多数いるキリシタンを黙認していたため、パードレたちの避難所としてかなりの者が潜伏し宣教に当っていた、と伝える（『大日本史料』十二編之五十六）。

前記年報によると、高来にはパシェコ、ゾラ、ジョアン・デ・フォンセカ、中浦ジュリアンの四人の神父が潜伏していた。彼らは同地から天草・志岐・上津浦・大矢野、さらに薩摩に巡回宣教を行なっていた。一六一八年には五人のパードレが高来に潜伏し、一人は天草島に、他の一人は有馬氏が移った日向を訪れた。翌年も松倉氏のキリスト教に対する姿勢に変化はなかった。マカオにおいて一六二〇年一月二十日付で作成された「一六一九年度日本年報」は、同氏のキリスト教政策について、次のように報じている。

本年高来にパードレ五人が住んでいる。彼らは当キリスト教界を平穏と静謐のうちに教化している。一方、その殿は他の殿のように私たちの聖なる教えに敵意を抱いていないためか、あるいは世俗的なことを配慮するためか、［領民］全員がキリスト教徒であるので、もしも彼らを迫害し信仰を棄てるよう強制するならば、彼らは逃亡してその土地を維持できなくなり大きな損害をもたらすと、彼には思われた。そのため、彼は見て見ない振りをしている。しかし、パードレたちは何らかの迫害を引き起こす機会を与えないよう、つねに用心して注意を払っていることが必要である、と思っている。静謐であるとはいえ難儀は減少しておらず、むしろ増えている。

松倉氏の「世俗的な配慮」とは、キリシタンの農民たちが逃散して貢租が徴収されなくなるだけでなく、一六一八年から着手していた島原森岳《もりたけ》城の築城工事に支障を来さないためでもあったであろう。農民多数がこの普請工事に徴用されていたためキリシタン信仰を黙認し、宣教師たちの潜伏をも容認せざるを得なかったようである。一六一九年に有馬地方に「子供たちのコンフラリア Congregação dos Meninos」が設立された。教会が破壊されて久しく、そこで行なわれていた教理教育が滞っていたからである。

宣教師保護禁止と子供の信心会

松倉重政は一六二一年八月二十八日に突然パードレの宿泊を禁じた。長崎における宣教師捜索が厳しくなり、その逮捕が続いていたことを無視できなくなったようである。一六二〇年にマニラを出帆した平山常陳の船で宣教師が密航を企てたことが露顕し、長崎警備が強化された。重政は長崎奉行長谷川権六から宣教師潜伏について非難され幕閣からも注意されたが、自領内に宣教師はいないと主張する一方で、前記宿泊禁止令を出し、宣教師たちには一層の警戒と注意を促した（『大日本史料』十二編之五十七）。十二月二十七日、同地の宣教活動歴が四年になるナヴァルロ神父が同宿二人と共に告発されて捕まった。重政は彼を一〇ヵ月間キリシタンの許に預け、幕府の年寄本多正純にその取り扱いについて助言を求めた。正純は彼の親戚であったという（『大日本史料』十二編之五十六）。この間、彼は神父を城に招いて教理について質し、来日の目的などについて尋ね、帰国を促した。彼はこの年長崎の代官末次平蔵と共同経営でマニラに朱印船を派遣していた（岩生成一『朱印船貿易の研究』）。貿易に関与していたことが、キリスト教政策と、ナヴァルロ神父の対応に影響していたのであろう。

高来では大人、子供にかぎらずキリシタンたちの殉教に対する意気の高まりが見られ、彼らは一様に殉教に身を捧げることを誓った。新たに秘密の信心会がいくつも作られた。会員は名簿を作成してこれに血判し署名した。一六一九年設立の「子供たちの信心会」は、当初その設立の意図を理解できなかったパードレたちにも「独自の工夫」として評価されるまでに成長していた（前記「覚書」）。一六二三年には各地からの転住者八八人が受洗した。高来では全住民がキリシタンと見られており、転んだ者も信仰を回復して悔悛のジシピリナ（鞭打ちの苦行）を行ない告解した。

一六二六年三月十五日付「一六二五年度日本年報」によると、「高来ではさらに平安と静謐を享受しているので、会員六名、パードレ五名とイルマン一名が居住して」いた。引き続き大

P. Petrus Paulus Nauarrus Italus Societ. IESV, viuus
cōcremat in odium Fidei Ximabræ, 1 Nou. 1622

9—ナヴァルロ神父の殉教図

人と子供たちの信心会が活動し、多くの地方で好結果を得て信心会が再開され、また新たに「聖イグナシオの信心会」が設立された。松倉氏は領内にパードレはいないし、その兆候すらないとの立場を取って、迫害の成果を誇示しようとして各人の宗門調べをして署名を取るよう役人たちに命じた。

一六二五年十二月十八日に口之津で主要なキリシタン三名が斬首された。関源右衛門ペドロは「聖イグナシオの信心会」の組親であった。筑後に生まれ豊後で受洗したのち有馬で仕官し、口之津に来て結婚した。彼の家は教会の代わりとなり管区長パシェコが告解を聴く場所となっていた。小西行長旧臣の秋田又左衛門ルイスは高来に来て仕官した。禁令施行後に口之津に退いた。彼もコンフラリアの会員であった。河内出身の奥田イカン・シメオンは行長の死後一二年間加藤清正に仕えたのち追放されて口之津に来た（「一六二六年度日本年報」）。口之津の教界を支えていた三人は他領出身者であったために見せしめとして処刑されたようである。

イエズス会管区長の捕縛

領主重政の出府中に、口之津に潜伏していた管区長パシェコが背教者クマタ忠左衛門によって告発された。一六二五年十一月であった。執政 Governador 多賀主水《たがもんど》は同月十七日午後、武装した三〇〇人を引率して口之津に行き、パシェコとイルマン定松ガスパール・同宿リンセイを捕らえ島原に連行した。その直後の二十二日に、同地に潜伏していたゾラ神父も同宿の高麗人カウン・ヴィセンテと共に捕われた。

一六二六年、長崎に赴任した新奉行水野守信はパシェコの死刑宣告をもたらした。パシェコらは六月十八日に長崎に護送され、二十日に西坂で火刑に処せられた。これに先立つ五月七日にガスパール・デ・カストロ神父が有家近在のナカヤマで病没した。彼はパシェコ捕縛後に肥後から有家に転住していた（同年報）。

松倉氏の禁教政策の転換

幕府の老中らは一六二六年に出府した重政にパードレの捕縛を厳命した。管区長パシェコの逮捕が引き金になっていたようである。彼は国元の執政に対して、まず家臣団のなかのキリシタンを捜索させた。パシェコの宿主たちの処分は長崎奉行に一任した。奉行水野は宿主たちを長崎に召喚した。六月に逮捕された口之津の荒木久三郎マンショと従兄弟荒木長兵衛ペドロ、有家の鬼塚内膳ジョアン、島原の田中ジョアンら八人はまず島原牢に連行され、七月十日に長崎に送られた。十二日に宿主四人が火刑となり、その妻子四人は斬首された。荒木ペドロの妻スザンナは、管区長パシェコの認可を得て発足した「パードレ・イナシオのコンフラリア」の組親であった。松倉氏の役人たちは有家出身の島原の有力商人鬼塚ジョアンの処刑を免れようとしたが叶わなかった。彼らの遺体と灰は俵詰めにされて海中に投棄された。

ゾラ神父の宿主内堀作右衛門パウロ一家の逮捕を江戸から命じた重政は、その処分を長崎奉行に委ねたが、一家は長崎に召喚されたのち、島原に再護送された（「一六二六年度日本年報」）。

重政が島原に戻った一六二七年一月以降の迫害状況については、クリストヴァン・フェレイラの一六二八年一月二十五日付「高来迫害報告」によって知られる。重政は高来の全キリシタンの名簿作成を乙名たちに命じた。島原の町々cidadesの乙名と口之津の村々villasの乙名に、そして各集落aldeasの村長《おさ》である庄屋に各地区の名簿登載を命じた。女性は登載されなかった。名簿登載が完了すると、役人たちが名簿に従って一人一人を呼びつけて信仰を棄てるよう強要した。最初に村長の庄屋と乙名を棄教させようとした。二月初め、島原と口之津でキリシタンに対する苛酷な迫害が始まった。この二ヵ所の土地からの迫害開始は、同地が隣国との取引が盛んな海港の町であったため、迫害の噂が商人によって各地に流されることを期待していたから、とフェレイラは見ていた。口之津の村長で教界の中心人物の嶺助大夫ジョウチンと長井宗半ガスパールとその妻たち五人が島原に連行されたのは二月三日である。棄教を拒否した彼らは、新しい拷問に曝《さら》されて再び棄教を強要された。新規の拷問は、「火の拷問」と言われた焼ごてを顔面三ヵ所に極印するものであった。キリシタンqirixitanの文字「キリ」「シ」「タン」の三つを焼ごてにそれぞれ彫り、これを額と顔面二ヵ所の頬に押し付けた。さらに指を、多い者で六本を切り落とされた。嶺助大夫ジョウチンと長井ガスパールは拷問の二日後に見せしめのため陸路口之津に戻された。棄教を拒んだ有家の乙名喜左衛門ガスパールも同じ拷問を受け右手人差し指を切られて口之津に連行された。彼らの妻も同様の拷問を受けて海路口之津に戻った。この新手の拷問の目的は、キリシタンたちの信仰を萎えさせ、彼らに恐怖を与えて棄教させることにあった。

二月十一日、深江の印藤ソーシン・トメが火刑になり、息子の庄屋甚平ジョアンも火の拷問を受け指四本が切り落とされた。この日、甚平ジョアンと母ガラシア、馬場半兵衛バルトロメウら五人は、有家と有馬に連れて行かれキリシタンたちの棄教のために見せしめとなった。二月二十三日頃に有家での迫害を終えた役人たちは、前記五人を連れて有馬の迫害のために移動し、加津佐から千々石までの村々での迫害を終えたのち島原に戻った。有家・永田村のコンフラリアの組親清左衛門シモンが火責の拷問によって一〇日後に死んだのは二月二十三日である。島原牢には、第一回の迫害により三二人が拘禁され、内堀パウロの家族四人は二月二十日前後に入牢した。二十一日、男女一六人が手首を切断され首に重石を付けられて海中に投げ入れられ、棄教を拒んだため全員が殺された。七兵衛ヤコベは口之津の信心会 Congregação の組親であり、古江源内パウロは有家の有力者で、息子の庄屋助右衛門ルイスも入牢していた。彼らは口之津・有家・深江の者たちであった。

同じ二十一日、拘禁者二〇名は顔面三ヵ所に焼ごてを極印され、手の指五、六本を切られ、「彼らに宿を貸さず、休ませてもいけない」と書かれた付け札を衣服の肩に縫付けられて釈放された。彼らは深江の山中に入ったが二十三日に島原に呼び戻された。フェレイラによると、「今まで日本で用いられたことのない新しい種類の死によって殺す意図をもって召喚された」。それは雲仙岳における拷問であり、硫黄の悪臭が漂う熱湯の噴出口に投げ込んで死に至らしめるものであった。二月二十八日、一六名が雲仙に連行されて拷問死した。その一人、内堀パウロは、牢内からいくつかの「聖イグナシオとザビエルの信心会」の会員たちに書状を送って彼らを励ました。なお、庄屋と乙名の四人は棄教を期待されて島原の牢に留め置かれた。深江の印籐甚平ジョアン、与頭《くみがしら》馬場バルトロメウ、口之津の嶺ジョウチン、有家の古江助右衛門ルイスであった。

同宿ダミアンの管区長コウロス宛三月八日付書翰によると、有家の男子に対する迫害は、三月五日に山を越した。重政は家臣を有家に派遣して女性全員を棄教させるよう命じ、彼女らを名簿に登載させた。高来全域の庄屋や乙名たちを動員し、信仰を棄てた夫や父を通じて妻たちを転ばせようと懸命であった。雲仙の温泉岳では、五月十七日に新たに一〇人が拷問を受けて死んだ。

五月五日に庄屋印籐甚兵衛ジョアンが衰弱死した。十日に領主は拘禁者一〇名に雲仙岳での熱湯の拷問を命じた。長三郎ジョアン、深江の喜八パウロ、庄屋嶺助太夫は身体に熱湯を浴びせられ、有家の林田ソーカ・ルイスの妻マグダレナは柄杓《ひしゃく》で熱湯をかけられた。一六二七年に高来のキリシタン教界は殉教者四九名を出した（フェレイラ報告）。松倉領の迫害は、一六二六年のイエズス会管区長パシエコの捕縛を機に、長崎奉行が介入して一気に拡大し強化され、一年ほど続いて終熄した。

一六二八年七月、長崎奉行の命によって、松倉重政は自ら考案した拷問を長崎のキリシタンたちにも執行することになり、雲仙岳での拷問・処刑のため家臣を派遣した。翌年七月、長崎奉行竹中釆女《うねめの》正《かみ》重義が赴任すると、雲仙岳での拷問は急増した（フェレイラ、「一六二九・三〇年度日本年報」）。島原全域での迫害が強化されるのは、一六三〇年五月に重政が江戸から帰領してからであった。前記年報は、彼は三年間江戸に在留したとするが、一六二七年六月の四九名処刑後に出府したのであろう。領内では、一六二九年九月に属領古賀から大村に赴いたアウグスティノ会のバルトロメウ・グティエレス神父の逮捕を機に、高来では長崎奉行の諜者の潜入を警戒して警備が強化され、またキリシタン検索が再開された。一六三〇年三月に深江で城戸九兵衛パウロと妻ルシアが捕われ島原送りとなった。重政は帰領すると、古賀のキリシタン一八名を逮捕し、改めて全領内のキリシタン名簿作成と、その提出を庄屋と乙名に命じた。仏僧が名簿作成に動員され、仏教への改宗が強制された。有家では五月十九日に仏寺で説教が始まった。これを拒否した指導的キリシタン四人が逮捕されて島原送りとなった。彼らは五月三十一日に拷問ののち斬首された。同じ日、入牢中の古賀の三人も拷問後に殺された。二人はパードレの宿主であった。

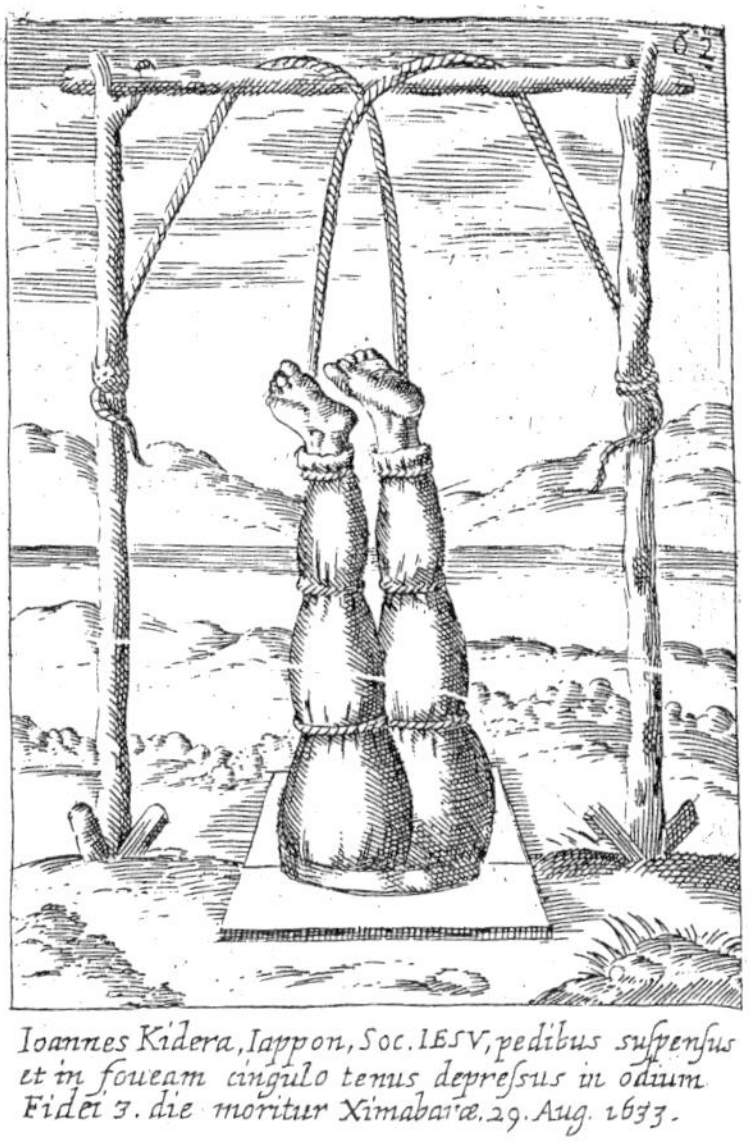
62
Ioannes Kidera, Iappon, Soc. IESV, pedibus suspensus
et in foueam cingulo tenus depressus in odium
Fidei 3. die moritur Ximabaræ. 29. Aug. 1633.

10──木寺ジョアン殉教図

この時期、有家に潜伏していた管区長コウロスは六月に天草に退避した。重政は六月二十四日に家臣を天草に派遣し、富岡の代官三宅藤兵衛に書状を送ってコウロスの逮捕を求めた。コウロス潜伏に関わった庄屋三人が召喚され、七月二十日には有家の庄屋全員が島原に呼び出された。彼らに対する事情聴取は二十九日に終わったが、前記の庄屋三人は引き続き入牢を命じられた。キリシタン九人の拘禁は九月十七日まで続き、彼らは有家に連行されて同二十日に斬首された。高来領内にはイエズス会のヤコベ・アントニオ・ジャンノンネ神父が一人、有馬・加津佐に潜伏していた。

この年一六三〇年十二月十四日（寛永七年十一月十一日）、重政は長崎奉行竹中重義と協議して宣教師派遣の実態を調査するためマニラに船を派遣した。その五日後の十二月十九日に、彼は死没した。

一六三二年八月十三日、ローマに派遣されていたイエズス会のセバスティアン・ヴィエイラ神父が、マカオから密航して五島を経由して口之津に上陸した。彼は深江に潜伏していたコウロスを訪ねた。一六三三年八月頃に有馬で捕らえられたジャンノンネ神父と同宿木寺九兵衛ジョアンは宿主と共に長崎に護送されたが、二人は島原に送り返されて穴吊るしの拷問を受け、神父は八月二十八日に、木寺ジョアンは三十日に落命した（「一六三二・三三年殉教報告伝」）。宿主喜右衛門イグナシオと、庄吉郎パウロ、アントニオの兄弟らは島原で八月二十七日に火刑となった。同じ一六三三年に有馬出身の同宿深江ダミアンが有馬領内で捕われた。彼は長崎に送られ、五日間にわたる穴吊るしの拷問を受けて十月九日に死去した。

一六三三年に、四修道会の司祭一六人が捕縛されて一三人が処刑されたため、長崎、島原および天草地方で活動する宣教師は皆無の状態となった。特に、長崎では石田アントニオ神父が一六二九年に拘禁されて以降、キリシタンたちの告解を聴き、彼らに赦し（告解）の秘跡を与える司祭はいなくなった、とされる（コレア、一六三六年三月二十五日付、証明書）。

Ⅲ　天草におけるキリシタン

11 ── 崎津教会

崎津は天草下島の羊角湾に面した古くからの港．永禄12年（1569）アルメイダが訪れ宣教して以来，キリシタンが増え，教会が建ちコレジオが一時期存在した．現在の教会は昭和9年に建てられた．

キリスト教が天草島に宣教されたのは、一五六六年（永禄九）、いわゆる天草五人衆・五党の時代であり、有馬領口之津《くちのつ》からなされた。五人の国衆が競い合っていたなかで、最初にキリスト教に関心を示したのは下島の志岐《しき》氏で、ついで天草氏が宣教師との関係をもった。ポルトガル船の来航を期待していたためである。一五九四年来日のスペイン人アビラ・ヒロンは、「[天草の]北部に三つの港があって、一つは志岐、もう一つは崎の津、ここから三レグアのもう一つは牛深《うしぶか》、志岐の港は東西いささか打ち開いているが、ガレアやナウには良港である」（『日本王国記』）と記している。

1　天草における初期宣教

（1）志岐氏とキリスト教

志岐鎮経の改宗

口之津に居住していたフィゲイレド神父が日本の他地方にいた同僚に送った一五六六年五月二十五日付書翰によると、豊後側の境の領主志岐殿がイルマン一人の派遣を頻りに乞うたが、パードレ・トルレスは通訳がいなかったのでその要請を断わった。志岐鎮経（麟泉）Xiqueidoni は高来の有馬晴純（仙岩）の五男慶童丸（諸経）を養子に迎えており、晴純の嫡子義貞を介して宣教師派遣を要請した。イルマン・アルメイダが日本人イルマンと共に志岐に赴いたのは同年九月である。日本人イルマンはベルシオールであった。領主鎮経はアルメイダから教理を聴聞したのち受洗の意向を示したが、大村純忠の轍《てつ》を踏まないよう洗礼を秘密裏に受けることを申し出た。アルメイダはこれを留保し、家臣たちに領主の決意のほどを確認した上で洗礼を授け、ドン・ジョアンの洗礼名を与えた。彼の受洗と同時に、彼の兄弟や甥、家臣や領民五〇〇人がキリシタンとなった（アルメイダ、一五六六年十月二十日付書翰、フロイス『日本史』一部七二章）。鎮経の受洗は九月末であったようである。イルマンのアイレス・サンシェスの一五六七年十月十三日付、志岐発信書翰によると、彼が志岐に着いた日に鎮経は受洗した。

サンシェスの来島によってアルメイダは口之津に戻ったが、彼の出発直前に建造中の教会は完成した。都からシモ地方に戻っていたヴィレラ神父が同年十二月の降誕祭後に志岐を訪れて六〇〇人に洗礼を授けた（シュッテ、Introductione.）。ヴィレラの退去後、領主は教会を増築した。彼はサンシェスを厚遇してしばしば教会を訪れ、仏寺を破壊するほどであった（サンシェス前記書翰）。一五六七年に、彼が期待していたポルトガル船の志岐来航はなかった。このため、彼のキリスト教に対する熱は次第に冷めていったが、トルレス神父の来訪にはこだわっていた。

トルレスの志岐滞在

領主鎮経の懇請に応じてトルレスが志岐を訪れたのは、キリストの割礼の日、一五六八年一月一日であった。鎮経と多くのキリシタン、男女の子供たちからなる聖歌隊がトルレスを港で迎えた。サンシェスの来島後すぐに組織された聖歌隊は、「イスラエルの神、祝福すべき主」や「我ら、神なる汝を誉め称える」を歌って、彼を教会まで導いた（一ポルトガル人の一五六九年八月十五日付書翰）。

当時、志岐のキリシタンは一〇〇〇人で、トルレスが滞在した九月上旬までにさらに三〇〇人が受洗した（アルメイダ、一五六八年十月二十日付書翰）。彼の滞在中、口之津のキリシタンたちが船を連ねて来て、告解し聖体を授かった。四旬節にキリシタンたちはポルトガルの四旬節のような熱心さを示した（同書翰）。この年、ポルトガル船は六月二十六日に福田港に来航した。同船で着いたイタリア人神父アレシャンドレ・ヴァラレジョは直ちに志岐にトルレスを訪れた。彼も港で少年少女たちの二つの聖歌隊の出迎えを受けた。聖歌隊はアルメイダとミゲル・ヴァスの両イルマンに引率されていた（ヴァラレジョ、同年九月四日付書翰）。

七月、トルレスはパードレ五人とイルマン二人を同地に集めて協議会を開き、新着の問答式教理書を日本の実情を考慮して改編・編集することについて検討した。九月、彼は病気のアルメイダの見舞いを口実にして同地を離れた。ヴァスが同地に留まっていた。彼は一五六九年四旬節（三月）にフキオ（袋）Fuquio と都呂呂《とろろ》に宣教した。都呂呂では住民のほぼ全員がキリスト教に改宗した。この年当集落 povoação といくつかの村の改宗者はおよそ三〇〇人であった（ヴァス、一五六九年十月三日付書翰）。同年、志岐にカンボジャ出帆のジャンク船が着いたが、ポルトガル船は福田港に入った。領主鎮経は次第にキリスト教から遠ざかり、隣領の天草氏が宣教師を招聘したことを機にイエズス会との間に距離を置いた。

新布教長カブラルの到着

一五七〇年六月十八日、ポルトガル人のジャンク船が志岐の港に来着した。同船には新布教長のフランシスコ・カブラルと、ソルド・ニェッキ・オルガンティーノの両神父が乗船していた。領主鎮経が熱望していたポルトガル船ではあったが、大型船ナウは福田に入った（岡本良知『一六世紀日欧交通史の研究』）。カブラルは翌七月、同地にパードレ一〇人とイルマン四人を招集して宣教師会議を開いた。布教長職を退いたトルレスも長崎から参加した。彼はそのまま志岐に留まったが、十月二日に死去した。カブラルはアルメイダを同行して九州各地を巡歴中であった。トルレスの死後まもなく、ヴィレラ神父がゴアに旅立った。彼がゴアからローマに発送した一五七一年十月二十日付書翰によると、志岐には教会三つがあり、キリシタン二〇〇〇人がいた。イルマン・ヴァスは一五七〇年十月十二日付志岐発信書翰で、信者数について、「およそ一四〇〇人」と報じる。

ヴァスは、信仰の篤い志岐のキリシタンたちが告解の秘跡を司祭から受けることができるよう、自ら大村に出向いてトルレスに願い、口之津にいたフィゲイレド神父の志岐訪問を実現させた。一五七〇年四旬節のことである（ヴァス前記書翰）。ヴァスは、領主が彼の祐筆ガスパールに棄教を強要したこと、彼は一時棄教したが翻意して妻子を伴って長崎に逃れ、三ヵ月後に領主派遣の者たちに襲われて家を焼かれ妻子と共に殺害されたことを伝える。この事件は一五七〇年夏、カブラルの来着前に発生したようである。領主鎮経は一五六九年には反キリシタンの姿勢を見せ、翌年にはすでに棄教していたようである。当時大村にいたフィゲイレド神父が同様のことを一五七一年十月十七日付書翰で報じている。定航船ナウが長崎港に停泊中に志岐で迫害が起こり、棄教を強制されたキリシタン二〇人が長崎に逃れると、志岐殿は部下を送って夜間に彼らを襲って殺させた、という。一五七一年は、前年開港された長崎にナウ船が初来航した年である。長崎で二年続いて同様の事件が起こったことになる。しかし、志岐の教会とイエズス会の住院の存続は容認されていた。ヴァスは一五七一年十月十八日付書翰で、昨年のクリスマスにバルタザール・ロペス神父が来訪して七日間滞在し、キリシタンたちの求めにより幾度もミサを上げた、と伝える。ヴァスは一五七五年に大村に異動するまで同地に留まっていたが、その後、教会とキリシタンたちの世話は老キリシタンに委ねられた。

(2) 天草氏とキリスト教

天草氏の宣教師招聘

河内浦（崎津）・本砥《ほんど》（本渡）・軍ケ浦《いくさがうら》の良港を領内にもつ天草氏もまたポルトガル船の来航を願望していた。天草氏は「志岐の領主よりも三倍も有力な領主」（アルメイダ、一五六九年十月二十二日付書翰）と見られていた。領主鎮種（尚種、久種）が、いつ使者を大村にいたトルレスの許に送ってアルメイダの派遣を要請したのかは明確でない。トルレスの大村行きは、一五六八年十月十六日頃と推定される（新編『大村市史』、二〇一四年）。アルメイダの大村出発は灰の水曜日（一五六九年二月二十三日）であった。天草・河内浦の港さしの津＊（崎津）に着いたアルメイダは、領主鎮種が用意した寺院に滞在した。

＊「さしの津」は、エヴォラ版「日本書翰集」ではXaxinocho。フロイス『日本史』はSaxinoçuとなる。

鎮種の兄弟二人が反キリシタンであったため、宣教は進展しなかった。二ヵ月が経ち、アルメイダは領主に五ヵ条の請願を行なって許された。その請願とは、（一）デウスの教えを領内に弘布することをよしとする領主署名の文書を発給する、（二）家臣たちが八日間の説教を聴聞する、（三）デウスの教えをよしとするならば彼の息子たちの一人をキリシタンとし、これをキリシタンたちが頭cabeçaとして仰ぐ、（四）その地に教会をもち、それに相応しい地所を与える、（五）同地から志岐まで海岸七レグアの地にキリシタンになるための許可を与える（アルメイダ、一五六九年十月二十二日付書翰）、である。アルメイダに遅れて天草を訪れたポルトガル人某が伝える同請願の内容は、（一）領主自身が教理を聴聞する、（二）執政regedorがキリシタンとなる、（三）家臣多数の改宗と、一〇ないし一二ヵ所の地を指名したことであった（前記書翰）。彼は同地滞在中におよそ五〇〇人を改宗させた。受洗した執政はドン・レアンと称した。ヴァスによると、受洗者は七〇〇人であった（前記書翰）。しかし、五月に島津氏と繋がっていた鎮種の兄弟二人とドン・レアンとの確執が表面化し、八月中旬まで続いた。アルメイダの宣教活動が彼ら二人の同意なく行なわれたことも一因していたようである。事態は一触即発の状況にあった。領主はドン・レアンを擁護し、仲介者になった仏僧は彼にキリスト教を棄てるか、領内から退去することを勧めた。彼は領主の命じる以外のことには従わないと返答した。領主は今しばらく領内から退去するよう促した。彼は妻子と家臣五〇人を伴って口之津に亡命した。彼の口之津行きはアルメイダの勧めによった（フィゲイレド前記書翰、『日本史』一部八一章）。

アルメイダとポルトガル人某は八月十七日に同地を離れたが、この時二つの教会のために二人の伝道士が残った。アルメイダは豊後の大友宗麟の政治力に頼って書状を書き、天草氏に対する助勢を要請した。天草氏は宗麟の書状を落手したのちアルメイダの宣教を保証した。彼が天草を去ったのち、反キリシタン勢力が領主に圧力をかけた。アルメイダによると、天草の殿（鎮種）は兄弟二人らの謀反によって「ある城」に入った。この城は本渡城で、彼は五、六ヵ月間当城に居た（一五七一年十月十五日付書翰、『日本史』同章）。鎮種が天草河内浦城を逐われて本渡城に入ったのはアルメイダ離島後の一五六九年八月二十八日以後、一五七〇年初め頃までと思われる。彼は下島の覇権を争ってきた志岐鎮経に所領の一部を割譲する条件で彼の援助を得て河内浦を回復した（『日本史』同章）。六月から九月頃までのことであったようである。カブラル神父が九月下旬以降に志岐から九州巡歴に出発した時、河内浦が巡歴地に入っていなかったのは、鎮種に神父を迎える態勢がまだ整っていなかったからであろう。

天草鎮種の受洗

カブラルが河内浦を訪れたのは一五七一年九月である。当時、天草にはバルタザール・ロペス神父が口之津から赴任していた。彼はアルメイダと日本人伝道士ヴィセンテを伴っていた。鎮種はカブラル来着後、一二日以上も考えた末に洗礼を受けた。洗礼名はドン・ミゲルである。本渡城主天草種元も受洗してドン・アンドレを称した（カブラル、一五七一年九月二十三日付書翰）。天草とその近在のキリシタンは一万二、三千人であった。「カミサマ」と呼ばれていた鎮種の妻と嫡子久種は一向宗に帰依していてキリスト教を受け入れなかった。彼らの改宗は一五七六年であり、妻はドナ・ガラシア、久種はドン・ジョアンを名乗った（同、一五七七年九月一日付書翰）。一五七一年時、天草には教会三五があった、とフロイスはいう。アルメイダの一五七二年十月五日付天草発信書翰によると、一五七一年の降誕祭から翌年十月までに七〇〇〇人が新たに改宗し、教会は一八であった。フロイスのいう教会三五は一五七六、七年頃のことのようである。鎮種夫人の受洗は仏僧たちの改宗に大きな力となり、彼女の勧めにより六〇人以上が教理を聴聞し、これを嫌う仏僧たちは薩摩や肥後に去った（カブラル、前記書翰）。

一五七七年、山口出身のイルマン、ジョアン・デ・トルレスが同地の仏僧たちの教化に当っていた。カブラルは前記書翰で、ジョアンの説教を聴くため仏僧らが一日に二回教会に通っており、すでに寺院 valelas や仏僧たちの妨げはなく、デウスの助力により天草には異教徒はいなくなり、各地に三〇以上の教会があり、他に四〇教会を造る必要があるとする。一五七八年には、天草地方に神父三人と修道士一人が在住し、ドン・ミゲル鎮種の全領内はすでに悉くキリシタンであって、教界の教化が順調に進んでいた。彼らの信仰は篤く、告解の秘跡が頻繁になされた（フロイス、一五七八年十月十六日付書翰）。

一五八〇年代天草における宣教とイエズス会

一五七九年十二月十日作成の同年度「日本年報」は、肥後国天草における宣教の状況について、五人の殿のうち最も主要な殿はすでにキリシタンで、全領内の全集落にキリシタン一万人以上がおり、領内にレジデンシア二つがある、一つは領内の頭である天草にパードレ二人とイルマンがあり、他の一つは本渡にあってパードレとイルマン各一人がいる、と報じる。

一五八〇年一月頃、ヴァリニャーノはカブラルらと共に一時口之津から天草に退避した。有馬氏が龍造寺勢に攻められて劣勢にあった時期である。彼は四旬節第一週、二月二十日すぎに有馬氏の求めにより口之津に戻り、カブラルは長崎に赴いた（前記年報）。同年、天草氏の支城があった久玉《くたま》城下にレジデンシアが増設され一五八二年二月まで存続した。河内浦のレジデンシアには、マカオで司祭に叙階されたのち、六、七月頃に戻って来たアルメイダ神父が赴任した（ヴァリニャーノ、一五八〇年八月二十五日付書翰）。

「一五八一年度日本年報」によると、天草の領内に一万五〇〇〇人のキリシタンがおり、レジデンシア三つがあった。同年十二月二十日付「コレジオ及びカーザの名簿」では、天草の浦（河内浦）城下に、パードレ・ジュリオ・ピアンニ、久玉にルイス・アルメイダ、本渡城下にアントニオ・ロペス神父と日本人イルマンのゴメスがいた（シュッテ、Catalogorum.）。ヴァリニャーノが主宰した第一回協議会で、イエズス会施設の統合・縮小が検討され、本渡と久玉のレジデンシアは河内浦に統合された。一五八二年二月作成とされる「日本のカーザと各年の必要経費目録」には、天草領内にコレジオ風のカーザがあり、その必要経費は三〇〇ドゥカドとある（シュッテ）。同年二月作成の会員「名簿」によると、天草河内浦のレジデンシアには上長アルメイダの他に、ピアンニ神父とイルマンのジョアン・ベルナルドと日本人イルマンのゴメスがいた。この年、領主鎮種が病没した。およそ七〇歳とされる（「一五八二年度日本年報」、『日本史』二部三七章）。準管区長コエリョはパードレ・イルマン数名とセミナリオの神学生らを率いて河内浦に赴き葬儀ミサを上げた。妻ガラシアは雪の聖母の祝日（八月五日）に追悼式を行ない一〇〇〇人以上の貧者に食事を供し、多くの施しをした。後継の久種は亡父慰霊のため大きな教会を造り、レジデンシアの敷地内に大十字架を建てて、そこに亡父を埋葬した。天草島におけるキリシタン教界の基礎を築いたアルメイダ神父が河内浦のレジデンシアで死去したのは一五八三年十月である。五八歳であった。この年、鎮種の妻ドナ・ガラシアも死没した。「一五八五年度日本年報」は、天草領主ドン・ジョアン久種が鹿児島に抑留されて一年以上になる、と報じる。この間、彼は島津氏から棄教を執拗に説得されたが、これを拒絶し信仰を堅持した。一五八六年十月作成のイエズス会「名簿」によると、天草と本渡にレジデンシアがあった。天草河内浦に上長アロンソ・ゴンサレスと小バルタザール・ロペス神父、フランシスコ・ピレス修道士、日本人セバスティアン修道士がおり、十七、八教会を世話した。本渡ではアントニオ・フランシスコ神父が日本人イルマン、トメと共に八、ないし九教会を司牧していた。年間必要経費は河内浦で二三〇クルザド、本渡で一三〇クルザドであった。

（3） 大矢野氏の改宗

天草五人衆は一五七〇年代大友氏との結びつきが強かったが、一五七〇年代後半から八〇年代に島津氏の勢力拡大によりその旗下にあった。島津氏の豊後攻めに際し、五人衆は豊後大野郡朝地の鳥屋城攻めに出陣し、これを占拠した。秀吉派遣の先陣黒田孝高らの軍が島津勢を圧倒すると、鳥屋城の島津勢は逃れ、五人衆勢は置き去りにされた。同城を包囲したドン・パウロ志賀親次はキリシタンである天草久種の籠城を知って使者を遣わし、助命を約して投降を勧告した。久種は全員の助命を条件に投降することを要求して、これを認められた（「一五八七年度日本年報」）。

助命された一人、大矢野種基は帰領するとすぐに、天草のレジデンシアの上長ゴンサルヴェス（ゴンサレス）神父に使者を送って、改宗を切望している旨を伝えて修道士の派遣を要請した。この要請は秀吉が伴天連追放令を発した直後のことであった。神父はこの要請に困惑し疑念を抱きながらも、大矢野氏の懇請に心打たれたようである。彼が秀吉の禁令を承知した上で生命を賭する覚悟であることを知って、その要請に応えることを約した（『日本史』二部一〇七章）。同神父は大矢野氏が日本の諸宗教に精通していると認識していたため、有馬から有能なイルマンが到着次第すぐに派遣することを伝えた。

大矢野に赴いたイルマンの一人は五〇歳をすぎていた山城出身のロケであり、他の一人は肥後出身の元仏僧であった。彼は一五八七年五月にイエズス会に受け入れられた有家《ありえ》シモンと思われる。二人の修道士は寺院に泊まって領主種基とその家族・一族、家臣たちに教理を解説し、それについて説教した。ロケは種基に対して、禁教令が出されたこの時期に敢えてキリスト教徒になろうとする真意を質した。彼が語るには、戦場で経験した若いドン・パウロ（志賀親次）を実際に見たことであり、彼が五人衆を釈放したのはデウスへの奉仕に基づいていることと実感したことが動機である、ということであった（『日本史』同章）。

イルマンの教理教育が終わると、九月、ゴンサルヴェス神父が河内浦から大矢野を訪れ，洗礼を授けた。種基はヤコベ（ジャコベ）、妻はジョアナ、息子はジョアンの洗礼名を授かった。故ドン・ミゲル天草鎮種の弟も受洗した。彼はアルメイダが宣教に着手した一五六九年に反キリシタンの一人であった。神父はまず七〇〇人に授洗した。彼が滞在した一八日間に二三七一人が改宗した。寺院は教会に改修された。元仏僧たちは看坊のような役割を与えられて教会を管理した。最長老で実力者の僧は領主の改宗に反対したため、イルマンの来着前に殺された。ゴンサルヴェスの一五八七年九月二十

12── 日野江城階段遺構

九日付書翰によると、大矢野には洗礼予定者がまだ一五〇〇人以上いた。大矢野の在所の村々にはイルマン二人と同宿一人が出向き、教理を理解したのちに神父が訪れて洗礼を授けた。家が散在する田舎では一軒毎に四回も説教がなされた。村の主要な場所には五基の十字架が立った。コエリョはゴンサルヴェスが大矢野を去ったあと、司祭二人、クリストヴァン・デ・レアンとグレゴリオ・フルヴィオを派遣した。日本人イルマン、バスティアンが同行した。彼らは十一月二十二日まで一八日間滞在し約三〇〇〇人に洗礼を授けた。

人々の生活は一変した。一神父の同年十一月十二日付書翰によると、彼らは洗礼名で呼び合い、お茶を飲む前には茶碗の上で十字を切った。仏像は焼かれ、神社も寺院も破壊された。高台に十字架が立ち、そこに通じる一二〇段の階段には寺にあった石塔類が用いられた（『日本史』同章）。この事例は、有馬日野江城の大手門に近いところで発掘された階段に見ることができる。

2　小西行長の宇土入部と天草島のキリシタン

小西行長と天草一揆

秀吉は天正十五年五月二十七日（一五八七年七月二日）に薩摩を発って六月二日隈本《くまもと》に至り、肥後一国を佐々成政《ささなりまさ》に与えた。天草の国衆大矢野種基は秀吉から五月晦日《みそか》（同七月五日）に領地を安堵《あんど》する朱印状を付与されたが、これには「羽柴陸奥守《はしばむつのかみ》（佐々成政）に与力せしむ」（『熊本の歴史』山川出版社、一九九九年）とあった。他の国衆は六月二日に領地安堵状を与えられ、領地の所付目録は成政から受け取るよう指示された。秀吉は肥後国支配の基本として成政に五ヵ条の定書を与え、一ヵ条で「三年検地あるまじき事」と規定した。成政は国衆たちに所領の実態を調査するため検地差し出しの提出を要求した。彼らがこれを拒絶したため成政と対決することになり肥後一揆に進展した。彼は八月六日国衆討伐を命じ、菊池郡の国衆隈部《くまべ》親永《ちかなが》を攻めて一揆軍を鎮圧した。天草五人衆が肥後一揆にどのような行動をとったかは不明である。秀吉は天正十六年一月二十日に一揆収拾のため浅野長吉ら上使七人と兵二万人を派遣した。三月、浅野は隈本、加藤清正や小西行長らは宇土・八代・葦北・天草の諸郡に入って検地を実施した。秀吉は成政を召喚し閏五月十四日（同七月七日）に尼崎で切腹させた。その翌日、小西行長と加藤清正に肥後を分封した。清正は隈本城を本拠として玉名・菊池・阿蘇・葦北など九郡一九万五〇〇〇石を、行長は益城・宇土・八代・天草四郡一四万六〇〇〇石を与えられた（鳥津亮二『小西行長』）。行長は秀吉の「海の総大将 Capitão-mor do mar（船奉行）」から大名に抜擢された。

行長は宇土入部後直ちに城郭編成に着手し、宇土《うと》城を本城としてその整備に当たり、天草五人衆に宇土城普請の課役を命じた。その時期は、本渡の天草氏が同地の代官であることを百姓中に、行長が通達した天正十七年三月十日（一五八九年四月二十四日）前後のことと思われる。これに対して志岐鎮経・諸経父子と天草種元アンドレが異議を唱え、ついで上津《こうつ》浦《うら》種直、大矢野種基、栖本《すもと》親高《ちかたか》の国衆が同調した。通称「八郎殿」の栖本親高は一五八九年一月に受洗してジョアンと称した。七月、妻（ガラシア）と父鎮通（ベルトラメウ）が受洗し、全領民二二〇〇人も翌八月までに改宗した。親高ジョアンは妻の弟「上津浦殿（重貞・鎮貞）」の義兄である。種元は河内浦の天草久種の伯父である。久種と志岐鎮経は、前年肥後に来た浅野長吉の呼び出しを無視し（「一五八八年度日本年報」）、天正十七年正月に秀吉への慶賀挨拶にも参上しなかった。

天草・志岐両氏が秀吉に親近しなかったのは、肥後一揆の事後処理に不満を持っていたのかもしれない。天草氏は明らかに秀吉の禁教政策に抵抗し不信感から上洛を拒否した（同年報）。加藤清正の天正十七年九月二十五日に比定される大矢野種基宛書状は、行長と五人衆が「意違《いたがい》（反目）」して「大儀（軍事衝突）」に及ぼうとしており、それは志岐麟泉の「短慮」が原因である、とする（鳥津前掲書）。大矢野氏は一揆から離脱して小西に下った。彼に続き栖本・上津浦両氏も降伏して所領を安堵された。「上津浦殿」が義兄弟栖本親高の影響で洗礼を受けたのは一五九〇年二月十八日である。この時九、一〇歳の彼に、小西行長は島子城の城代を後見とした。同地の領民三五〇〇人以上がまもなくキリスト教に改宗した（『日本史』三部七章）。

行長はまず志岐氏攻撃に着手し、伊地知文太夫を派遣したが敗れた。志岐氏には河内浦の天草氏が援軍を送っていた。行長自ら出陣し、有馬・大村・松浦の諸氏に援軍を要請した。彼は十月十三日に志岐に着陣して城を包囲した。加藤清正の軍勢も加勢した。有馬晴信は叔父志岐諸経とその養父鎮経説得のため城内に入ったが調停に失敗した。戦闘後、小西方が城を占拠し、鎮経は薩摩に逃れた。諸経は「一五九〇年度日本年報」によると、有馬に退避したのち肥後に移った。

行長の志岐攻撃は、志岐氏が陥れば天草のドン・ジョアンは降伏するとの見通しのもとに実行された、とフロイスは前記「年報」で述べる。しかし、天草氏は派遣した兵一二〇〇人全員が殺されたため、かえって抵抗の構えを強めた。小西と加藤の軍勢は防備堅固な河内浦城攻撃を断念して、まず本渡城を攻めることにした。降伏勧告交渉中の一五九〇年一月初め（天正十七年十一月二十五日）に、加藤勢が城内に攻め入った。城主天草種元と息子はおよそ一三〇〇人のキリシタンと共に死んだ（『日本史』同章）。この結果、天草の国人領主四人は行長に服属することになった。志岐氏が退去したあとに、行長は堺の日比屋了珪の子兵右衛門ヴィセンテを城代とした。兵右衛門は同地のキリシタン化に着手し、長崎にいた旧知のオルガンティーノ神父を招いた。二ヵ月間に一六〇〇人が受洗し、一五九〇年にはさらに三五五〇人が改宗した（同年報）。同神父の同年四月二十八日付書翰によると、肥後の多くのキリシタンは教会のあった大矢野に来てミサに与り、告解して聖体を拝領した。行長の妻ジュスタも宇土から同地に来て聖週間を過ごし、復活祭（四月二十七日）を迎えた（同年報）。

行長とドン・ジョアン天草氏は主従関係にあったが、冷えきった状態であった。インド副王大使として再来日したヴァリニャーノは上洛途中の室津で行長に会い、天草氏のために取り成しをした。行長はその懇請を受けて譲歩し、秀吉も天草氏の処遇について行長に一任した（「一五九一・九二年度日本年報」）。

天草における教育機関

伴天連《バテレン》追放令施行後、教育機関は人目のつかない土地に移された。長崎に近い大村や有馬から、僻遠の天草島が適地とされたのはそのためである。修練院は一五八八年八、九月に有家から河内浦に移転した。しかし、前述したように行長の宇土城普請に関わる課役問題のために戦闘が予測され、修練院は一時翌年五月から八月にかけて大村に移った。

ヴァリニャーノの再来日後に開催された協議会で、懸案のカーザ・レジデンシアの統合併問題が第一回協議会に引き続いて検討された。天草に関して、「現在行なわれている戦争（天草一揆）が終了次第、天草が上長となり、天草の全諸島の中央に位置する」本渡の城下に本拠を置くようにし、「志岐・河内浦・栖本・上津浦・大矢野に在住するパードレとレジデンシアはその統治下に置く」との決議がなされた（「日本イエズス会第二回協議会議事録と裁決（一五九〇年）」）。しかし、既述のように本渡のキリシタン教界は天草一揆により壊滅的状況に立ち至ったため、計画は変更された。秀吉の有力武将小西行長の領内に、しかも長崎奉行が容易に情報を得にくい土地が求められた。ドン・ジョアン天草氏は、一五九一年四月頃に京都から加津佐《かづさ》に戻っていたヴァリニャーノを訪れて、コレジオ・修練院・セミナリオの天草への移転を懇請した。大村・有馬両氏は反対したが、コレジオと修練院は河内浦に移ることになった。二つの教育機関は同年五月頃に移転され、一五九七年秋に長崎に移るまで存続した。

一五九二年十一月作成の「カーザおよびレジデンシアの目録」によると、河内浦のコレジオと修練院院長フランシスコ・カルデロンのもとに七人のパードレがおり、教育だけでなく、キリシタン教界の司牧においてもその管轄下の三五教会とキリシタン一万人以上を世話していた。またイルマン四二人がいた。日本語教師の日本人二人、修学中の三五人、印刷に従事の二人、神父に同行して田舎の宣教に当っていた二人がいた。修学者のなかに天正遣欧使節の四人がいた。志岐のレジデンシアにはペドロ・モレホン神父のもとにイルマン五人がおり、イタリア人ジョアン・ニコラオが絵師として絵画を教えていた。志岐に画学舎が併設されたのは一五九一年であり、一五九三年に有馬領八良尾《はちらお》のセミナリオに移った。「水彩画（テンペラ画）と油絵」科に八人、「銅版画」科に五人が学んでいた（五野井隆史『キリシタンの文化』）。

栖本・上津浦・大矢野の各レジデンシアには、パードレとイルマン各一人がいた。この三住院と志岐の住院は、二五教会と二万三〇〇〇人のキリシタンを司牧していた。一五九二年十一月の時点で、天草島には教会六〇があり、キリシタンは三万三〇〇〇人であった。大矢野のパードレは天草島以外の肥後各地の二〇〇〇人を巡回訪問していた。同年十月一日付の同年度「年報」によると、「同じ時期に天草には殿が私たちに与えた数軒の家と、私たちが以前から所有していた家があり、そこに会員およそ六〇人が住むために十分な広さのあるコレジオが建てられ、他に同宿と小者六〇人のために造られた家と印刷所を備えた事務所が建てられた」。同宿はコレジオに二四人、志岐に一八人、栖本・上津浦・大矢野の住院に九人いた。

天草版の印刷

イエズス会による印刷・出版事業は、天正遣欧使節が持ち帰った活字印刷機が加津佐のコレジオに据えられて一五九〇年秋に始まった。翌年五月頃コレジオの天草移転に伴い印刷機は河内浦に設置された。一五九八年末ないし翌年始めに長崎の岬の教会周辺に大きな印刷所が造られるまで同地に置かれた。

同地では、現存するだけでも一二点のキリシタン版が印刷された。印刷従事者は、一五九二年十一月作成の「目録」によると、イタリア人ジョアン・バウティスタ・ペーセと日本人チクアン（竹庵カ）・ペドロのイルマン二人である。二年後にはイチク（市来）・ミゲルが作字に関わっていた。一五九二年に教理書のローマ字本『ドチリナ・キリシタン』とローマ字本『平家物語』が、翌年には『エソポのハブラス』が印刷された。一五九六年には修養書『コンテンツス・ムンヂ』とロヨラの『霊操

13――活字印刷機

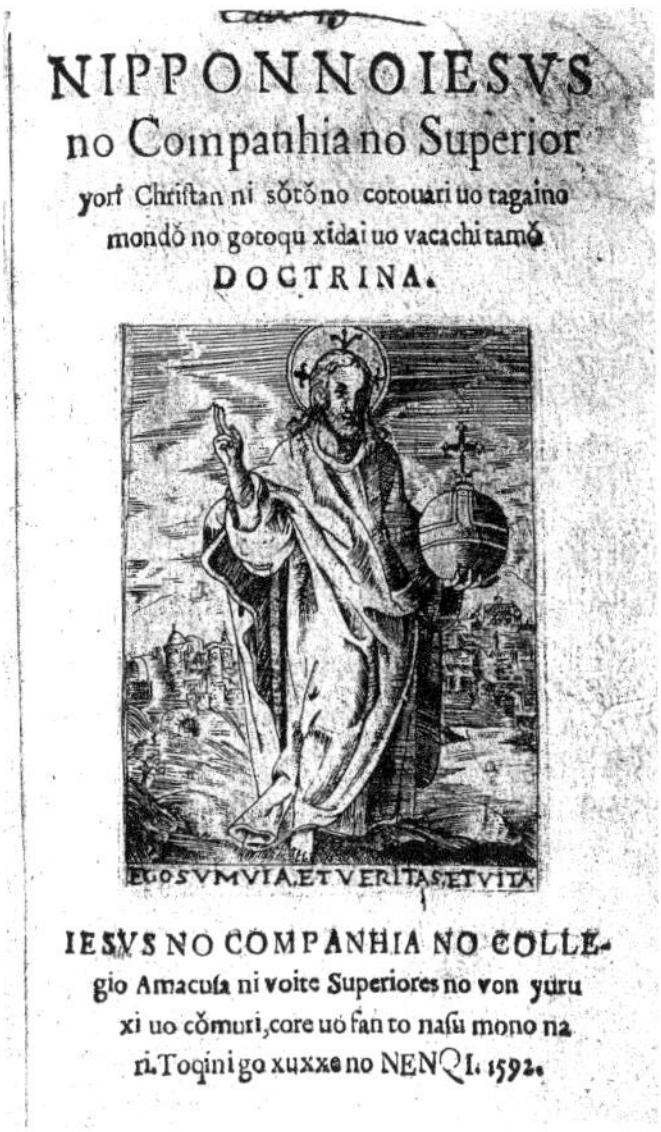

14――キリシタン版『ドチリーナ・キリシタン』表紙

（心霊修行）』が出版された。同年、宣教師のための『ラテン文典』と『羅葡日対訳辞典』が印刷された。印刷状況について「一五九六年度日本年報」は、次のように報じている。

コレジオのなかの離れた場所で、ラテン文字および日本の文字の印刷が行なわれている。今年はラテン語でトレント公会議において定められたカテキスモ（教理問答）が印刷され、それはセミナリオでも読まれている。また日本文の『コンテンツス・ムンヂ』がラテン文字（ローマ字）で印刷され、私たちの父イグナシオの『霊操』がラテン語で、さらに日本人のためにまもなく『コンテンツス・ムンヂ』が日本の文字で印刷される。

禁教令下、印刷・出版事業が制約された環境のなかで推進された。天草はそのために好適地であり、領主天草氏の保護が大きな支えとなった。

キリシタンの増加と信仰の深化

『日本史』によると、一五九三年には天草の全島民がキリシタンになりその数は三万人を数えた（三部六二章）。小西行長はすでに前年五月朝鮮に渡り、天草の諸領主も動員された。同年八月、秀吉がフィリピン総督に服属を命じたため、総督使節が返書を名護屋《なごや》城に持参した。使者の通訳スペイン商人ファン・デ・ソリスの中傷が原因して、秀吉は突如長崎の岬にあったイエズス会の教会と修院の破壊を奉行寺沢広高《てらさわひろたか》に命じた。このため、準管区長ゴメスは僻地の志岐に退避し、翌年七月まで同地に滞在した。志岐の領主日比屋ヴィセンテは朝鮮に出兵中で、妻アガタが宣教師たちを世話した。長崎から役人たちが来ると、彼女は宣教師たちを一時村々に避難させ、老人や子供たちと一緒に修院に住んだ（同章）。

志岐に領主ヴィセンテが設立した「我らの主の信心会 Confraria de Nuestro Sõr」があった。彼自らが組親となって村々を巡回して信心会の会員を勧誘し、家臣や有力者に対し「告解の手引き」を読み聞かせて告解と聖体拝領のための準備をさせていた（前記年報）。彼の出征後も、信心会の活動は活発で、一五九六年に新たに二江《ふたえ》村に複数の「聖母の信心会 Confraria de Nuestra Señora」が発足した。同年、志岐の一四ヵ村に一四の教会があった。同年の告解者は一八九三人であった。天草のコレジオには会員四五人と同宿二〇人がいた。神父六人、神学生のイルマン一七人、新たな修練生一五人、その他七人である。天草管内の告解者は二七〇〇人、成人の受洗者一〇四人である。大矢野のパードレは肥後の宇土、隈庄、矢部、八代に赴いた。なお、一五九七年に大矢野城主ドン・ジャコベ種基が朝鮮の順天城で戦死し、息子種量も同年一六歳で戦死した。

天草下島の東海岸、本渡城より少し北よりの城塞地サイツ（佐伊津）Saitçu にレジデンシアが置かれたのは一五九九年六月以降のことで、大バルタザール・ロペスが同地を担当した（「マトス回想録」）。一五九八年八月に来日した司教ドン・ルイス・セルケイラが、秀吉死後の不安定な状況下の長崎から河内浦に避難したのは一五九九年三月である。イエズス会員一五人とセミナリオの神学生三〇人が同行した。彼は八月に志岐城下に移り司教座 Casa Reitoral を置いた。

3　江戸時代における天草のキリシタン

寺沢氏の入部とイエズス会

関ヶ原の戦いにより加藤清正軍が天草に侵入した一六〇〇年十月、司教セルケイラは志岐の司教座を閉鎖して長崎に移った。唐津の寺沢氏は翌年三月天草三万三〇〇〇石を加増され、志岐に城番を置いた。ドン・ジョアン天草久種は三原城主小早川秀秋に預けられ、ほどなく死没した。マトスによると、寺沢氏は志岐にガルシア・ガルセス神父、上津浦・大矢野にマルコス・フェラーロ神父の居住を許した（「回想録」）。しかし、一六〇三年十月六日作成の同年度「年報」は、大矢野の教会が加藤清正勢によって破壊された、と報じる。同年十月作成の「名簿」では、各レジデンシアは有馬教区の管轄下にあった。天草・志岐にガルセスとジョアン・デ・フリアスの両神父と日本人イルマンのゲンガ・ジョアンがおり、河内浦に木村セバスティアン神父がいた。上津浦にフェラーロ神父とイルマン河内マシモがいた。有馬領内の五住院と天草の三住院で宣教師に随行していた同宿は三〇人以上であった。河内浦の住院が存続し得たのは一六〇四年までであり、寺沢氏は志岐・上津浦以外の住院を警戒して破壊した。

三万人を数えた天草キリシタンは、一六〇三年十月の時点で一万三、四千人に減少していた。一六〇七年二月作成の「名簿」によると、河内浦に近い港町サシノッ（崎津）にレジデンシアが増設された。上津浦には引き続きフェラーロ神父とイルマンのイグナシオがいた。一六〇九年十一月十二日付「カーザの数および人員についての小報告」によると、天草の各レジデンシアの態様は次のようである。

志岐　神父一人、同宿三人、小者六人、経費一三〇クルザド

上津浦　神父一人、修道士一人、同宿三人、小者五人、経費一三〇クルザド

崎津　神父一人、修道士一人、同宿三人、小者五人、経費一三〇クルザド

迫害が始まる一六一二年の「名簿」によると、崎津の住院は閉鎖されて志岐と上津浦の二ヵ所になり、翌年二月の「名簿」では、志岐・上津浦の住院には各一人が増員された。一六一四年一月二十八日に禁教令が発令されると、同二月、寺沢氏は五日以内に長崎に退去すべきことを宣教師に申し渡し

た。ガルセス神父は看坊荒川アダムに後事を託して志岐を去った。元同宿の荒川アダムは同地のキリシタン教界の教化に当っていたが、同年六月五日に斬首刑となった。天草における最初の殉教者である。崎津の看坊工藤ソテルは捕縛後に口之津に送られ、十一月二十三日に処刑された。彼は豊後出身者であった。

禁制下の天草のキリシタン

志岐では一五九〇年初めにキリシタンの信仰共同体であるコンフラリア（信心会）が発足し、各村落で機能していた。全国的禁教令施行後も、キリシタン教界は信心会や慈悲の組が信仰活動の中心となり、看坊の助言と指導によってキリシタンたちを支えていた。

イエズス会管区長コウロスの「徴収文書」は一六一七年に天草でも作成され、二通が伝存する。同会の伴天連のみが来島し、「こんひさん（告解）」を聴き、「貴きさからめんと（聖体の秘跡）」を授けていることが証明されている。一通には上津浦と大矢野のキリシタン二五人の署名がある。上津浦村の署名者には村の三役である庄屋一名、きも（肝）入二名の名が見られ、信心会の役職者では組親五名、惣代一名、慈悲役三名、信心会の顧問格の看坊二名の名が見られる。上津浦の署名者は二〇名であり、大矢野村の五名に比べ圧倒的な数の署名者である。大矢野村の署名者は、庄屋四名と惣代一名である。惣代は益田四郎時貞の義兄の「ろれんそ渡辺小左衛門」である。日付は元和三年八月十二日である。

もう一通は、「御主の御出生以来一六一七年せてんほろ Setembro（九月）の廿七　元和三年八月廿九日」の日付をもち、下島キリシタン三四名が連署している。この文書には役職名の記載はないが、彼らの居住地一三ヵ所が確認される。内野村三名、二江三名、坂瀬川村三名、志岐三名、福路（袋）三名、福路下町二名、都呂々二名、下津深江二名、小田床一名、高浜三名、今福一名、崎之津三名、大江村五名である。崎津の松永治部左衛門ミゲルは多年乙名 cabeça を務め、同地では「父」と仰がれていた。潜伏していたパードレに乞われて、一六二一年以降同地および近在の看坊を九年間務めていたが、一六三〇年八月に拷問を受けて自宅監禁となった。在府中の寺沢堅高から処分が届き、十二月二十日に海中に沈められて死んだ。七〇歳とも七五歳とも言われる。

一六二一年（元和七）三宅重利（藤兵衛）が番代として志岐に至り、天草島の迫害は激化した。彼は細川ガラシアの妹と明智弥平治秀満の子で、寺に預けられたのち寺沢広高に登用され、三〇〇〇石を食む重臣であった。

「一六二二年七月から一六二三年七月までの当高来教区の年報のための覚書」によると、天草島に神父二人が潜伏し、一人は島内に潜居して教化に当り、他の一人は同島から肥後の川尻・熊本・矢部と日向国に赴いていた。志岐城下では家臣団への厳しい検索があり、武士四人が家族と共に追放された。そうした状況下でも成人五人が受洗し、大人や子供たちの信心会は霊的成果を上げていた、とされる。一六二三年三月七日付のマノエル・ボルジェス以下神父一二名の連署文書によると、天草島には同会の司祭二名が潜伏し、一名は河内浦に、他の一名は大矢野村にあって、肥後国に二、三度出かけていた。「一六二四年度日本年報」は、大矢野村に定住する一司祭が肥後に度々赴いている、と伝える。彼は同年豊後から大矢野に移ったフランシスコ・ボルドリーノである。十月七日に八代近在出身の商人六右衛門ルイスと妻マリア、下僕ルイスが八代で斬首され、大矢野のキリシタンたちは彼らの遺体を引き取って大矢野に埋葬した。

翌一六二五年度の「年報」によると、大矢野定住の一司祭が肥後を訪れ約六〇〇〇人の告解を聴き、新たに成人五八人に授洗し、棄教者四〇人を立ち返らせた。一六二六年以降数年間の天草島に関する報告は少ない。フェレイラ神父が一六三一年八月二十日付で書いた「一六二九・三〇年度日本年報」は、一六二九年初めに二司祭が高来から天草島に至り五ヵ月間同教界を司牧したが、このため七月に全島に激しい迫害が起こった、と伝える。志岐では奉行（番代）Governador 三宅の命により迫害が強化された。近江出身で元同宿のジュリオは一六二九年に八二歳であったが、妻と共に拘禁されて牢を転々とした。十一月二十九日、寺沢氏は幕府の指示に従い彼の首に石を付けて海中に沈めた。山中に潜んでいた高麗人パウロは一六二九年末に捕われ、一六三〇年一月十二日に海中に投げ込まれて、六〇歳で死んだ。カミ地方出身の志岐の住人ジュリアは、「女性たちのコンフラリア」の組親 mordoma であったが、数ヵ月間山中に潜み隣村の内田に移動したのち、九月に衰弱死した。

大江と崎津では、一六二九年から翌年にかけてジャンノネ神父が潜伏活動していた。河内浦の代官

15―天草市有明町所在の正覚寺から出土のキリシタン墓碑

Daiquan 川崎伊右衛門は、一六三〇年八月大江キリシタンの転宗に着手する前に、同地の有力者たちを河内浦に出頭させて棄教を迫った。神父の宿主が出頭した後に兵卒が派遣されたが、神父はキリシタンたちの助言で山中に逃れた。代官川崎は棄教しなかったキリシタン三〇人の子供たちに拷問を加えて父親を転ばせようとした。その拷問は一二日間続き、父親たちは屈した。大江では一〇〇人以上の者が同集落 povoação の牢に入れられた。港町崎津の迫害は、大江同様に管区長コウロスの天草潜伏を契機にして再開されたようである。

　大矢野島の迫害は、一六二七年当時は緩やかであったが、一六三〇年の迫害では富岡城の三宅藤兵衛の命により、乙名五人が栖本に召喚され、仏教への転宗を命じられた。彼らは八日間耐えぬいた。

　しかし、大矢野のキリシタンの連行は続き、栖本に新たに造られた牢に拘禁された。藤兵衛は島原の松倉勝家からのコウロス逮捕要請を受け、六月二十四日、河内浦代官に神父の逮捕を命じた。神父の宿主、大江のゲンナイ・ルカスは逮捕されて入牢した。ルカスの一族と下僕ら二三人も河内浦の牢に入れられた。八月、同地の代官は大江の住人クリストヴァンに棄教を命じ、家族五人を家に閉じ込めて兵糧詰めにしようとした。七〇歳のクリストヴァンは拘禁されて八日後の八月十三日に牢死した。

天草島では、コウロスの渡島以後、海陸の警備はさらに厳重になった。一六三三年(寛永十)、上島の赤崎(有明町)で「村の者隠し置き候」伴天連が逮捕された。前年マニラから密航・帰国したイエズス会の斎藤小左衛門パウロが同宿度島ヤコボと一緒に捕われ、七月二十一日に大村牢に入れられた(『細川家史料』一七、「大村見聞集」一三)。斎藤パウロは九月末長崎で穴吊るしの拷問を受け、数日後に死んだ。同宿度島ヤコボは志岐に護送されて同月三十日に火刑となった。天草島における宣教師の活動は、この年をもって終わった。同宿もいなくなり、看坊がわずかに残っていたようである。キリシタン教界の維持はキリシタン自身の手に委ねられ、各村々に設立されていたコンフラリアの組が看坊などの助言を得ながら秘かにキリシタンたちを支え導くこととなった。大矢野島から上島にかけて、そして志岐から河内浦の崎津を中心にして、一六三三年以降もコンフラリアは維持され秘かに信仰は維持されていたようである。

Ⅳ 島原の乱と百姓とキリシタン

16―原城の攻防（『島原陣図屛風』）
石垣をよじ登る幕府軍に対して，一揆軍は女子供も石を投げるなどして抵抗した．本屛風は幕府軍に加わった筑前秋月藩が描かせたもの．

寛永十四年十月二十五日（一六三七年十二月十一日）に、島原藩の南目《みなみめ》で領民たちが有馬代官林兵左衛門を殺害したことを機に、いわゆる島原一揆が始まった。松倉氏の留守居家老は翌二十六日付で「幾利支丹《きりしたん》立上」の旨を隣藩の佐賀と熊本に報じて救援を求めた。両藩は府内の豊後御目付に指示を仰いだ。この報は豊後目付から大坂城代を通じて十一月九日に江戸幕府に届いた。幕府は島原百姓の蜂起を、松倉氏の救援状に見られるままにキリシタンの蜂起と受け止めて、キリシタン一揆鎮圧の名のもとに対応することになる。

島原対岸の唐津藩寺沢氏の所領大矢野と上津浦《こうつうら》の領民が島原の百姓蜂起に呼応して立ち上がったのは、その数日後である。有明海を挟んでこれを共に生活の場としていた島原・天草の百姓たちは、原古城に立て籠って幕府・九州の諸大名の連合軍と戦い、翌十五年二月二十八日（一六三八年四月十二日）に全滅して、一揆は終わった。主戦場が有馬氏の旧城地原城を舞台に展開し、また参加した百姓およそ二万七〇〇〇人のうち、島原南目の一三ヵ村の者が全体の八九％、二万三千八百余人を占めていたことから（中村質『近世長崎貿易史の研究』）、この一揆を島原の乱と称することとする。

1　島原の乱勃発の背景

島原の乱に対する外国人の報告

島原の乱が、当初から「百姓共幾利支丹立上、俄《にわか》ニ一揆之仕合ニ而村々焼払、城下町迄昨日焼申候」（「鍋島勝茂譜考補」六）として、幕府や諸藩からキリシタン立ち上がりの一揆として位置づけられていたのに対し、一六三七年八月二十日頃にガレオン船の船長として長崎に来たポルトガル人ドゥアルテ・コレアは、この一揆はキリスト教が原因して起こったのではないと、『島原一揆報告書』において明言する。彼は同年十一月四日宣教師を援助した廉《かど》で逮捕され、出島から大村牢に送られた。彼はこの報告書を大村牢に彼を訪ねて来た武士たちから直接聞き取った情報に基づいて書いた。彼は「異端審問所の委員」の立場でこれをマカオにいたアントニオ・カルディム神父宛に書き送った。

農民たちが毎日払っていた米や小麦や大麦からなる通常の貢租の他に、彼らは布とカンガ（シナ産綿布）の二種類の織物を納める義務を負った。そして、タバコ各一株についてその半分を「納めたが」、それは最良で大きな葉でなければならなかった。農民たちはこれらを納めることができないために虐待され、妻を取られ、たとえ妊娠していても凍りついた水につけられた。このため多くの者が死んだ。ある地位ある男が若く美しい一人娘を取り上げられた。彼女は恥ずかしめのため裸にされて全身に火の点いた薪を当てられた。自分の娘に対する虐待を見て、かような虐待に耐えかねて彼は役人に躍りかかった。彼と共に来ていた者全員と一緒に彼を殺した。長門殿（松倉勝家）の奉行たちや役人たちが傲慢に暴虐を振りかざして農民たちを圧迫したため、彼らは領主に抵抗して起ち上がって反乱を起こした。キリスト教のために起こしたのではない。ところが殿の役人たちの目的は、彼らの暴虐を隠蔽するためまた日本の諸領主と皇帝（将軍）の名誉を失わないために、キリスト教のために蜂起した、と発言することにあった。

コレアは、乱が終わって一年四ヵ月経った一六三九年八月に処刑された。

当時の平戸オランダ商館長ニコラース・クーケバッケルは、「商館長日記」の一六三七年十二月十七日条で、有馬農民の蜂起について書き、のち一六三八年一月十日付でバタビアのインド総督アントニオ・ファン・ディーメンに書翰を送って島原の乱発生について詳報している（『長崎県史』史料編三）。それらによると、有馬地方の農民の大多数が反乱を起こしたが、その理由は、一説には旧主有馬氏の転封の際に残留した武士が新領主のもとで冷遇されて仕官できず土着して農民になったことにあるとし、彼らと農民に対する重税が過重で、これを上納・負担できない者が死に追いやられているためであるとする。その仕方は、粗末な藁外套をひとつ首から体まで巻き付けて縛り、吊るして両手を背後でしっかり結わえて外套に火を点けて焼き尽くすものであった。これは「ミノ踊り」と呼ばれ、領主はこれだけでは満足せず彼らの妻たちを裸にし足を上下にして吊るして様々の凌辱と侮辱を加えた。農民たちはほとんど飢餓のため憔悴し切って草の根や木の実による以外には生命を維持できない有様である、とその悲惨な状況を伝える。十八、九日条では、天草の農民たちが対岸の有馬の反乱を聞いて蜂起したこと、さらに二十六、七日条では、有馬のキリスト教徒たちが同情心から天草の農民のもとに参加した、と書き記している。

コレア、クーケバッケル共に、領主松倉氏の苛政が蜂起の根源であるという点で一致し、キリシタンが引き起こしたものではなく、農民たちの起こした戦いであるとの認識であった。

松倉氏の治政の実態

松倉重政は大和五条一万石から有馬四万石の領主として入部した。彼は有馬氏が中世以来居城としてきた日野江《ひのえ》城を廃して島原を居城地に定め、一六一八年から二四年まで七年間を費やして森岳《もりたけ》城を築いた（『肥前国有馬古老物語』『続々群書類従』十二）。この間、島原藩では、既述のように一六二二年までは寛大なキリシタン政策が採られた。新城築城のため領民を徴発し稼働させるために採られた処置であったようである。築城後に、重政は江戸城普請《ふしん》を課された。『徳川実紀』寛永七年十一月十六日（一六三〇年十二月十九日）条には、彼の死没記事に関して、「江戸馬場先の石垣助役つとめし時、十万石の役をのぞみしかば所領六万石になされ、十万石の軍賦をゆるさる」とある。息子勝家もまた父が申し出た一〇万石の課役を引き継いだ。彼が参加した江戸城普請は寛永十三年正月八日（一六三六年二月十四日）に始まり、八月下旬まで続いた（『実紀』三）。勝家が父同様に力量以上の課役を担ったことは、領民の過重な負担に直結した。

島原藩の公称石高は有馬～高力時代（天正十五～寛文八年）四万石であり、慶長十二年（一六〇七）に施行されたと考えられる有馬氏の検地に関して、有馬氏の日向転封時、松倉氏入部まで高来四ヵ村を管理した大村藩が「見聞集」に記録した石高と、安永三年（一七七四）の「島原藩郷村帳」に見られる前記四ヵ村の公称石高について比較した桑波田興によると、四ヵ村の村高は本高の七〇％が打出され、半島内全体にも同様の打出がなされたとすると、有馬氏検地の結果による島原藩の内高は六万石以上であったとする（「初期島原藩藩政について」）。中村質は、松倉氏検地による打出は六四％で草高一〇万石になるとし、一三万石を超えるとする桑波田説に否定的である（前掲書）。のちに言及する「矢文」に、「御領地四万石之処、すへて十二万石余之御所務、数年かうめん《高免》一りゆう《粒》しよちなき米をめし上らるるのみならず……」（川野正雄「島原一揆の矢文」）とあり、桑波田説を全く否定することはできない。金井俊行編「稿本原城耶蘇乱証」に引かれた「小浜由来記」に見られる島原の乱以前の小浜村の草高を松倉氏検地の島原藩の内高を構成する数字と考え、安永三年郷村帳の小浜村高を用いて松倉検地による打出高を計算すると、検地後の島原藩内高は一三万石を超える数字となる。いずれにせよ、松倉氏は検地によって収奪を強化した上で島原に新城を築き、幕府の石垣普請命令を受けて一〇万石の役務を自ら申し受けたことになる。

有馬氏時代には、家臣の兵農分化が十分になされていなかった。日野江城以外の有家《ありえ》、安徳、島原、加津佐《かづさ》、千々石《ちぢわ》の支城の城代と共に、その周辺部に住んでいた家臣団が日野江城下に集住したことを示唆する史料は見られない。有馬氏の日向転封に多くの家臣が同行せず、旧領の故地に残留・土着した事実は、そうした状況を反映しているようである。土着した元武士たちがその地のキリシタン教界の中核を担っていて、教会破壊後も組・コンフラリアの共同体の中心的存在であったことは、「コウロス徴収文書」や殉教報告書によって知られる。

松倉氏は対外政策の実行に際しても領民に過重な負担を強いたことが推測される。既述のように、重政は一六三〇年に長崎奉行竹中と謀ってマニラ偵察を口実に朱印船を自領椛《かば》(樺カ)島から出航させた(岩生前掲書)。その艤装費は莫大であったであろう。

後継の勝家の治世になっても、領民に対する負担は軽減されず年貢収奪は続いた。クーケバッケルがバタビアのディーメン宛書翰で次のように報じている。

領民たちはこの領主が統治に当っている間はその虐待をこらえていたけれども、その息子である現在の領主が、江戸にあってその父のやり方をそのままにうけついで、農民たちに到底堪えられない程の多額の税祖を強いることを図るに及んで、全く餓えに苦しめられ僅かに木の根や草をとって生命を繋ぐより外はなくなった。もはや到底この苦痛に堪えられなかった。(前記『長崎県史』)

飢饉と領主勝家

前に引用した「矢文」は、クーケバッケル書翰の内容の一部に共通している。前記「矢文」は原城籠城者が幕府側に放ったもので、五〇年ほど前に小豆島坂手村の元庄屋宅から発見された。小豆島は当時幕府の天領であり、同代官小堀氏によって徴用された四二艘の船が九州「御仕置」のため島原に向う上使松平信綱らの御用船として戦場原城に遠征し、帰島時にその関係者によって持ち帰られたものとされる。この「矢文」には、父豊後守(重政)の前代未聞

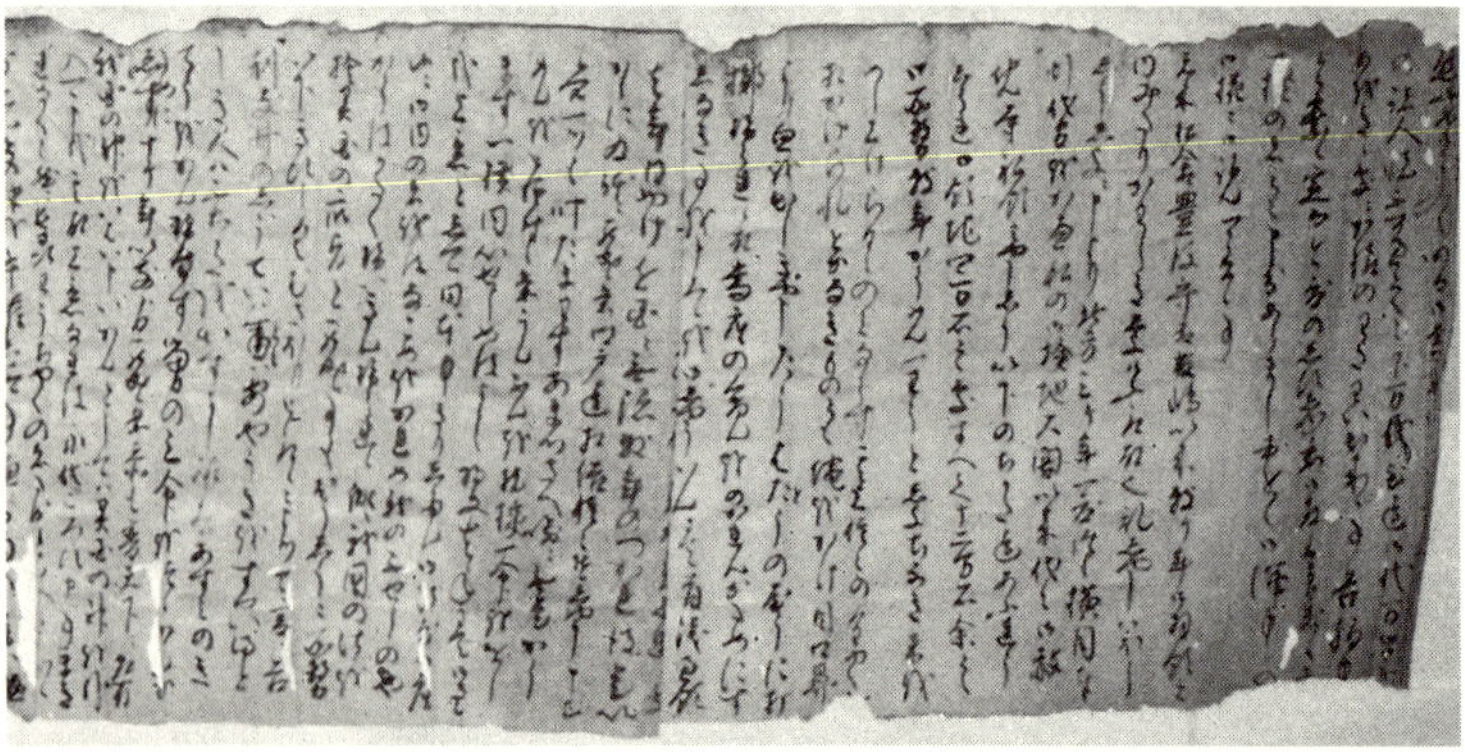

の法外な治政によって「其後御国替をも仰せ付けられへきかと風聞候処」、息子長州（勝家）が所領を拝領した、そして彼の世ともなれば締め付けも緩くなると期待されていたが、「予想外のもうふ《猛夫》ふり、猶以、しゆんろ《順路》の御分別なく万民ニたいし、くわ役《課役》以下まで、実ニもとしのぶ躰《てい》ニ罷成《まかりなり》、迷惑せしめ候」とある。続いて、「去年日やけ近国に限りなく、数年のつかれ、彼是以かし《仮死》に及ぶ躰ニ罷成候条、江戸迄相詰、種々そしやう《訴訟》中上候へ共、一つも叶たまわず、あまつさへ喩ニ是無かうめん《高免》を仰付けられ候条……」とあって、日干《ひでり》による疲弊の状況と窮状について江戸に上って訴訟までしたが、かえって高い課税を押しつけられた。領民は勝家の国替えを願望していたようである。

隣領の鍋島氏「勝茂公譜考補」（五）の一節は、勝家の暗愚振りについて、「長門守ハ父ニモ不似、武ヲ忘レ諸士ヲ不愛、色ヲ好ミ酒ニ耽リテ領内ノ仕置不正、家中ノ輩是ヲ疎ミ……」と記す。

勝家が領主となって以降、天候不順で凶作が続き、飢饉に至った。寛永十一年（一六三四）には、「昨今連年各国五穀損耗し、

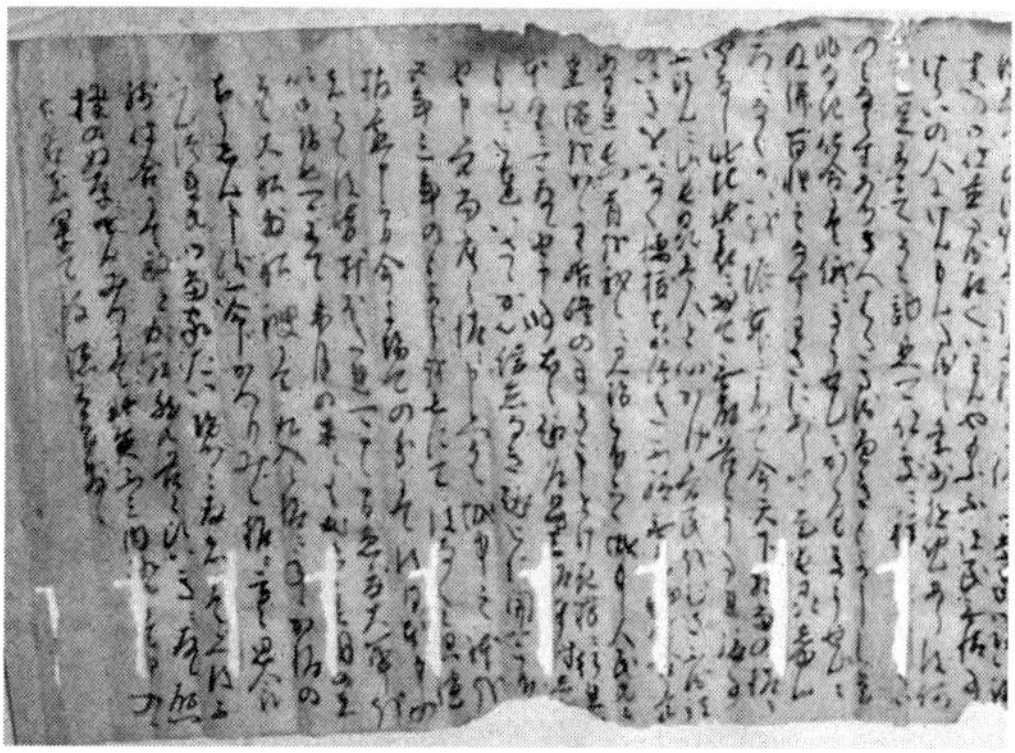

17—矢　　文

……田園みのらざる地は、農民艱困すべければ、今より後凍餓せざらんやう心いるべし」（『実紀』）とあるように、全国的に農作は不毛であった。翌寛永十二年も肥後では大風のため収穫はあてが外れ、十三年には春の長雨によって麦が腐った。細川忠利は加々爪忠澄宛同年六月二十六日付書状で、六月には旱《ひでり》の影響によって田植えのできぬ状態で百姓の間にも飢え人が出、近国も同前であると報じている（『細川家史料』二〇）。九州では六月晦日から七月中にかけて雨が降り続いた。春の長雨により、龍造寺の者は食べ物がなく肥後に蕨《わらび》の根を採りに来たと言われ、秋に出水があれば飢饉になると懸念されていた。忠利は七月十一日付伊丹康勝宛書状でも、九州は旱魃で厳しい状況にあるとし、「百姓は痛、国々かつへ死御座候」と述べ、国主はこのことを隠そうとしている、と指摘する（同書）。

島原藩における状況も、肥後同然であったであろう。冒頭に紹介したコレアやクーケバッケルの報告から十分に窺い知ることである。島原藩について、細川忠興が孫の光尚（肥後守）に寛永十四年十一月七日（一六三七年十二月二十三日）付で送った書状がある。

九州島原之儀、定而其元へ相聞へ申べく候、か様之儀ニ付、去去年其方広間ニて越中（忠利）ニ申候へ者、合点参らず候間、又、おくニ而其方へ申候つる。……

右書状の内容は、忠興が寛永十二年以降の島原藩の情勢悪化について予見していたことを示すものとされる（桑波田前掲論文）。島原藩の不穏な動きは、鍋島氏が同年に「大身小身侍四十八人申合せ暇ヲモ不申請長門守兼テノ不足ヲ申立、白昼ニ城下ヲ立退ク、加様ニ主ノ不行儀ノ上、……」（「勝茂公譜考補」五）と指摘していることに符合しており、忠興が光尚に与えた書状はこの件に関わるものであったようである（中村質「島原の乱と佐賀藩」）。翌十三年には、「寺沢・松倉両家中何事哉覧、大勢走り候由、何れも若衆にて候」（『熊本県史料』近世篇一）とあり、寺沢・松倉両藩からの逃散が多くあったことが知られる。島原藩の百姓たちは、寛永十二年以降、従来の重税に加えて、江戸城普請課役における能力以上の課役に対する負担、そして飢饉によって年貢米の未進状況に追い込まれていたことになる。

島原藩における一揆の発端は、「黒田長興一世之記」によると、以下のとおりである。藩では年貢を残らず取り立てるため物頭を九月末に遣わし厳しく催促したが、上納はなかった。そこで流れに水牢を作って未進者の母や妻子を水牢に入れた。留守居家老田中宗甫自ら城下を廻って未進者捜しをして水牢に入れ、取立は改善した。しかし、口之津の大百姓与三右衛門が未進米三〇俵を納められず、宗甫に上納延期を申し入れたが聞き入れられず懐妊中の娵《よめ》を水牢に入れられた。娵は当十月が産月であったため男を代りにするよう請うたが受け入れられず、娠は十月初めに子を産んで死んだ。舅の与三右衛門はその無念を頭百姓らに訴えたところ、それまで難儀を忍んできた百姓七、八十人が同心して宗甫を討取る手立てをし、これに縁者親類八〇〇人が団結した。嫁の親は天草領に住み、娘の死を知って与三右衛門の計画に、年貢催促に苦しんでいた天草の百姓と共に加わった。彼らのなかにはキリシタンが多くおり、百姓たちは同心してキリシタンになって宗甫を襲ったが、彼は城内に逃げ込んだ。このため、城を焼き城下の兵具蔵から武器弾薬を奪い、城を奪おうとして失敗し、原城に老若男女三万七〇〇〇人が立て籠った、という。前記コレア「報告書」の内容に重なる箇所がある。

一揆発生後まもなく長崎に赴いた熊本藩領の塩売人孫助が、一揆について得た情報を述べた口上書がある。

長崎江此地之浦之孫助と申者塩売に参り、去二日出船仕、昨五日ニ罷戻申候、長崎に別状御座なし、島原御領分は、七年此方之古未進御才足《催促》、其外上方へ米三百石参候、船破損仕分をも出候へと仰せ付けらる、女子を水せめニなされるニ付、一揆を起し申候、又、きりしたん事共申候、兎角長崎之内へ島原御領分之者壱人も入申まじきとの御法度之由申候事、（「細川家記」三十）

島原藩は七年間にわたる未進米の取立てに厳しく対処し、妊娠中の女性を水責めで拷問死させた。こうした所業は、それまでに百姓の間に蓄積されていた憤懣に火を点けることになった。これに「きりしたん事共」が強く影響したということであろうか。幕府が上使板倉内膳正と石谷《いしがい》十蔵を派遣した後の十一月二十八日に書き留められた「岡山藩聞書」は、一揆勃発の理由をほぼ的確にとらえている。

松倉長門殿所は御知行六万石ニて御座候を、六七年前より拾万石ニ申請付、六万石へ十万石分を割懸、当年世中能候ニ付物成高く御取、又右の十万石ニ御割の未進六年以前より御座候を、当年一所ニ御取可被成ニ付、百姓共色々御詫事申候へ共一円無御聞入、其内六七人程たかつの温泉と申湯ニ入、又頭分湯なと懸又さかさまニつり、か様ニあらけなき糺明にて御座候故、この分ニては、迚《とても》不罷成候間妻子指殺百姓共九里起、其数四五千程御座候、（鶴田倉造編『原史料で綴る天草島原の乱』〇五九七号文書。のち文書番号のみ表記）

島原藩の悪政と百姓弾圧は、すでに広く諸藩に知れわたっていたようである。

信心具「絵像」と潜伏キリシタン

天草・大矢野の大庄屋で、増田四郎時貞の姉婿渡辺小左衛門の「口書の覚」①によると、一揆の発端は、有馬で「すその破れた御影」が知らぬうちに表具されていて、これを周囲の者たちが参拝し、ベアト・ガスパルなる者がこの不思議について説教し始めたため、代官がこれを知って彼を逮捕したことに対する報復から起こったことであった。同「覚」の日付は寛永十四年十一月一日（一六三七年十二月十七日）であり、不思議な御影事件はその二〇日程前に起こった。

今度島原の切支丹起り申候事ハ、島原の内ひのへ《日野江》と申在所ニ古キすその破申たる御影御座候由、内々表具など支度と存候得共、不罷成候処、此廿日中以前ニ人も不存ニ新ひやうぐ《表具》出来申ニ付驚

申候、是をあたりの者聞付大勢参拝ミ申候、如様《いかよう》なる不思議有之内ニべやとがすぱると申もの
だんぎ《談義》などとき不思議を申そうろうを彼所の御代官聞被成御しばり被成候、此意趣よりおこり申
候事、（〇〇九五）

島原の一揆に続いて、天草島のキリシタンたちが蜂起した。同島での蜂起は、小左衛門によると、島原の御影の不思議について聞き知ったのち、十月二十七、八日頃であった。御影を拝むため大矢野の者六人が島原に渡り、清左衛門ら三人が湯島に戻ってから、大矢野の百姓四、五人と渡辺小左衛門が栖本の代官石原太郎左衛門の許に行って、島原の新事態を説明し、一同はキリシタンに立ち戻った。ここに天草でも一揆が起き、村々に幟や十字架が立ち、三角から本渡までは大方キリシタンになった、という（同文書）。

原城に立て籠ってただ一人生き残ったとされる山田右衛門作の『物語』（『続々群書類従』四所収の表題は「山田右衛門作以言語記」。本書は『山田物語』と表記）②は、島原の御影の不思議について、かつて上津浦にいたバテレンが追放の際に残したとされる予言の書「未鑑」と四郎との関わりについて述べたのちに、島原の瑞兆について語っている（原文はカタ仮名交り。便宜的に平仮名表記とした）。

かかるところに、なお不思議ぞいできたる。かの村のかたはらに左志来左右衛門といはる野人有、
これもキリシタンにしんし《真摯》の者なりしが、たびたび天下ノカイサクにいかがはして所持しけん、
ディウスの古きシサウ《地蔵》を隠しおき、いかにもして屏具をし、たもたきともおもへども、世上

をんびん《穏便》のことなれば、せん方なく日を送り、時節と待し折からに、いかなるもののしわざにやありけん、かの御えい《影》一夜のうちに、左右衛門年来所望の表具出来し、件のけい柱へ掛けおきぬ、左右衛門これを夢にも知らず、毎朝、みつはいのごとくおのが帳台へ指し入り、拝せんと見たりければ、ありし御影に表具あり、左志来大きに驚き喜んで、我この年頃乞い願ひしししんてい《心底カ》を、天の哀れみましまして、勧めのための瑞兆、今この時に現はれたり。

御影の瑞兆に関しては、地元口之津の住人右衛門作の記載は、渡辺小左衛門の「覚」の内容に比べ詳細である。②の前文に続いて、事態は以下のように結着した。前記「御影」を拝むため多数の者が集まっていた所に、土地の代官が聞き付けて駆けつけ、「御影」を奪い取って引き裂き川に投じた。これに怒った者たちは代官を誅殺して、これぞキリシタン宗門繁昌の始めとなれと気勢を上げた。彼らはさらに天下によってキリスト教が禁止されてきたことに鬱憤を晴らそうとして仏僧・奉行・代官を殺し、キリスト教に改宗しない者を悉く誅罰した。右衛門作は「之不思議の一揆、この島の破滅の時節来たりぬとぞ見し」と結ぶ。

北有馬村の農夫の覚書『肥前国古老物語』（『続々群書類従』十二所収）③は、慶長十三年十二月（一六一〇年一月）に起こった有馬晴信によるポルトガル船討取りから筆を起こして、島原の乱の結末に至るまでを記す。若干年紀記載に誤りはあるが、かなり正確で文章は簡潔である。筆者は北目筋から北有馬村に移った者であったようである。それによると、上津浦にいたままこすというイルマンによって予言されたという天草四郎の霊力のことが、大矢野・湯島の百姓を通じて有家村須川に伝えられた。これを聞いた庄屋治右衛門の弟角蔵と北有馬村三吉は感嘆して外道宗門（キリスト教）を唱導した。これを代官林が聞き付けて角蔵と三吉を家族共々捕えて都合一一人を島原の牢に送った。そこで郷民が集まり、有馬の浦河内に外道本尊（キリスト）の絵像を掛け恭敬した。代官がこれを知って駆けつけ、その像を奪い取って散々に引き破ると、外道（キリシタン）は怒って代官を殺した。時に寛永十四年十月二十三日という。

島原町の『別当杢左衛門覚書』（林銑吉『島原半島史』中　所収）④は、冒頭で寛永十四年八月中旬頃より大矢野村の百姓四人が、宣教師が追放時に残したとする文書（前記『未鑑』）で予言されたことを天草で広めていたことについては、山田右衛門作が松平信綱による尋問時に書き付けにして差し上げたこととする。また、増田四郎が天草と有馬の間にある湯島に歩いて渡ったとの風聞があり、この通称談合島で、キリシタンたちが会同した。これに島原領の南有馬の角蔵と北有馬の三吉が参加した。彼らは隠しもっていた「切支丹の絵像」を出して掛け、これを諸人に拝ませた、という。島原から代官本間左衛門と林兵左衛門が遣わされて、角蔵・三吉ら一六人を捕え、十月二十五日に島原に送って二十七日に成敗した。一方、代官林兵左衛門は南有馬の北岡で殺害された、という。

史料①～④での語りは、口之津の大庄屋与三右衛門の未進米のため娵が拷問死したことから一揆が起こったとする文脈とは異なっている。一つは「御影の表具」に関して瑞兆があったことである。所有者は有馬村の左志来左右衛門（②）か、角蔵と三吉（④）である。この御影に関する説教者はベアト・ガスパル（①）か、角蔵・三吉（③④）である。「御影」に対する拝礼③④の結果、代官がこれを破り捨てて説教者を捕え島原送りとした（①②④）。「御影」とは別に、「絵像」のみの表記（③）もある。「御影」を破棄した代官は土地の者たちにより殺害された（②③④）。二つには、バテレン（イルマン）の「ままこす」が残した予言書「未鑑」（②）、ないしその言い伝え・予言（②④）についてである。天草四郎に関して、またその器量と霊力（②③④）について言及している。三つには、「御影」の不思議を知った湯島の者が有馬に渡り（①）、また湯島の者が四郎の霊力について有馬に伝え（③）、有馬と天草の百姓たちが同島で寄合をした（③④）。

「未鑑」と天草四郎

「岡山藩聞書」に、「かづさじゅわん廻状」と称する［寛永十四年］十月十三日（一六三七年十二月一日、正しくは十五日）の文書（〇〇〇一）がある。加津佐じゅわん（寿庵カ）の署名をもつ。

態《わざと》申遣候、天人、天下り被成、ぜんちょ《異教徒》の分ハでうす《デウス》様より、ひのぜいちょ被成候間、何の者成共、貴利支丹ニ成候ハハ、爰元へ早々御越可有候、村々の庄屋をとな《乙名》、はやはや御越可有候、島中へ此状御廻可被成候、ぜんちょの坊主成共、貴利支丹ニ成申者御ゆるし可被成候、天草四郎様と申ハ、天人にて御座候、我等儀被召出候者にて候、きりしたんに成申さぬものハ、日本国中の者共、てうす様より、右の御足ていんへる《地獄》へ御ふミこみ被成候間、其心得可有候

十月十三〔五〕日　　かつさじゅわん

なお〳〵早々、此方へ可被参候、為其申入候、以上

十月十五日頃、有馬で一揆が起こる一〇日程前に右の廻状が作成され、有馬各地に廻されたようである。天人として語られる天草四郎を正当化するための一書が作成されたことになる。キリシタン宣教師が国外追放のため長崎に集められたのは一六一四年である。天草島上津浦にいたマルコス・フェラーロ神父に仮託して、彼が同地を去る際に一書を残したと風聞された。それが『未鑑』と称するものである。

『山田物語』は、『未鑑』が、バテレンの追放二五年後の自然界の異変と善童四郎の出生とキリシタン宗の復活を次のように予言した、と伝える。

アマクサ上津浦ニバテレン一人アリケルヲ、テンカ御キンボウ《禁法》ニヨテ、ソノコロ異国ヘツイホウアル、カノバテレン、ソノトキ未鑑トナツケテ、一紙ノショ《書》ヲノコス、ソノショウセキ《証跡》ノウチニイハク、向年五々ノレキスウ《暦数》ニオヨンデ、ジツイキゼンドウ《日域善童》一人シュッセウ《出生》シ、ナラハザルニショドウ《諸道》ヲ留、ツウシゲンゼンタルベシ、サアラバ、トウザイウン焼シ、コボク《古木》ニフジノハナサカバ、ショ人ノカシラニクルス《十字架》ヲタテ、海ゴウ野山ニシラハタ《白旗》ナビケ、ディウスヲ尊時至可《ソンジシカ》也ト云々、イマツクヅクト、コノショシュヲカンガヘミルニ、タウ子ン《当年》ニオヨベリ、マコトニ、メイシンノユイショニタガハズ、トウザイ《東西》ニ雲ヤクルコトオビタダシ、シカノミナラズ、大江ガニハ《庭》

ノサクラヲミヨ、フジニカウクハヲアラハセリ、（略）アマクサ甚兵衛ガナンシ《男子》、四郎コソイマダ若年タリトイヘドモ、キリシタンノゼンニンタリ、カウザイアマ子クナラブ人ナシ、……

一六三〇年代の異常気象による飢饉を前提にして『未鑑』が作成された意図は、キリシタンの善童四郎を世直しの導き手としてキリシタンの信仰を復活させる存在として普く知らしめることにあり、そのために、「御影の表具」修復・復元の不可思議の話を援用して、厳しい迫害によってキリスト教を棄て神仏に戻った棄教者たちの立ち戻りを計ろうとしたことにあったのであろう。

有馬領民の蜂起

松倉氏の家臣の記録『林小左衛門覚書』（『島原半島史』所収）は、有馬村の百姓蜂起は、十月二十四日に角内（蔵）と三吉が本尊を懸けて村人を集めて説教を始めたことによるとし、『佐野弥七左衛門覚書』（同書所収、のち『佐野覚書』と略記）は、十月二十日頃に天草領の百姓騒動のことが島原に伝わり、角内と三吉が大矢野に行って天草四郎から授かった吉利支丹の絵を飾り、宗門を勧めたことにあるとする。そのため、二十五日に一五人が捕われて島原牢に送られ処刑されたことから、キリシタンたちが立ち上がって報復のため代官林兵左衛門を殺して一揆となった、とする。松倉家家臣らの書き物には、当然のことであるが、藩の苛政についての記載はない。前記「鍋島勝茂公譜考補」（五）は松倉勝家の治政者としての資質について述べたのち、勝家を支える重臣たち、特に家老田中宗夫の暴虐振りと、それに対する領民の怒り、大矢野牢人たちの作成になるバテレンの予言と、善童四郎の出生に言及し、御像（御影）の表具復元が予言の十月十三日に当たることを一連のこととして叙述している。すなわち、寛永五年（一六二八）に日本国中の邪宗御禁制の時に松倉領の者は悉く邪宗を改めたが、「暴悪ノ者」宗夫はこの時、両民に米を与えとらせ、その年に限って七割の利倍を付けて厳しく相納めるべきことを申し渡した。そのため、「彼れ云是ト云、領内ノ土民恨ヲ不含ト云ことナシ」とあるように、領民の恨みを買った。

一揆発生直後、佐賀藩家老多久美作守茂辰が江戸屋敷に送った十月三十日付書状は、領民による蜂起は一度キリシタン宗に立ち戻ることによって幕府の検使下向を促し、その際に恨み言を申し述べようとするためであった、とする。すなわち「右の起りは彼地二三年耕作損耗仕候故、未進なと過分ニ御座候、催促稠敷御座候ニ付て、兎角継命難成候間、一篇きりしたん宗ニ罷成、従公儀為御改御検者衆も御座候得は、其次而を以御訖言可申上積ニて候とも申候」（〇〇八五）。

前記「勝茂公譜考補」によると、蜂起発生の経過はおおよそ次のようである。大矢野千束島の小西行長の牢人五人が「大耶蘇門徒ノ骨張ニテ異流《イルマン》曼ト号シ、……頃日に島原ノ内深江村へ来り居住」して郷民に、上津浦にいた伴天連シャビエルが先年宗門禁制によって南蛮国へ追放された時に、「未鑑」と名づけ識文を残した、それによれば、二五年を過ぎて善童一人が出生し、宇土の益田甚兵衛の子で四郎と称し、歳一五にして、当年十月十五日に必ず不思議のことが起こって天地を動かす程のことが出来すると説いた。そして、村長の有家監物、有馬掃部ら五人が集い、南蛮宗に成って郡中一味の上、生きては無道の「田中」宗夫を打殺して年来の鬱憤を晴らし、死しては天に生きることを請うべしとして、各人にその決意を促し、郷民の大半がこれに同心した。そこに深江の農人佐志岐左右衛門が年来隠していた絵像の表具が調整されていることが分かり、前記五人の異流曼と邪宗の郷民が十月十五日に佐志岐を訪れて絵像を拝し、彼らが座上にあってキリシタン宗門を唱えた。これを知った代官林兵左衛門が駆けつけ、大矢野村の三吉・作内両人を捕えて島原送りにしたため、代官は殺され、ここに一揆が始まった。この文脈の一部は『山田物語』の内容に一致する。

天草の蜂起

大矢野村庄屋渡辺小左衛門は、天草の一揆の大将とされる。彼の「十一月一日の口上」によると、天草キリシタンの蜂起発生は島原の表具の不思議について聞き知ったのち、十月二十七、八日であった。松平信綱による寛永十五年一月二十五日の尋問でも、島原での蜂起後に天草の一揆が始まったとしてその経緯を述べる。「一、天草一揆起申儀は、島原発起之後にて御座候、島原有馬之内谷川之三吉と申者、去年十月頃、切支丹之礼儀を仕、法を弘め申候様子、島原へ相聞申に付、島原より彼三吉可被搦捕と被成得共、切支丹之宗により寄持御座候て不罷成候に付、有馬表不残切支丹に罷成候」と、有馬キリシタン蜂起の発端とキリシタンの立ち戻り、そして彼らが島原城を攻めて城下を焼き払ったことがまず述べられ、ついで、天草で上津浦の者が有馬の蜂起に触発されて一揆を起こし、大矢野の者もこれに呼応した旨が述べられている。

然処《しかるところ》に十月廿六日に、島原衆被寄軍被仕候処に島原衆打負、町迄不残焼払申候通、寺沢兵庫頭殿領、天草之上津浦之者同領分湯島へ参り承届、扨《さて》々尊き儀と申候て上津浦之一揆起申由に候、大矢野之者も湯島より島原の様子承届き申候間御代官衆へ申理、切支丹に立帰可申と存、十月廿七日に上津浦まて参候処に其時より上津浦ハ発申に付、私共通シ申間敷候間切支丹に立帰申段、御代官に理に参候由申候得は、扨ハ左様に候哉と無別儀御座候、則御代官石原太郎左衛門殿へ参、切支丹に立帰申届同日罷帰、大矢野一同に宗旨に立帰候事、（一一八九）

天草の蜂起は、小左衛門自身「キリシタンの立帰り」によって起こったとの認識であった。宇土町の博労《ばくろう》平作と十兵衛は馬買いのため十月二十一日に天草の木浦木（教良木）に行き、十一月五日に三角浦江に戻った。その「口上覚書」によると、天草の村々にキリシタンを弘めた者は小左衛門であって、四郎を「ていうす」の再誕のように広めたのも彼であると伝聞されていた。立ち返りのキリシタンたちは少しも死を恐れず、死んでも追付き生き返ると蘇《よみがえ》りを信じていた、という（〇一六八・〇一八三）。いわゆる『耒鑑』の一書を作り、これを流布させたのも小左衛門とその周辺の人物たちであったであろう。同書では、四郎の神格化のために、自然界の異常気象による異変と四郎の霊力とが積極的に結びつけられた。したがって、同書では寺沢氏による苛政については言及されなかったようである。松倉氏の苛政・暴政に対するような厳しい非難は見られない。しかし、一度転んだキリシタンたちを糾合して蜂起に駆り立てることになった背景には苛酷な年貢徴収があり、島原同然の苛政が一揆発生の要因であったであろう。細川忠利の天草代官三宅藤兵衛宛寛永十一年九月二十三日（一六三四年十一月十三日）付書状には、兵庫殿（寺沢堅高）天草へ御越候而、貴殿へも懇ニ候て御帰候由、近比目出候、貴利師旦之儀も堅御申付候由、尤候、何共難知者ニ而、此方にても気遣申事候、

とあり、その追而書《おつてがき》には、「兵庫殿若キ御人之儀候間、志摩殿（寺沢広高）左様に有之間敷候条、万事能御気遣候て被入念儀尤候」（『細川家史料』一八）とある。堅高が肥前唐津から天草領を巡見し、キリシタンの禁圧を厳命した背景には、飢饉に伴う百姓の困窮化による逃散の問題の他に、潜伏キリシタンたちの信仰が強化されて棄教者の立返りが顕著になっていた状況があったのであろう。棄教百姓が困窮化により信仰に回帰する現象が見られたようである。多数の宣教師が逮捕・処刑された一六三三・三四年には宣教師が不在で、キリシタンたちは自立を余儀なくされた時期でもあった。同時に凶作・飢饉の常態化によって百姓の逃散も多くなっていた。細川忠興が指摘したように松倉・寺沢両領からは大勢の若者たちが逃散していた。天草領の百姓たちの生活は島原同様に貧窮して追い詰められていた。

有馬の「御影」不思議の話は、そのような苦しみもがく潜伏キリシタンたちの篤い信仰ゆえに生まれたのであり、それが天草の潜伏キリシタンたちを突き動かし、棄教者を立ち上がらせ、かつ四郎の霊力を演出するための予言書『末鑑』の作成となったのであろう。以上のような状況下に、百姓の蜂起そして一揆は、松倉・寺沢両領主の苛政・暴虐に起因して起こった。断続的に続いた凶作と飢饉が領主に対する反抗心を煽り、キリシタン信仰を復活させ強めることになったようである。

2　一揆の推移

島原の一揆と藩の対応

代官林兵左衛門殺害の報せが各在所に伝わると、キリシタンたちは団結して村々の代官を襲い、寺社を焼却すべきとの触れが出た（『島原一揆松倉記』のち『松倉記』と略記。『続々群書類従』四所収）。有馬代官の一人本間九郎左衛門は兵左衛門の死を知って島原に退き、その子細を家老らに報じた。有馬・島原間の在々所々はすでに放火されて延焼中であった。家老岡本新兵衛は兵船を率いて有馬に急行し北岡に鉄砲八〇〇挺をもって待機したが、戦闘中に島原城攻略の懸念ありとして島原に戻った（『林小左衛門筆記』『別当杢左衛門覚書』）。この日、加津佐でも代官二人が一揆方によって殺害され、三会《みえ》村および千々石村で代官親子が殺された（『松倉記』）。

翌二十六日早朝、侍二〇〇人程が深江村に押し掛け同地の古城に立て籠っていた一揆勢と戦った。一揆勢と松倉勢の最初の交戦では、一揆勢が鉄砲攻めで優位な戦いであった。『山田物語』によると、松倉勢は騎乗の武士五、六人と雑兵一〇〇人余りが討取られた。一揆勢の力量は「日頃、山野を狩り巡り鹿・鳥を打ちし上手共、サゲハリ争う鉄砲なれば一つもアダ矢はなかりけり」というものであった。堂崎・有家・有馬の者たちが加勢したため、松倉勢は島原城に退却した。

島原城内には、安徳村の百姓たちが逃げ込み、島原町の侍・町人も妻子と共に逃げ込んだ。一揆勢

18――島原城

は島原に攻め入って大手門まで押し寄せたが、これを突破できなかったため、町方を悉く焼いた（『杢左衛門覚書』）。城の備えは侍五百余、雑兵七百余で、下人は土地の者であったため、一揆側に助勢する者もあると懸念され、詮議後に一〇〇人が誅殺された（『山田物語』）。『松倉記』によると、足軽中間《ちゅうげん》一四一人が一揆一味として成敗された。この年、勝家は江戸城普請と江戸屋敷普請のために多数の足軽を連れて行ったため、島原にいた足軽は三、四十人にすぎなかったとされる。そのため、城内に避難した町人百姓にも鉄砲を渡して警備に当たらせた（『佐野覚書』）。

この日、島原藩留守居は豊後目付衆牧野伝蔵・林丹波守にことの次第について注進し、隣藩の鍋島氏に加勢を要請した。佐賀藩は多久美作守茂辰が飛地島原の神代領からの報せにより松倉領の蜂起と城下放火を知り、このことを江戸に注進し、同時に神代に派兵して不測の事態に備えさせた。

一揆勢は翌二十七日に島原を退却した。前日、城に入ることができなかった町の者たちは大小三五艘の船で退避していたが、この日一揆勢のいないことを確認して城中と連絡を取った。城内では三会村の百姓に鉄砲・長柄六〇程を持って逃亡する者が出たため、吟味があり二百余人が獄門となった

（『有馬古老物語』『杢左衛門覚書』）。この日、島原藩は熊本藩にも援軍を要請した。一揆勢は三会村の在所千本木と中木場の間に陣を構えた。彼らは十月晦日まで、南は六ツ木村、北は三会村、西は千本木にあって島原城を包囲し続けた（『佐野覚書』）。

二十八日に松倉家家老は再び熊本藩に書状を送って加勢を求めたが、熊本藩は御公儀の法度により豊後目付衆の指図があるまでは加勢できない旨返書した（〇〇三二）。同藩家老は事態の急変に伴い同日付の書状三通を豊後目付衆に送って指図を仰いでいた（〇〇三六～三八）。同藩は道家七郎右衛門を島原に派遣した。彼の報告によると、一揆の本陣は島原から三里の有馬にあり、そこから島原城包囲の指示を与えていた（〇〇二六）。道家は二十九日に同城に着いて一揆の情報を入手し、四郎について初めて知った。彼の「口上の覚」によると、

一　四郎殿と申て十七、八ノ人、天より御ふり候が、此中切支丹のとぶらひを仕らず候に付、死人共うかび申さず候、てんちく《天竺》よりも殊外御げきりんにて候、やがて迎を下され候間、悉存じ候へと申しふれ申候、其内に海に火が見え候が、くるす《十字架》これ有候に付、浦々の者拝し候由申候事、

二　此事去年よりの催しの由申し候、当年なとは麦をも作り申さず、やがて死申候由申し候事、

（〇〇四六）

島原藩が百姓たちの間にこうした風説のあることを知ったのは一揆の蜂起後のことであったようで

ある。風説は前年より百姓の間に広まり、当年は麦を作らずにやがて死ぬことになると噂されていた。そのため彼らは麦を作ることさえしなかった。悪天候による凶作がおそらく影響していたのであろう。

天草一揆と渡辺小左衛門捕縛

熊本藩家老は十月二十八日島原で火が上がり、在郷が焼けている異変を知り、また島原と天草の間を船が頻繁に往来しているとの情報を得て、その状況を問い質した書状を富岡在番の三宅藤兵衛重利に遣わした（〇〇三二）。藤兵衛は二十九日に返書して、「天草内大矢野と申す在所、其外二、三ヵ所切支丹ニ立帰り候由、作日より承り付き候間、即刻ニ申付くべく候、御用候はば申し入るべく忝存じ奉り候」（〇〇四七）と答えた。

大矢野村大庄屋渡辺小左衛門が栖本郡代石原太郎左衛門の許に赴いて、島原に不思議が出来したとしてキリシタンに立戻ると申し入れたのは、十月二十七、八日であった。これが発端となって天草でキリシタンが起ち上がった、と彼は述べる（前記「口上覚」）。彼について、前記宇土町博労たちが十一月二十八日付「口上覚」で、「右の村々のきりしたん弘め申候ものは、小左衛門にて御座候、四郎をていうすの再誕の様に申候も小左衛門仕り成る様に取さたし仕候」（〇一八三）と指摘する。天草キリシタン立帰りに果たした大庄屋小左衛門の役割は殊の外大きかった。

細川立允（光尚）が熊本藩家老に送った十月三十日付書状は、同藩が三宅藤兵衛に遣わした飛脚の情報に基づいている。飛脚二人は悪天候のためすぢ（須子）村に寄港して志岐に行こうとしたが阻止された。すぢむらの百姓五〇人程が「くるす」を先に立て、銘々が差物を指し、道具や鉄砲をもって飛脚を押留め、もはや三宅藤兵衛の世ではなく、いまは「ていうす」の御代であると言い放った（〇〇六九）。飛脚は二十八日頃に志岐に赴き、翌日途中から引き返したようである。熊本藩は二十九日、豊後目付衆からの返事がなく、三宅藤兵衛との連絡が取れない状況で、三角と宇土に警備の者を配置した（〇〇五二）。翌三十日、三角配置の島又左衛門は家老衆に、天草岩家泊り村の百姓男女七三人が庄屋菟右衛門と共に三角に逃れ着いたことを報じた。彼らは大矢野のキリシタンたちから改宗を強要され、これを拒めば殺すと言われたため逃れて来た（〇〇六〇）。

同じ三十日、大矢野の渡辺小左衛門は宇土郡江部村に四郎母と姉らを迎えに行こうとして三角・高野浦（郡浦）で細川家の者によって捕えられた。島又左衛門は家老衆宛書状で、「今日晦日ニ当地高野浦ニ上り申す切支丹則ち六人搦《からめ》取る、……それに就て右之六人之者共の内壱人は名は小左衛門、きりしたん弐千の大将分にて御座候」（〇〇六一）と報じている。大矢野から郡浦までは海上一里程である。小左衛門らは翌日熊本に送られて尋問を受け、四郎の母と姉たちも捕われた。この日、熊本藩は豊後目付から、江戸からの下知あるまで静観するよう伝えられた（〇〇八二）。

十一月一日に島原藩家老三人が江戸に送った書状からは、一揆発生から当日に至る島原の状況と藩の対応が知られる。それによると、一揆に対する村々の状況は、「三会村ヨリ千々石マテ南目十三箇村ハ切支丹ニ立帰り申候、其内ニ安徳・中木場・島原、三箇村ノ庄屋幷乙名百姓半分程妻子ヲ召連レ御城へ参リ申候事」、「東空閑ヨリ愛津マテ十三ケ村ハ別儀無御座候、百姓トモ御城へ参リ居候事」、また「西古賀・茂木・国見三ケ村トモニ、右同前ニ参居申候事」となる。島原の町は焼き払われ、追手門まで攻め込まれたが、その後今日まで攻めて来る気配はなかった（〇〇八六）。この日、三宅藤兵衛が熊本藩に加勢を求め、立帰りキリシタンについて、「大矢野ニ百姓共彼是ニ四百、上津浦ニ同三百、此外少村四、五ケ所弐百、但是も上津浦一ケ所ニ罷居候」（〇〇八九）と報じた。

島原一揆方の動静

島原の一揆側の十月二十六日以降の動きについて、細川忠利は松平越前守宛十一月十二日付書状で、一揆方は二十七日も引き続き島原城を包囲したが、玉薬が尽きて近所の山へ撤退し、夜々城際に来て喚き立てた、城中には七、八十人の侍がおり、一時籠城した下々の者は百姓に一味して城から逃れ去り、残った者たちのなかには放火する者があって十月三十日までに四十人余りの者が成敗された、と伝える（〇三一四）。十一月二日に松倉家の広瀬吉右衛門が豊後目付衆に語ったことは、「在々ニ一揆共引籠罷在候間、城中より手出シ不仕候は、一揆とも方よりも先別条有ましきかと承届候」（〇一二九）ということであった。同じ日に豊後目付衆が大坂町奉行衆に送った書状からキリシタン立起こりの村とその人数が知られる。

蜂起した村は深江から千々石まで一一ヵ村、参加者は二三四〇（または二六四〇）人であり、所持する武具は「人数百人ほとに鉄砲二十挺ほと、同百［人］に槍立て五六本ほと、同百人に刀二十人ほと、同百人に弓拾張ほと」であり、松倉領での一揆以前に「天草四郎と申きりしたん大将」が天草より来て豊後守（重政）代に転んだ者が立ち上がったとの風聞であるが、四郎がいるか否かは知らない、という（〇二三〇）。十一月四日付「島原の様躰口上覚」によると、一揆勢は一ヵ所にいたのではなく、「村々ニ家かため罷居候」とあるように各村々に拠点を構えて村々を支配し取り仕切っていたようである。同日付の「諸岡・鎌山両人申越覚」によると、千々石と小浜の一揆勢数千程は千々石を焼き払って小浜に引き籠っていた（〇一五八・〇一六〇）。

佐賀藩家老多久美作守の十一月九日付「一揆方の様子についての覚」によると、千々石・小浜から有馬・有家の道筋は人馬共に自由に通行ができ、一揆方の鉄砲はおよそ三百五、六十挺で、夜四ツ（二二〜二四時）と夜明け時分に用心のため村々で鉄砲を打ち、一揆方が城を構えている様子は見られなかった（〇二四四）。小浜から有家までの海岸線は百姓支配の解放区さながらの状況を呈していたかのようである。多久美作守の前記九日付「覚」では、一揆方は在々にあった松倉氏の米蔵に少しも手をつけなかったが、十二日に三会村千本木の米蔵をめぐって戦闘し、城下の残っていた家々と寺院を焼いた（〇三〇一・〇三二三）。一揆方が米蔵を初めて襲ったのは十三日で、安徳村に一揆勢一〇〇〇人程が結集した。なお、「島原よりの注進状」によると、一揆方は二万六九八五人、内男一万四〇二五人、女一万二九六〇人であった。そのうち味方の松倉方は二一四三人であったが、彼らは肝心な時に敵方になると思われていた（〇三〇一）。

十一月十三日以降、一揆方は、熊本藩の山本左衛門の十一月十八日付書状によると、引き続き三会村千本木におり、安徳村の一揆方は中木場の城より一里半の所にいた。山本の同二十四日付書状でも、一揆方は「主ニ在々ニ居申由ニ御座候、何たる替儀も無御座候」という状況であった（〇四三〇・〇五四〇）。この二十四日、江戸を九日に出立した藩主勝家が島原城に帰った（〇五四一）。

天草一揆と唐津藩の対応

前述した宇土町博労平作と十兵衛は、馬買いのため十月二十一日に天草に行き一揆に遭遇した。その間、二十九日に馬一匹が上津浦に駆け入ったため、これを捕まえるため同地に至ってキリシタンたちに接触した。彼らの前記十一月五日の「口上」によると、上津浦のキリシタンは男女七八〇人であり、道具所持の男は一五〇人程、その道具は鉄砲八挺、弓二張、残りは竹の先に包丁を結わえ付け、また竹の先を削ったものであった。天草のキリシタンの村は、下津浦・上津浦・赤崎・須子・大浦・今泉・合津・阿村・大矢野（蔵々・そうばる・柳）であり、彼らは仏教徒たちを日本宗の者と称して区別していた。彼らはキリスト教を南蛮宗として特に意識していたようである。いつみ（今泉）はキリシタンと日本宗が相半ばした。彼らは「少も死申候事を少厭不申候、たとへ死候ても追付生返り候との申様ニて御座候」との覚悟であった（〇一六八）。このことは、彼らが死後の復活、すなわち後生での救いを確信していたことを示している。彼らが命を賭して起ち上がったことは、筑前国深江村庄屋助左衛門の十一月三日付書状からも知られる。「如仰、天草きりしたん一揆発念、拾五より内之子共ハ皆々親之手にかけ殺申候、はしはし蔵を打やぶり飯米取申候」（〇一三五）。しかし、親自らが子供を殺して一揆に参加したか否かは、他の史料では確認されない。

巌木村二郎右衛門の十一月十一日付覚書によると、天草から一昨日唐津にもたらされた報知として、三〇〇〇石程の河内の浦（崎津カ）の村々が一揆を起こし、あなたこなたに三〇人、四〇人がいて、「白はたをさし、しろしたく仕居申候」、一五〇〇石程の大野（大矢野カ）村の在所の者も一揆を起こした（〇二八六）。

「天草新助書上」によると、富岡城代三宅はキリシタンが蜂起すると、十月二十九日に本渡《ほんど》に行き、十一月二日に大島子に赴いて在郷の者に鉄砲一〇挺を預けた。同六日夜、本渡村百姓惣兵衛が上津浦に潜入して同地の様子を探って帰り、唐津勢が同地に到着する前に先手を打って上津浦を攻めるべしと進言して賛同を得た。三宅藤兵衛はこれを支持したが、天草代官が反対し、唐津勢の到着を待つこととし、彼は八日に富岡に戻った（〇三四一）。唐津の援軍が同地を出船したのは十一月五日であった。しかし、日和が悪く九日に呼子を出帆した。唐津勢の富岡着船は十日で、翌日に本渡に進んで評定し、一両日中に上津浦に向うことを決めた（〇三二六）。

島原キリシタンの天草加勢

上津浦には島原からの加勢が日毎に増えていた。宇土郡奉行が熊本藩家老に宛てた十一月十一日付書状は、島原と大矢野との間の行き来が殊《こと》の外《ほか》頻繁であると報じている。有馬・口之津・大江の者があなたこなたに往来していた。十二日、唐津からの援軍到着の報を得て、有馬からは十字架を掲げた小舟五、六十艘が上津浦に着いた。さらに翌日夜中に島原から大勢の者が天草島に渡った（〇三二六・〇三四七・〇三五七）。『山田物語』によると、四郎が寄合のあった島原大江から五千余人を率いて上津浦に渡ったのは十四日の早天であった。彼は長崎手立てのための評定をしていて唐津勢到着の報を得て長崎行きを止めた、という。十四日早朝に上津浦と島原の一揆勢は上津浦から一里の島子に詰め寄せる唐津勢と戦い、これを圧倒した。唐津の侍大将並河九兵衛らが討たれ、残りの者は本渡に退いた。十一月十六日まで本渡に逗留していた久留米あらい切町の与四右衛門は口上覚で、天草のキリシタンは一六〇〇人、島原からの加勢は二〇〇〇人であり、武具は竹の先に脇差をくりはめ、あるいはナタ・ナギナタなどであり、鉄砲一〇〇挺、弓四〇挺であった（〇五一八）、と伝える。一揆勢は本渡に押し寄せ、三宅藤兵衛ら十数名を討取った。藤兵衛は本渡・茂木根で主従共に討たれた。

唐津勢は富岡に敗走し籠城した。十四日夜には富岡にいた侍たちの妻子も城に入った。一揆勢は富岡城を包囲した。籠城した寺沢勢は連判書を作成して城を死守することを誓った。署名者は八三名であった（〇三四三～四四・〇三五五〇～五一）。「天草表注進の覚」によると、その日一揆勢は本渡の諏訪神社に陣を取り、翌日五里の志岐古城に進んでここを本陣とし、富岡城に押し寄せたが、三ノ丸を突破することはできず、退いた。島原からの援軍は、一旦、十四、五日に島原に戻った（〇四三五・〇三七五）。

一揆勢は十六日に五料（領）に上陸し、百姓にキリシタン改宗を要求して組に入れ、拒絶者は討ち果たすと迫り家を焼いた（〇四〇六・〇四一四）。天草島は大方キリシタンに立帰り、志岐から三里にある二江にキリシタン三、四千人が集結し、十七日に志岐攻略に着手した。四郎はその頃二江に上陸したようである。十八日一揆勢は二江を出て志岐に寄せ、天神社を焼いて冬切に進んで本志岐に陣取った。このため、富岡城側は城外の町を焼く戦術を取って富岡惣町や小路の寺社に放火して一揆勢を攪乱した（〇四二七〜二八）。

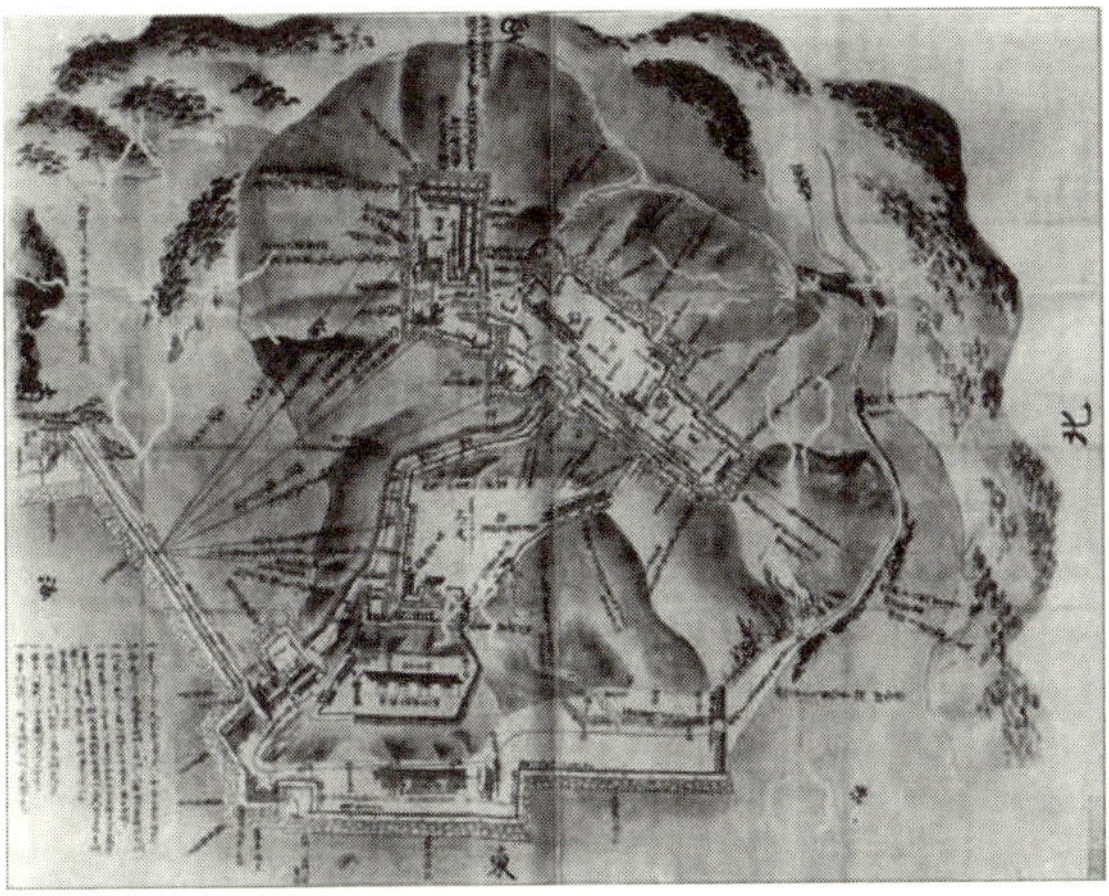

19──肥前甘草富岡城図　島原の乱後に築かれたものを描くが，海と崖に囲まれた要害であることが分かる

富岡城をめぐる攻防は十九日の朝卯の刻（六時頃）より始まった。一揆勢は大手搦手《からめて》から攻め入り、勢溜・水ノ手を突き進んで三ノ丸まで達したが、同所で鉄砲隊により阻止され、七ツ時分（一六時頃）に敗走した（『寺沢藩士による天草一揆書上』のち『天草一揆書上』と略記）。一揆方の手《て》負《おい》・死者は多く、夜に入り城より一里の本志岐に引き上げた（〇五四五）。一揆勢は二十一日夜に再度富岡城を包囲し、翌二十二日の未明に三方から攻め入って二ノ丸の東北方に竹束を付けて寄せた。戦いは申の刻（一七時頃）まで続いた（『天草一揆書上』）。城中から大筒や石火矢を仕掛け、火矢を射って竹束を焼き払った。このため、一揆勢は退却した。加勢の島原の者は二十三

日に戻り、上津浦や大矢野の者たちも引き返した。一揆勢が退却すると、本渡から志岐に至る村々では仏教に戻った者たちが大勢のキリシタンを舟付場で討ち取った（〇五六六）。

富岡城攻略に失敗した一揆勢の動静について、熊本藩家老の有吉頼母《たのも》は大坂衆宛十一月二十八日付書状で、島原から加勢の徒党が島原に罷り帰り、天草の一揆共は今は在々に引き戻っている、と伝える（〇六一二）。同じ二十八日に同藩の山路太郎兵衛らが有吉頼母に送った書状では、大矢野と上津浦のキリシタンは二十五・六日の間に島原に引き籠り、四郎も島原に渡った、と報じる（〇六〇八）。両地のキリシタンの島原渡りは二十五日以降断続的に見られ、大矢野の者は十二月二日頃にほぼ全員が渡ったようである。熊本藩の小林十右衛門らの十二月二日付書状には、「去廿五日より昨日朔日迄ニ大矢野・上津浦ノキリシタンの分、不残島原へ妻子共ニ引越申候」とあり、追而書も大矢野村にキリシタンは一人もいない、と記す（〇六四一）。宇土郡奉行は確認のため三日に大矢野に人を遣わしたが、島原口の舟入地宮地には誰もおらず舟もなかった。キリシタンたちは一部が島原に渡り、一部は上津浦に籠った（〇六五九）。八日夜には、上津浦に要害を構えていた者たちも有馬に退き、舟に乗り遅れた者百余人が山林に隠れていて捕えられた。彼らの証言によると、有馬に渡った者全員が原城に引き籠った（〇七三七）。

四郎の動静

四郎は、益田四郎時貞、江辺（部）四郎、大矢野四郎、天草四郎と様々によばれる。四郎の母（洗礼名マルタ）および渡辺小左衛門の寛永十五年一月二十五日付「口書」

によると、四郎はこの時一六歳、九歳より三年間手習いをし、五、六年学問をし長崎に度々行って学んだ（一一八九）。また「甚兵衛小左衛門申口」によると、四郎は在所の江部村の禅寺で手習いを教わり、十四、五歳の時長崎に参り四、五十日間従兄弟庄三郎の所にいた。洗礼名を「ふらんしすこ」と言った。父甚兵衛は五六歳、「ヘイトロ（ペドロ）」と称した。四郎は九月二十八日に、甚兵衛は十月八日に宇土を発った（一一九〇）。小左衛門の前記「口書」は、四郎は九月晦日に大矢野に行き、姉婿小左衛門の弟の所にいた。父は十月九日に宇土を発って四郎を迎えに行ったが、彼は小瘡（ひせん症）を患って、そのまま大矢野・蔵々村にいた。病み上がりの四郎が、前述の富岡攻めにおいて陣頭指揮を取ったことは、久留米あらい切町の与四右衛門の「口上覚」によって知られる。それによると、彼の出立ちは、「つねの着る物の上に白き綾をき、たちつけ《裁着袴》をき、かしらニハ苧《からむし》を以、みつくみにしてあて緒をつけ、のと下にてとめ、ひたいにちいさき字をたて申、手ニハ御へいを持て」惣勢に下知していた（〇五一九）。与四右衛門によると、島原のキリシタンたちは十四日四ツ時（一〇時頃）に本渡に押し寄せ、四郎はこの日は一旦島原に戻ったようであり、舟から陸に上がった彼はそのまま馬に乗った。与四右

20―益田四郎家系図

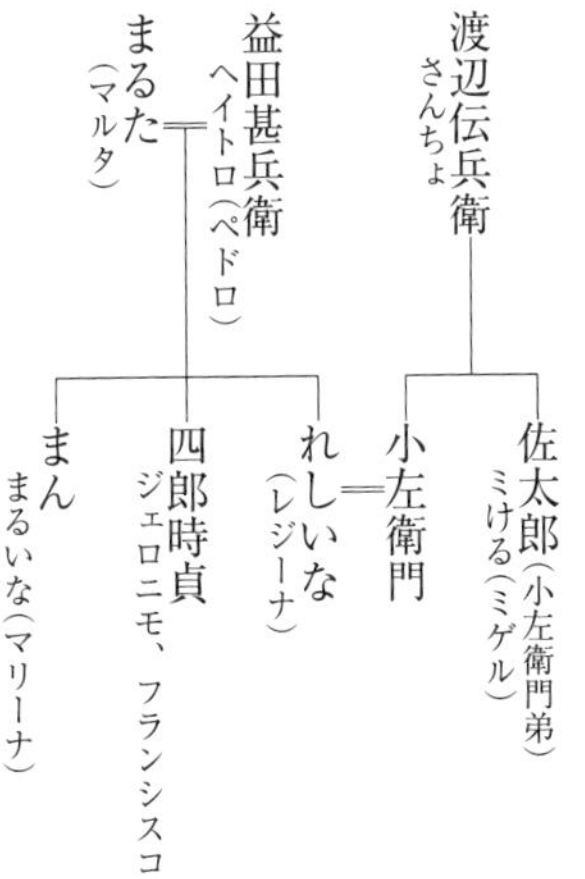

（鶴田倉造「天草四郎及びその親族についての新史料とその考察」、鶴田八洲成「史實　天草四郎の研究―その経歴と家族・縁者そして歴史的意義」による）

衛門が四郎を見たのはこの時であり、有馬の大江村であったようである。四郎は十七日朝に本渡から富岡城攻めのため出陣し、二江村に上陸したのであろう。与四右衛門は口之津にあって二江村に火の手が上がるのを確認した。

十月三十日以後、熊本拘留中の小左衛門に対する父伝兵衛の十一月十日付書状によると、甚兵衛父子は長崎にいたことになる。これを知って、熊本藩家老は翌十一日付書状で長崎代官末次平蔵に益田父子の欠落の可能性を伝えてその捕縛を命じた（〇二七二・〇二八七）。宇土郡奉行らは同じ十一日付の熊本藩家老宛書状で、甚兵衛が五日以前に長崎に行き、四郎は大矢野にいた、と報じる（〇二八九）。同奉行は翌十二日の書状で、甚兵衛父子が長崎に行くため一昨夜（十日）大矢野を発って島原の大江に渡ったが、大矢野からの急使の伝言を得て、今日湯島に戻り、晩には大矢野に帰る予定である、と伝える（〇三〇四）。四郎は湯島から再び有馬の大江を訪れ、同地で寄合をもったが、その時唐津勢の本渡到着を知って十四日に本渡に渡ったことは、『山田物語』の述べる文脈にほぼ一致する。

渡辺小左衛門は大矢野村の戸馳庄屋小左衛門宛十一月十六日付書状で、甚兵衛父子が長崎に行って遅く帰宅した、と伝える（〇三七七）。しかし、四郎が前述したように十六日に有馬の大江か本渡にいたことは、前記与四右衛門「口上覚」から明らかであり、父甚兵衛一人が長崎に赴いてのち大矢野に戻って来たかのようである。彼は大矢野を出たのちの消息が明らかでなく、長崎に行くことを周辺に公言していたようであるが、彼の長崎行きは確認されない。あるいは長崎に行ったとの風評を立てることを狙ったかのようである。

3　幕府の対応

（1）豊後目付衆の対応

島原藩の動き

島原藩家老が十月二十六日に報じたキリシタン蜂起の報せは、翌日豊後目付衆の許に届いた。目付衆林丹波守吉政と牧野伝蔵成重は折り返し、島原藩に事態把握のための使者を遣わした（〇〇五八）。すでに二十六日に飛地神代《こうじろ》からの報告を得ていた隣藩佐賀藩は、神代防備のために人数を派遣する一方で、島原藩から加勢を要請された二十七日に豊後目付衆に飛札を送って指図を仰いだ（〇〇四一）。同藩家老多久美作守茂辰は熊本藩家老長岡佐渡守興長に書状を送って連絡を取り、松倉領内に「気違者」がいて少々成敗されたが、まだ多数の悪党が残っていると報じて、公儀の御法度によって幕府の下知あるまでは関与すべきではないことを確認している（〇〇二一）。佐賀・熊本両藩の家老衆が松倉藩から加勢を求められている旨を豊後目付衆に伝えて指図を仰いだのは、十月二十八日である（〇〇三六・〇〇四二）。

豊後目付衆は、熊本藩からの第一報を得て、松倉領内の事態把握のため一昨日（二十七日）島原へ使者を遣わしたことを伝え、「切支丹宗門」の百姓が城下に放火したことについて、熊本藩に鉄砲隊派遣のため待機するよう求め、さらに後続の二通に対する三十日付返信で、切支丹一揆が風説でなかったことに驚き入った旨を伝えている（〇〇五八・〇〇八三）。熊本藩家老衆が長岡監物《けんもつ》に送った十一月十六日付書状にも、「御目付衆も御きもつふしの体ニ候」（〇三八一）と同様のことが述べられている。

豊後目付衆の動き

目付の牧野と林が島原に使者を遣わして実態糺明に努めたのに対し、島原藩も目付衆に家臣広瀬吉右衛門を派遣して一揆に関する詳細を伝え、絵図などを持参させて救援を求めた。広瀬は十一月二日に府内に着いて報告した。目付衆は、彼に府内《ふない》藩日根野《ひねの》氏の家臣一人を島原巡見のために同行させ、一揆に対しては静観し、江戸からの下知あるまで城中を堅固に守ることを申し渡した（〇一二九）。以上のことは、豊後目付衆が大坂町奉行曽我又左衛門古祐らに送付した十一月二日付書状において述べられていることである。大坂町奉行衆には同日付で、一揆を起こした一一ヵ村の人数や鉄砲・槍・刀・弓などの武器の数、天草四郎がキリシタン大将として天草から来たことなどが報じられた（〇一三〇）。

豊後目付衆が初めて大坂城代阿部備中守正次および町奉行曽我らに島原のキリシタン一揆について報じたのは、十月三十日付の書状においてであった。その返書は十一月五日付で豊後目付衆に送付された。江戸に早速に注進したこと、十二、三日頃に大坂に返信があること、府内には十七、八日頃に江戸の意向が伝えられること、御法度の通り近国衆には「たいうす」の一揆であるため御番が仰付けられるべきこと、また牧野伝蔵が島原に赴くことを命じた（〇一七九）。また、キリシタン側から攻撃されない限り、下知なく攻めることを禁じた。

豊後目付衆は、元和九年（一六二三）に暴虐行為のため改易されて豊後萩原に流配されていた越前の松平忠直を監視するために置かれ、毎年二人ずつ交替していた。このため、目付には新事態の島原キリシタン一揆について、九州の諸大名に指示しうる権限はなかった。彼らはまず大坂町奉行の指図を仰いだ。それにもかかわらず、熊本藩家老衆は連日のように豊後目付衆に書状を送って島原、のちには天草の状況について報告した。十一月一日付書状では、天草でもキリシタンが蜂起し、富岡城代三宅藤兵衛から加勢要請を受けたことを報じた（〇〇八九・〇一〇二）。

天草キリシタン蜂起の報が、豊後目付衆から大坂城代や大坂町奉行衆にいつもたらされたかは不明であるが、町奉行曽我は熊本藩家老からの十月晦日付書状を十一月五日に入手した。曽我は十一月七日付熊本藩家老宛書状で、三宅藤兵衛が二十九日に早船で加勢を求めて来たことを伝えている。豊後目付衆は、十一月八日付の大坂城代・町奉行ら宛書状で、鍋島家や細川家の家老たちの書状や島原に派遣した者の報告によって島原の状況が静穏であることを把握しているが、一刻も早く結着をつけることを望んで、江戸からの指図がなくても大坂衆が判断して欲しいと要望した（〇二三二）。

九日に新任の目付衆川勝丹波守と佐々権兵衛が府内に着き、翌日に職務を交替した。牧野・林の両氏は島原視察を命じられた。彼らは十四日に府内を発って十六日に肥後高瀬に着き、島原隣藩の家老衆を同地に招集して、島原情勢についての意見を聴取した。熊本藩には、天草のキリシタン一揆鎮圧のため加勢することを命じた。島原一揆加勢は江戸からの下知次第であることを伝えた（〇四七〇・〇四四七）。

前目付の牧野と林が島原城を視察したのは二十二日で、その日のうちに高瀬に戻った。翌二十三日の朝、前目付衆は幕府年寄衆からの十一月十日付書状を受取り、その指図に従って熊本藩家老に対し同藩の人数も情勢次第によって島原に加勢するようにとの書状を送った（〇五三三・〇五三六・〇五八八）。前目付は同じ二十三日に幕府老中衆に書状を書き、寺沢氏の島原加勢は不可となり鍋島氏のみの加勢では不十分なので島原加勢については上使板倉と石谷の参着次第相談するとの意向を示した（〇五三六）。

大坂からの指図

大坂町奉行曽我又左衛門は寛永十年に、いわゆる鎖国令と言われる老中奉書を与えられて赴任した長崎奉行の一人である。長崎奉行の経験を活かせる立場にあった。彼は熊本藩家老から十月晦日付の書状を受け、その十一月五日付返書で、江戸からの下知あるまで豊後目付衆と連絡を取り相談するように伝えた（〇一七八）。翌六日に大坂城代阿部らは九州の大名七家の家老衆に対し、松倉領分の百姓町人のキリシタンが武具や米を入手できないようにするため有馬に通じる道筋を厳重に固めるよう申し付け、七、八日の書状でも同様の処置を命じ、下知なくキリシタンを攻めないよう通達した（〇二〇〇・〇二二五・〇二三九）。翌九日にも、九州の大名二二家の家老に対し、島原のキリシタン徒党に心を合わせ、少しでも一揆を催す者があれば早々に死罪にし、その首を往来の地に懸け、断罪の理由を書いて立てること、また所々キリシタン宗旨を表明した者について注進し、その下知が遅滞した時はその地で誅伐すべきことを命じた（〇二六二）。大坂衆は十一月十三日付九州諸藩の家老衆宛書状において、松倉氏が自力で鎮静が難しい時には鍋島・寺沢両氏が加勢するよう仰せ付けられたと報じた（〇三三二）。しかし、天草キリシタンの蜂起により、寺沢氏が島原に加勢できなくなったことはすでに述べた。

（2）上使の派遣

上使板倉・石谷の派遣

松倉領内のキリシタン蜂起についての急報が江戸にもたらされた十一月九日、幕府は板倉内膳正《ないぜんのかみ》重昌と石谷《いしがい》十蔵貞清の二人を上使に決定し、島原に急行するよう命じた。松倉勝家には直ちに帰領するよう、また鍋島勝茂と寺沢堅高には同国の故《ゆえ》をもって加勢の者を遣わすよう命じた。在府中の細川忠利、立花忠茂、有馬豊氏、中川久盛、稲葉一通らには留守居の者が援兵を派遣するよう命じ、豊後目付衆の注進に従うよう申し伝えた（『徳川実紀』）。

勝家は九日に江戸を発って国元に向った。上使板倉と石谷は翌日江戸を出発した。重昌は当時四九歳、名奉行の誉れ高かった京都所司代勝重の子で、その遺領三河国額田その他の地一万五〇〇〇石余を継ぎ、兄重宗は父に続き京都所司代であった。重昌は五年前の寛永九年に細川忠利・同忠興が熊本に、小笠原忠真が小倉に配置替えの時、上使を命じられ城引渡しの役を務めた。このことが、彼の島原派遣決定の理由になったともいう（岡田章雄『天草四郎』）。重昌に付けられた石谷貞清は寛永十年に目付となり上総・相模・甲斐三国のうち一五〇〇石を知行していた。知行の少ない両人の人選は、幕府が島原一揆を簡単に鎮圧できると楽観視していたことを示していた。

その半月後に新たな上使となる戸田左門氏鉄は、十一月十一日付の細川忠利宛書状で、「今度松倉知行百姓むさと仕たる儀共を仕出候事、いかゝ思召候哉、地頭も百姓もおしなへ流罪死罪道具かとすい参なから存事ニ候、定て早々相済、板内膳・石十蔵などへひま明帰候て御座候へかし」（〇二九七）と述べて、早々に一揆が鎮定されて両使が帰ってくると見ていた。忠利も中沢一楽宛十一月十日付書状で、「大かた切支丹かたまり申にてハ御座有ましく候、定てはや事済申すべく候」（〇二八〇）と、事態の早期解決を期待していた。彼は国許からすでに報告を受けていた。彼が若狭国小浜藩主酒井忠勝に宛てた同月十一日付書状には、「此程豊後御目付より島原之様子申越され候、弥《いよいよ》かろき事にて御座候段、左様と御座有べき事にて候」とあり、豊後目付衆の幕府への注進状についても知っていた。目付衆の情報源は島原藩が熊本藩に通報した報告である。熊本藩から豊後目付衆に報じたことについては、「かろき儀をそまつニ」に申し上げたのではないと念を押している（『細川家史料』一二）。細川家の江戸詰めは、留守居家老衆からの書状で、「合戦」の言葉が用いられていることに対して、

「一揆づれの事を合戦なとと事々敷様ニハ御書成される事ハ御無用ニ御座候」とたしなめている（〇五〇六）。島原一揆についての認識は、おおよそ以上のようなものであった。

しかし、柳生但馬守宗矩《むねのり》一人は、重昌が一揆の追討使となったことを聞いて懸念し、その取り止めを老中らに要求した。すなわち、「土民等宗門を深く信じ、その法をかたく守る時は、死を以て身を悦とす、これ百千の衆ことごとく期せずして、必死の勇士になるの術なり、遠く古の事を引にも及はず」として、三河一向一揆の事例をもって説得し、内膳は位が浅く禄が少ない、時日が延びて攻めあぐることになると、西国の大名らを取りまとめることはできない、重ねて宿老の権威ある者が使者に立てられることになれば、面目を失った内膳を討死させることになり、百姓の一揆に使者が討たれたとなると、永き天下の恥辱である、と主張した（『徳川実紀』）。

幕府は、十二日、使番松平甚三郎行隆の島原派遣を決めて一揆視察を命じ、同時に九州の諸大名に子息ないし舎弟を領分に遣わしてキリシタンの蜂起に対処するよう申し付けた（〇三一二）。十五日夜、長崎奉行榊原飛騨守職直と馬場三郎左衛門利重が任地長崎に向けて江戸を発った。当奉行は毎年六月上旬（陽暦）には長崎に着任し、ポルトガル船が出帆する十月上旬頃まで同地に留まり、同船の出帆後に江戸に戻るのが慣例であった。この年、ガリオット船六隻が来航したのは六月十二日（陽暦八月二日）で、長崎を出航したのは九月二十日（同十一月六日）であった（Boxer, The Great Ship from Amacon.）。

上使板倉と石谷の動静

十一月十日に江戸を発った板倉内膳正は伏見で兄重宗の出迎えを受け、十七日夜大坂に着いた。彼と石谷十蔵は翌日夜に大坂を出船した。また同地から熊本・佐賀両藩の家老衆に書状を送って、物頭両人の小倉出迎えを指示し、鍋島氏には諫早に人数を出して待機するように、細川氏には肥後川尻まで出兵して指示を待つように、それ以前に島原表へ渡海することを禁じた（〇四五五～五六）。上使一行は二十六日に小倉に着いた。到着早々に、寺沢勢が天草の本渡で敗れて富岡城に籠城していることを知り、直ちに細川氏に天草に渡ってキリシタン一揆を鎮め、また高瀬にいた前豊後目付の牧野と林の指図を受けるよう命じ、天草の一揆鎮圧後も同地に留まり、島原への加勢は無用である、と伝えた（〇五六四）。

上使一行は二十七日に小倉を出発した。同日、前豊後目付の牧野・林両人に書状を送り、富岡籠城の寺沢勢救援のため細川勢を率いて天草へ渡ってキリシタンを討伐し、討伐後の島原加勢は無用にして指図あるまで同地に待機するよう命じた（〇五七九）。熊本藩は上使から、「此方の御人数損なわざる様ニ随分手堅く申付、石火矢・大筒なとニテ自然ニ仕候様ニとの儀にて候」、「天草ニてわらんべ共ハ、随分生捕ニ仕候へ、火あぶりニ仰付らるべく候」と指示された（〇六〇一）。上使は子供にも容赦ない処置を要求していた。

上使一行は二十九日に肥前神埼に、十二月三日に島原半島の北、佐賀藩領神代に到着した。一揆勢が島原城近くの千本木に、また方々の者が有馬・口之津に集まっていることを知って、明四日より島原近辺と千々石口に陣を構えることを指示し、三ヵ条の条々を発した。キリシタン徒党誅伐に際し、上使の指図に従うこと、上使両人の下知なく動かないこと、徒党はすべて討ち捨てること、とした。上使の認識では、千本木周辺のキリシタンは一〇〇〇人程であった（〇六七〇〜七一・〇六八三）。十二月五日、上使一行は島原城に入り、陣中法度と掟書を発し、当方から手出ししないこと、相手側が先に仕掛けた時には鉄砲で応戦すべきこと、女子供は敵対しない者は殺さずに生捕ることを命じた（〇六八九〜九〇）。

島原城主松倉勝家が帰城したのは、上使衆到着前の十一月二十四日であった。城中は堅固であったが、兵糧は底をつき、熊本藩に援助を求めた。同藩では米五〇〇俵、大豆二〇〇俵を進上することとしたが、舟不足のため追って運送する旨を伝えた（〇六九三）。十一月十四日に下国を許された寺沢堅高が唐津に着いたのは十二月十三日であった。

上使松平信綱と戸田氏鉄の下向

幕府は十一月二十七日に島原・天草一揆鎮圧のため、改めて老中である武州忍《おし》城主松平伊豆守信綱と美濃大垣城主戸田左門氏鉄の派遣を決めた。氏鉄は先行して十二月一日に大垣に向かい、信綱は同三日に嫡男輝綱と共に江戸を発ち、騎馬五〇騎と従卒千三百余人を伴った（『島原天草日記』、『続々群書類従』四所収）。彼は十四日に伏見に着いて、小堀遠州一政邸に泊まり、ここで京都所司代の板倉重宗を引見した。彼の西国下向は、「御急ニてハ御座なく候」（〇七八六）というものであった。信綱は同地で氏鉄と落合い、十五日夜に伏見を発って大坂に下った。大坂出船は十九日であった。同地からは大鉄砲（大筒ヵ）を持って行くことになり、その知識のある鈴木三郎九郎重成が同行した。

この時、小豆島の船と水夫《かこ》が上使のために徴用された。上使の用船として小豆島代官小堀遠州の家老小堀権左衛門は、十二月二日付で小豆島の庄屋と年寄船持に対し三〇艘の船を大坂に廻送するよう命じた。最終的には四二艘が徴用された（川野正雄前掲）。上使一行は二十八日に豊前小倉に着き、翌年正月元日、降雪のなか筑前原田に至った。島原の板倉の陣所には、江戸の年寄衆からの書状が十二月二十九日に届き、松平・戸田の両使が一両日に当地に着くことを知らされた。板倉はこのことを西国の諸大名に告げ、元旦に一揆勢誅伐を決行することを表明した（『徳川実紀』）。

4 一揆勢の原古城籠城

原古城修復と百姓の結集

一揆を起こした百姓が原の古城に立籠ったのは、藩主勝家が帰城したことを知ったからとされる（『松倉記』）。帰城は十一月二十四日である。『有馬古老物語』によると、彼の帰着以前、十一月十四日に天草有馬の外道賊徒共が一所に集まって談合し、有馬原の城を修復して男女老少共に取籠《とりこも》った。また『山田物語』では、十二月一日から十日中に城中普請を整えて悉く人数兵糧を取り込み、三日に四郎時貞が入城した。

天草の大矢野と上津浦のキリシタン百姓が島原に渡ったのは、既述のように十一月二十五日以降十二月二日頃までであった。しかし、一部の者は天草に残っていた。上津浦には七日にまだ一部の百姓がいた。富岡勢が上津浦に近い大島子に押し寄せる前の八日夜に、上津浦の者は有馬に退避し、逃げ遅れた百余人が山林に隠れていて生捕りになった。彼らの白状によると、大軍が来ることを予想して全員が原城に渡った（〇七三七）。大矢野と上津浦のキリシタンはすでに修復の進んでいた原城に直行したようである。彼らは覚悟して有馬に渡ったのであり、到着すると乗って来た舟の底を打ち抜いてしまった（〇七九七）。

天草に加勢した有馬のキリシタンはすでに十一月二十三日に島原に戻っていたが、佐賀藩多久美作守の十二月三日付書状によると、彼らはその後島原城近辺の千本木に駆けつけていた。その他の者は「端々ニ罷居候者、何も有馬・口之津あたりニ一ツニ罷居」る状況であった（〇六七〇）。上使板倉・石谷は大坂町奉行ら宛十二月四日付書状で、十二月四日まではまだ一部、一〇〇〇人程が島原城近辺の千本木に集まっていること、また五日以前には有馬の「壱所」に籠っていると報じている（〇六八三）。「壱所」とは原の古城であり、そこにキリシタンたちが集結していた。佐賀藩の多久美作守は江戸に送った十二月十一日付書状において、「島原一揆共不残諸村明退、原の城へ取集候」（〇七七五）と報じている。

キリシタンたちの原城立籠りが蜂起の当初から計画されたものでなかったことは、十月三十日に熊本藩によって捕えられた渡辺小左衛門の十二月十九日付「口書」により知られる。「有馬はるの城、前かとより拵立籠り可申筈とハ不承候、実儀の事に而可有御座かと存候」（〇八五四）。原城の修復工事は、『有馬古老物語』によると、十一月十四日の談合以後に始まり、『山田物語』では十二月一日から十日間になされた。『松倉記』では、古城修復は十一月二十四日以降となる。山田右衛門作によれば、原城は城守なく荊棘の原の城となっていたが、要害であることは昔と変わることはなく、この城に籠れば城中に糧米玉薬が尽きない限りは落城など思いもよらぬ堅城であった。

なお、松平信綱の子輝綱が寛文三年（一六六三）に記した『島原天草日記』によると、十二月三日に四郎が原古城に入り、四、五日には惣人数の男女全員が古城に至った。五、六日には城の修復がすみ、七、八日には城中に仮屋が建って小旗が立ち、九日に天草から二七〇〇人程が入城し、大江浜に乗り渡った舟は悉く打抜いて解体し城中の堀に利用した。

籠城百姓の村々と人数

原城にはキリシタンに立帰ることを強いられた者も多くいたようである。彼らは機会を狙って包囲する諸大名の陣中に逃げて来た。いわゆる落人は厳しい尋問を受け、城中の状況を事細かく質された。十二月十九日から二十四日までに落人五人があった。彼らによると、籠城者の数は区々である。一揆人数二万七〇〇〇人、外に女老人が三万余人（〇八五三）、男女一万四五〇〇人、内男七、八千人、この内懸け回れる者二〇〇〇人（〇九〇四）、あるいは城内で役立つ者七〇〇〇人（〇九〇〇・〇九一〇）という。山田右衛門作は、屈強の者二万余人、子供

表2 「島原領内村々の家数・人数と一揆参加の村々の家数・人数」

	家数	一揆百姓	人数	一揆百姓	味方百姓	金井俊行稿
三会村	508	268	2626	1424(1420)	1202(1206)	1970
島原村	147	73	813	425	388	603
安徳村	115	26	686	184(180)	502(506)	
中木場村	99	85(88)	719	635	84	575
深江村	316	277	1824	1640	184	1824
布津村	196	196	1103	1103	0	1103
堂崎村	183	183	865(860)	865(860)	0	865
有家村	770	770	4545	4545	0	4545
有馬村	827	827	5172(5145)	5172(5145)	0	5172
口ノ津村 加津佐村	581	581	3949(3940)	3949(3940)	0	3949
串山村	292	292	1962	1962	0	1962
小浜村	242	204	1406	1167	239	1266
千々石村	395	229	2001	825	1176	1001
合計	4671	4011(4014)	27671(27648)	23896(23847)	3775(3783)	24842

刊本の『島原記』,『有馬原之城兵乱記（安藤半助の記）』,『島原一揆松倉記』, 金井俊行「稿本原城耶蘇乱証」, 中村質「島原の乱に関する一考察（一）」を参照.

女一万六千余、都合三万六千余人という。一揆発生から一〇日程立った十一月七日作成の「島原の内きりしたん二立帰候者、村付の写」は、安徳と口之津の二ヵ村が欠けた一二ヵ村の立帰りキリシタンを二万四九八〇名とする（〇二〇六）。

島原藩家老が原城落城の二週間程前の寛永十五年二月十日付で上使に提出した「吉利支丹立帰村々人数之覚并竈数之覚」（『島原記』）によって、キリシタンに立戻った村々と百姓の数を知ることができる。これは島原の乱以前に実施された戸口調査により作成された統計に拠ったとされる（中村質「島原の乱に関する一考察」）。一揆参加の百姓二万三八九六人、その戸数は四〇一一である。『松倉記』は、一揆百姓の総数を二万三八八八人、その軒数を四〇一四とする（表2参照）。

一方、天草島の立帰りキリシタン百姓が有馬に逃れたことを書き留めた「松平氏覚書」によると、一七ヵ村の合計は二八九二人、男一一四二人、女子供一七四八人である。金井俊行「稿本原城耶蘇乱証」に見られる天草領の村数と人数は「松平氏覚書」の数に一致する。同氏によると、有馬の一揆百姓は二万四八四二人、男一万二九四三人、女一万一八九九人、天草の一揆百姓は二八九二人、男一一四四人、女子供一一八四人とする（表3）。原古城に立籠った島原と天草のキリシタン百姓は二万七七三四人前後であった。山田右衛門作が報じる数とは一万人の差がある。

島原領内の一揆参加者が城下島原以南の村々に多かったことは表2のとおりである。深江以南小浜に至る九ヵ村はキリシタン宣教が盛んに行なわれた土地である。特に有家・有馬・口之津・加津佐の四ヵ村で一万三六六六人を数え、全体の半ばを占めていた。キリシタン信仰の中心地であり、また石高も他村に比べ圧倒的に多く、北目筋の村々に比べても富裕な土地であった。

表3　「天草之内吉利支丹立帰之覚」

村名	人　数	男	女・せがれ
大矢野	897	362	525
上津浦	408	152	256
下津浦	152	48	104
食場	106	32	74
小島子	96	52	44
赤崎	123	71	52
須子	141	81	60
今泉	134	81(83)	51
大島子	356	81	175
志岐	102	31	71
二江	60	17	43
亀川	28	7	21
町山口	115	39	76
合津	49	16	36
内之河内	63	21	42
[　　]	49	15	35(34)
志柿	110	36	74
都合	2892〈2989〉	1142(1144)	1748〈1739〉

(鶴田倉造編『原史料で綴る　天草島原の乱』参照)

原城における陣構え

島原城を落せなかった一揆勢が原古城に入ったのは蜂起して一ヵ月が経った十一月下旬であり、古城の修補は十二月上旬に急遽行なわれた。百姓の一部の者はかつて原城の築城工事に関わったであろう。勝家の帰城後、幕府の上使が下向し、諸藩の軍勢が一揆勢を討伐するとの風評がいつ頃彼らの耳に入ったのかは定かでない。一揆勢は古城を修補する一方で、戦闘の構えを整えていった。四郎を総大将とする陣立てが作られた。それは、山田右衛門作が『物語』で言うように、「武家ヲウツシタ」ものであった。土着の牢人衆が中心になって編み出されたのであろう。『物語』によると以下のようである。

総大将四郎に近侍していたのは「籠城ノラウ《牢》人衆」一三人であった。「伽慰ノ者」として一揆百姓から支持され四郎同座に連なっていた。有馬・小西両家の元家臣であった。一三人衆の下に総奉行二人がいて、戦関係と民事関係の二つを統轄していたようである。総奉行は蜷川左京と森宗意軒であるが、「有馬籠城の覚書」（一一九二）には両名の記載はない。森は小西旧臣で、のち有馬領深江に移った。軍事面では戦奉行五人がいた。その一人有江監物（休意）は「右衛門作口上覚写し」には「いしや久意、年六十七」とあり、「有馬籠城の覚書」では、本丸総大将で出丸大将と本丸を掛持ちし、「四郎の舅・城ニて総取仕候」とされる（一一九一〜九二）。芦塚忠右衛門は有馬直純旧臣で、『有馬五郎左衛門筆記』（『島原半島史』所収、のち『有馬筆記』と略記）や「有馬直純矢文」から、有馬譜代の家臣であったことが知られる（一二九二）。松島半之丞も有馬旧臣であったようである。布津村代（大）

21　陣立図

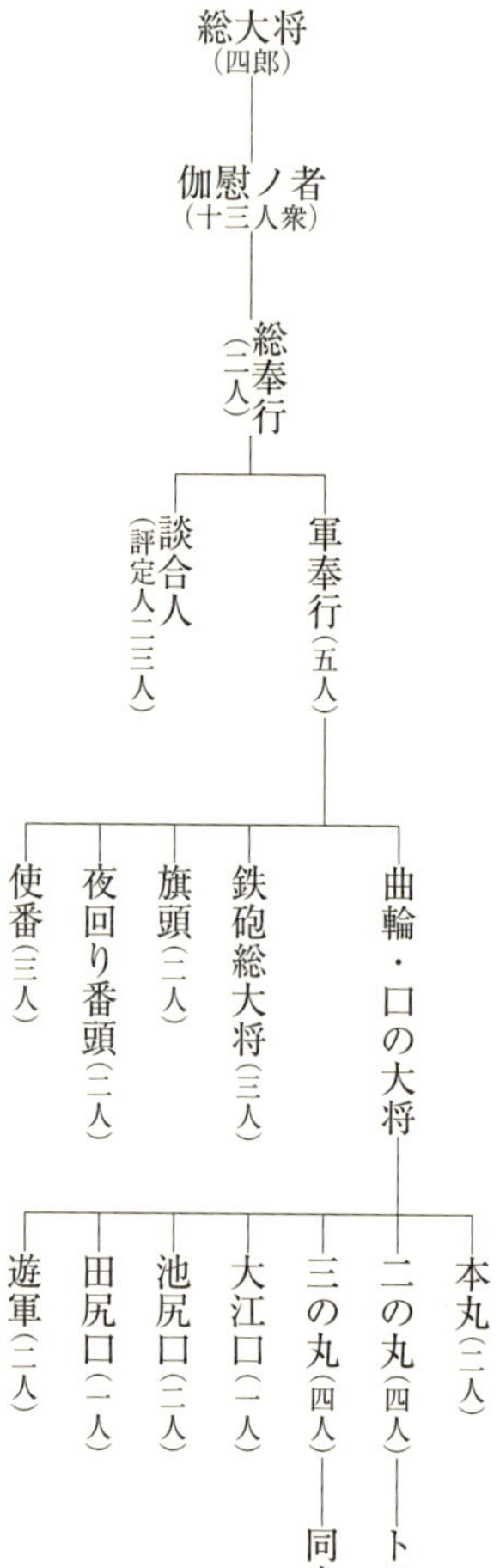

右衛門は、「石《布》津村太右衛門　年六十五」（一二九二）と同人である。他の一人はアマ（天）草玄札で、「医師玄札年二十八歳」であった（陣立て略図参照）。

戦奉行の管轄下には、曲輪《くるわ》・口の各大将・鉄砲大将・旗頭・夜回り番頭・使番がいたようである。本丸の大将、山田右衛門作と大浦四郎兵衛は二〇〇〇人を率いて本丸を固めていた。「有馬籠城の覚書」では、本丸大将は「天草四郎時貞」である。同覚書では、大浦四郎兵衛は「出丸鉄砲頭百姓」を指揮する四人の一人である。二ノ丸の大将は千束善左衛門・上総（加津佐）助右衛門・同三平・戸島総右衛門の四人で、五二〇〇人を指揮していた。千束は小西旧臣で、のち有馬領深江に来住し、有馬氏に仕官後、土着したのであろう。上総の二人は城中物頭でもあり、「かつさ庄屋」で、談合人でもあった（鶴田倉造「新出・島原の乱関係史料」）。二ノ丸のトリ出しには田崎刑部がいて百姓五〇〇人を束ねていた。三ノ丸には大将四人がいて、大江源右衛門・布津村吉蔵・堂崎対馬・北有馬の久右衛門が二五〇〇人を率いていた。同出丸では有馬掃部《かもん》が五百余人を指揮していた。布津村吉蔵は城中の物頭で談合人とされ、有馬の久右衛門も城中物頭とされる。

出丸の大将有馬掃部は「有馬籠城の覚書」では二ノ丸大将とされる。大江口の大将大矢野三左衛門は、串山・小浜・千々石・口之津・上津浦の五ヵ村の者一四〇〇人を率いていた。池尻口では大将蓑林右兵衛と木場作左衛門が、安徳・［中］木場の百姓二八〇〇人と共に固め、田尻口には大将深江次右衛門が五〇〇人と共にいた。この他に大矢野松右衛門と山善右衛門は脆弱な持ち口に加勢するため浮武者二千余人を引き連れていた。いわば遊撃隊であった。両人共小西旧臣で、千束島に移ったのち有馬領深江に来住した。

二〇〇〇挺とされる鉄砲隊の総大将は柳瀬茂兵衛・鹿子木右馬助・時枝隼人正の三人であった。「有馬籠城の覚書」に「鉄砲五十挺　有江市助・柴田六蔵、本丸鉄砲頭五十挺　上津浦大蔵、三の丸鉄砲頭五十挺　大矢野三郎左衛門、出丸鉄砲頭百挺　木戸但馬守、大浦四郎右衛門、口ノ津左衛門、上野三郎兵衛」とある。上津浦大蔵は小左衛門「口書」によると、松倉長門守家中にあって致仕した後上津浦にいた。城中に鉄砲二〇〇〇挺があったかは確認されない。十二月二十五、六日の落人の証言では五〇〇挺とされ（〇九〇四・〇九一〇）、翌年二月九日の落人によると、三ノ丸の鉄砲は四〇〇挺であった（一二九三）。城内には八〇〇挺の鉄砲があったようである。七挺あるとされた大筒は、落人が見たのは三挺だけであった(〇九一〇)。

旗頭の二人は高句権八と楠浦孫兵衛であった。城中の夜回りの番頭は古老の四鬼(志岐)丹波守義安と楠本左京進が担当した。さらに伝令や城内巡見に当った使番が三人いた。

軍務以外の生活全般に関わったのは、各村を代表する二三人で、寄合をもっていた。談合人とも評定人とも言われた。加津佐・有馬・有家・布津・堂崎・深江・三会・木場・千々石・上津浦・大矢野の者から構成された。『山田物語』は、談合人を一四ヵ村の庄屋三四人とする。

籠城者の生活

一揆勢は古城の修補と増強の傍ら、住家の建造も併行して進めた。細川藩分家細川立允家老志方半兵衛は十二月十八日付書状で、原城内に小路があって見事に家作しているると伝える(〇八四四)。十二月二十四日に久留米藩陣中に逃れて来た落人有間北村雅楽允《うたのじょう》は、城内の様子について「外堀より一間計之間ニ者つぶて石を積重、夫《それ》より内江口弐間の堀を深さ壱間程ニ掘、夫々小屋を作り掛居候」(〇九一〇)と証言する。鈴木三郎九郎が大坂衆に送った寛永十五年一月十七日付書状には、原古城がいかに堅固に普請されているか、また住家についてのやや詳しい記載が見られる。それは、城中に忍び入った甲賀者が探ったものである。「城中本丸ニは古キ石垣其儘ニ而御座候、其内ニ寺をつくり参、下向仕由ニて、むね高き家弐つ見へ申候」。その他に小屋掛けがあり、いずれも外側を土で塗った「ぬり屋」であった。二ノ丸と三ノ丸の間には空間がなく小屋が建ち並び、その半分は塗屋であった。三ノ丸にあった小屋掛けは二ノ丸と三ノ丸の間にあった家数の半

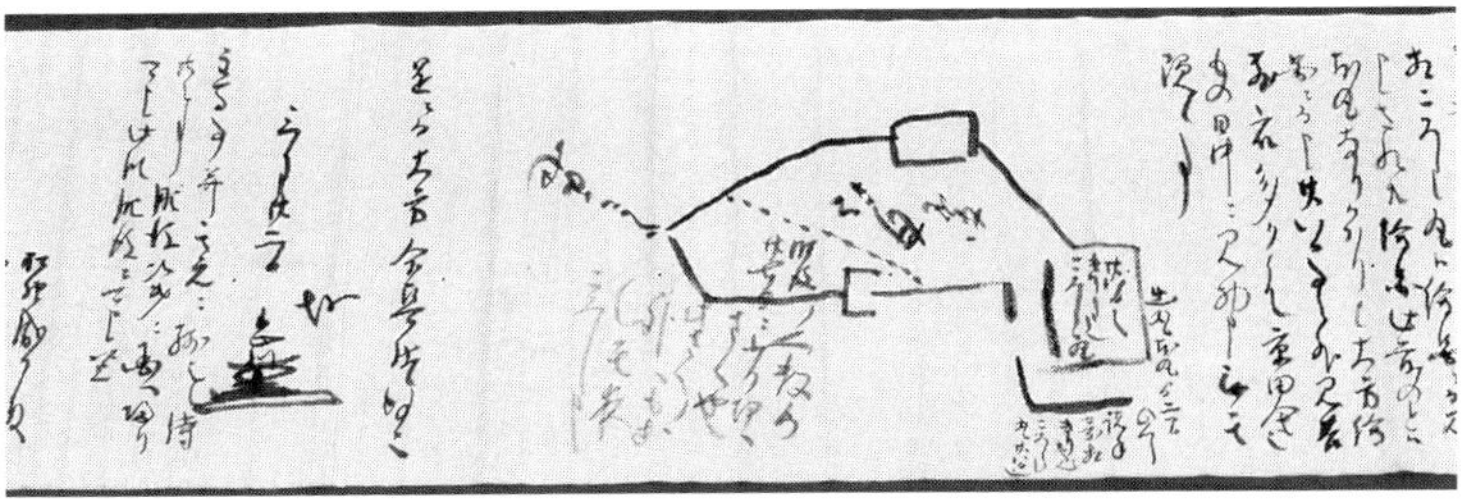

22── 細川忠利自筆絵図入書状

23── 「十」の字が描かれた建物

分程であった。惣めぐりの堀の内側には一間余離れて深さ七、八尺（二・一〜二・四メートル）に掘って、そのなかに居り、また小屋の内部にも穴を掘って、堀の内を竹束で仕切って鉄砲に備えていた（二〇〇二）。前記「寺」とは本丸にあった四郎の家を指すようである。細川忠利の江戸留守居宛寛永十五年三月二十二日付書状には、「四郎家廻り石垣にて候」（天草市立天草キリシタン館所蔵）とある。四郎の家は教会風の建物であったのであろう。寛文八年（一六六八）作成の「原城攻囲図」（東京大学史料編纂所所蔵）には、本丸の中央に描かれた平屋の建物の上部に「十」の字が見られる（カバー参照）。

本丸の西側にある石垣と前面の広場部分から、地下に掘込んだ半地下式の小屋跡が平成十六年（二〇〇四）度の発掘調査で確認され

24――竪穴建物跡群

た。竪穴建物跡群は九区画からなり、それぞれ一辺が約二〜三メートルの方形が南北方向に連なり、石垣側に幅約一メートルの通路のような空間が石垣に沿ってあった。竪穴建物跡群には規則性があり、家族単位で、しかも同一集落を基本に使用していたとされる（『原城跡Ⅳ』）。半地下式の小屋は本丸西側の一ヵ所だけでなく、他所にも掘られた可能性がある。二万七、八千人を収容するにはかなりの数の家作が必要であり、小屋とはいえ戦闘の最中に短期間で用材を集めることは難しかったから、半地下の小屋を作らざるをえなかったのであろう。

本丸の近くに口之津村の者たちがいた。本丸近くの大江口（田町門）には串山・小浜・口之津の者が住んで、ここを守備し、その隣の天草丸（松山丸）には天草勢と串山・小浜の者たちがいた。二ノ丸周辺には安徳・中木場・深江・有馬・加津佐の者たちが布陣し、三ノ丸には堂崎・深江・布津・有家・有馬の者たちがいた。村ごとに集住し、守備に当っていたようである。

熊本藩の志方半兵衛の「言上書」によると、一揆勢は城廻りに白昇（幟《のぼり》）を一間程の間隔で立てていた。オランダ商館長クーケバッケルは台湾総督宛一六三八年三月二十五日付書翰で、「その胸壁の周囲には赤い十字架をつけた無数の旗が掲げられているのが見えた。また小さい十字架も沢山ならんでいる。大型のものもいくつか見えた」と実際に見た様子を語っている（前記『長崎県史』）。

城中には「陣中旗」と通称される幟があった。四郎の家にあったのであろうか。「天草四郎陣中旗」（口絵参照）と言われる。これは正式には「倫子《りんず》地着色聖体秘跡図指物」と名づけられ、天草市の天草キリシタン館に現存する。ディエゴ・パチェコ（結城了悟）は、これは中国製の絹の織物に描かれ、銅版画風の線によって肉づけされ、その色調と素描はイタリア人パードレ・ニコラオ学派の画風の典型とされ、有馬のセミナリオないし長崎のコレジオで制作された、という（La Hermandad del Santissima Sacramenta y la Rebelación de Shimabara.）。旗には「至聖なる秘跡（聖体）は讃美されんことを」という意味のポルトガル語が書かれているように、本来は「聖体のコンフラリア（信心会）」の幟であり、信心会あるいは慈悲の組の会旗として聖体行列などの際に掲げられていたものである。聖体はキリストの体を指し、十字架入のホスティア（聖餅＝聖体）の入ったカリス（聖杯）を、二人の天使が拝んでいる図である。「至聖なる秘跡」とは、七つの秘跡のなかで洗礼と共に最も重要な秘跡であり、最高の秘跡である。

フェルナン・ゲレイロ編集『イエズス会年報』収載の「一六〇三・四年日本の諸事」には、日本のキリスト教界にすでに「至聖なる秘跡」「お告げのサンタマリア」および「慈悲」の各コンフラリアが導入されている、と記載される。コウロス神父の一六〇三年十月六日付作成の「一六〇三年度日本年報」は、キリシタン大名有馬晴信の妻ジュスタの願いによって四〇時間続く祈りが二度三度あり、キリシタンは一般にこの祈りに篤い信仰を持ている、と伝える。四〇時間の祈りとは聖体の前で祈る聖体永久礼拝のことであり、聖体を讃美する祈りである（『新カトリック大事典』）。有馬にはすでに一六〇三年に聖体のコンフラリアがあったようである。「お告げの組（信心会）」は同年司教セルケイラによって有馬と長崎に設立されていた。

一六二七年二月二十八日に雲仙岳での拷問によって死んだ島原の有力キリシタン内堀作右衛門パウロは、頭を下にして何度も噴出口に投げ込まれ、その度に「至聖なる秘跡は讃美されんことを」と言い、この賜物の言葉をその口にして殉教した。これは「高来の迫害報告」の執筆者フェレイラ神父の伝えることである。聖体秘跡の組（信心会）は迫害下の島原領において一六二七年以降も続いていたようである。有家には一六二〇年代に「世須々御組」があった。これは一六〇七年にあった「イエズスの御名の組 Confraria de Nomes Jesus」と同じものであり、その組の幟にも「聖体の秘跡」が描かれていたであろう。「聖体の秘跡」を鑽仰する図柄をもつ幟は各地に秘匿されて伝存されていたと思われ、有馬ないし口之津に秘かに伝存されていた幟がキリシタンたちによって原城に持ち込まれたといえよう。

熊本藩の志方半兵衛は、原城内には朝夕の立ち煙りが少しも見られないと訝《いぶか》っている（〇八四四）。

前述した竪穴建物跡からは個別に炉や竈《かまど》といった暖房や煮炊きに関わる遺物・遺構は見つかっていないとされ、食料を集中管理して調理・配給していたと推測されている（『原城跡Ⅳ』）。志方の「口上覚」の日付は十二月十八日であり、陽暦では一六三八年二月一日に当たる。寒さの最も厳しい時期に火の使用を禁じられていたとされる。しかし、のちに小屋が壊されて燃やされたとも報じられており、火の使用禁止は一時的な処置であったたか、あるいは燃やす薪がなくなっていたのかも知れない。上津浦の者が薪捜しに出て鍋島家の者に捕えられたのは十二月二十四日である（〇九〇二）。前述の落人雅楽允は城内の切迫した状況について、兵糧は二月中はあるが三月にはもたず、薪は全くなく、水も日照りのためない、と十二月二十四日の時点で述べている。

一揆勢は原城に籠る際に藩の米蔵から三万石の米を奪い取り、他は焼き捨てていた（〇八五八）。城内では食料だけでなく薪も水も不足していた。二月十六日に細川勢に捕まった落人によると、城中には兵糧が尽き、下々の者たちはここ一両日飯を食べておらず、当番の者も少々横になっていること、本丸では籠城時に埋め隠していた俵物を掘り出したが、二日は飯を供与されなかった（一三三〇）。上使伊豆守らの大坂衆宛二月二十四日付書状によると、女や童たちが海岸に下りて磯物わかめやひじきを取って飢えを凌いでいた（一三八六）。二月中旬以降、城内には兵糧がほとんどなかったようである。

小倉藩主小笠原忠真が上使松平と戸田に送った十二月二十四日付の書状に次のような記載がある。

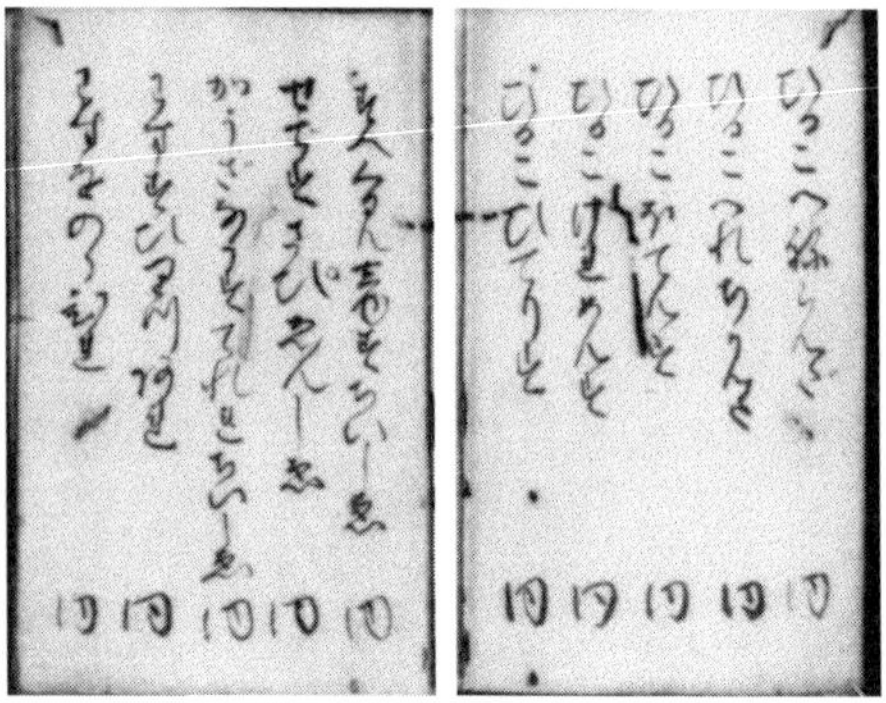

25――祈　禱　文

廿日寅刻より城中一揆共貴利支丹宗門の唱を同音に仕、其後鯨《と》波《き》の声を上申候、（〇八九八）

十二月二十日寅の刻（四〜六時）は、鍋島勢が天草丸を攻め始めた時刻である。城内の一揆勢はキリシタンの唱え、すなわち祈りを唱和したのち鬨《とき》の声を挙げて応戦したようである。戦いの前にどのような祈りを唱えたのであろうか。朝の祈りであったのであろうか。東京国立博物館にラテン語を平仮名に音写した聖歌「祈禱文」（「耶蘇教写経」）一冊がある。縦九・三センチ、横五・六センチの大きさで墨付四八枚からなる。これは片山直人氏が明治十二年に東京帝室博物館に寄贈したもので、明治三十九年特別展覧会に展覧された。その「列品目録」の説明文には、「寛永年間天草賊徒亡ビシ時官没セシモノト云フ」とある（柊源一『吉利支丹文学論集』、教文館、二〇〇九年）。新村出は「薩道先生景仰録」で、片山について触れ、幕人で沼津兵学校の卒業生にして静岡で医学を修めたと記す（『新村出全集』第五巻）。なお、上使松平伊豆守に随行した使番の一人に二〇〇石取りの片山弥五左衛門吉永がいた（「大河内記録」十六）。幕人片山直人は片山吉永の血筋の者であったようである。島原の乱時、原城において取得ないしキリシタンから没収したのであろうか。

この「祈禱文」は、「さんたまりやのらたにあす ladainhas」（聖マリアの連禱）と、「さんたまりやのおひ《ママ》しよ」（童貞聖マリアの小聖務日課の一部）からなる。ラテン語の祈禱文は一五六〇年代以降、口之津のキリシタンの子供たちが日本語読みにして唱えていた。幼少時に教え込まれたラテン語の祈りや聖歌がローマ字日本語に移され、それらが書写されて成人したのちも彼らの間に流布していたようである。禁教迫害下にもかかわらず、キリシタンたちが祈禱書や聖歌集を秘かに所持して信仰を維持していたことが、この祈禱文によって実証される。

一五九六年に有馬日野江城下にはいくつかの「聖母マリアのコンフラリア」が組織されていたから、祈禱文「さんたまりやのらたにあす」と「さんたまりやのおらしよ」は、信心会の寄合のたびに、祈り歌われていたのであろう。

5　一揆鎮圧とその後の処理

上使板倉の戦略と決断

十二月五日に島原城に入った上使の板倉と石谷は、七日に佐賀藩に命じて島原口と千々石口を固めさせた。松倉勝家も深江村追手に陣取った。九日に立花左近勢が有家に陣を置いた（〇七一九・〇七三五）。十日に板倉は原城攻撃を決断し、先手に松倉、二番備えに立花、三番備えに鍋島衆を宛てた。原城に対する最初の戦いであった。三、四町程も隔たっていて小さな鉄砲は役に立たなかった。また寄せ場の状況が悪く小筒をうまく打てない状態であったため、板倉は十一日からの攻撃に石火矢・大筒を打たせることとし、長崎からも石火矢一〇挺を取り寄せることにした。一揆側も応戦し、鍋島・松倉勢に負傷者若干名が出た（〇七六四・〇七五七・〇七九〇）。十一日の攻撃では、「城中痛申候と相見へ申候」とあるように、原城に多少の痛手を与えた。鍋島勢の仕寄せは二、三十間前進し、井楼二ヵ所を設けて大筒を西南方角に据えた（〇七七三・〇八六〇）。

板倉は九州の諸勢に遠慮があってか、また原城が堅城であると判断したためか、原城攻撃に手間取っていた。板倉と石谷の両上使は、大坂衆に対する十二月十六日付書状で、「存之外城之要害能候間、押かけ打散候ハヽ、人数も可損と存候間、仕寄為仕、其上具合可申仕と存候」と報じている（〇八二九）。細川藩の志方の十二月十八日付書状にも、「板倉内膳正殿被仰付候ハ、寄せ衆一人もそんせさる様ニ手立を以、一揆を亡し候由申候」（〇八四四）とある。板倉は一人も失ってはならないと気遣って攻撃の時期を見計らっていたようである。彼は島津家久宛十九日付書状で、「当地きりしたん共古城ニ取籠罷在候、頓而押詰打殺可申と存候」（〇八五二）と述べて、原城攻撃の決意を伝えている。この日、諸勢に下知が下った。二十日寅の刻、鍋島勢は西手の松山（天草丸）に浜手から乗り込んだ。立花・松倉勢は三ノ丸を攻めたが、城中からは鉄砲が打たれ石が投げつけられた。戦いは午の刻（一二時頃）まで続いた。この日の戦いで立花勢は侍衆を含め六十八、九人が討死し、百余人が負傷した。

鍋島勢でも六三人が手負い、四人が討死した（〇八六〇）。一揆勢は、『山田物語』によると死者はなく手負いは少々であった。

二十日の原城攻めは、山田右衛門作の見るところ、上使軍が城を乗っ取り占拠する決意であることを示すことによって一揆勢が降伏するに至るだろうとの見通しのもとになされた。一揆勢は三ノ丸の堀の上にあってこれに寄せて来た松倉勢を罵った。「此中ハ年貢をなし候へと水牢ニ入レ、色々のきうめい《糺明》にて御責《せめ》候如く、只今も御せめ候得、少し目ニ物見せ可申候、此度無御責候てひきよう《卑怯》と申候由申候」（〇九三〇）。一揆勢の松倉氏に対する憎しみはことのほか強かったことである。

板倉は一揆勢の降伏を期待する一方で、厳科に処する姿勢でもあった。十二月十日島原に着いた日向延岡の有馬家家老林田図書助《ずしょのすけ》は早速上使衆に面謁したが、この時、板倉は一揆の者共を悉く捕えて火炙《ひあぶ》りと旗物（磔）に懸けるつもりであり、十五日中に切支丹共を殺すことになる、と彼に述べた。板倉は一揆勢が降伏しない場合には彼ら全員の殺害を決意していたようである。

上使衆は大坂衆に対する二十四日付書状で、城攻めで進展のなかったことが、上使たちの油断のように思われていることを迷惑なことと申し開きしている（〇八九九）。一揆収拾が延引していたことに批判があったのであろう。彼らは同書状で松平伊豆守と戸田左門の下向を確認している。翌二十五日付の大坂衆宛書状で、原城が要害であるため無理に押詰めれば手負いが多いと強調しながらも、仕寄せを急がせること、また城近くまで寄せればこれを取ることができる、と見通していた（〇九〇五）。彼らは新たな上使が近々島原に到着することに焦りを感じていた。二十六日、彼らは三ヵ条の軍令を発し、諸家が両人の指図に従うこと、彼らの下知なく戦わないこと、徒党はいずれも討ち捨てることを命じた（〇九〇九）。両使は二十七日の大坂衆宛書状で、明日より石火矢・大筒を打ち込み、頃合いを見て押し掛けて城を乗っ取ることを表明している（〇九一九）。

原城には毎日火矢が打ち込まれていたが、一揆勢はこれを懸命に消し止めていたため一ヵ所も焼かれることはなかった。しかし、海上から細川勢の船二〇艘による砲撃が毎日あり少し損傷を与えた（〇九二三）。両使は大坂衆宛二十八日付書状で、昨日申し述べた仕寄せが城近くに迫っているので近日中に押し掛けて城を取ることができること、籠城の者は疲弊しているようなので手負いはないだろうと報じている（花岡興史『新史料による天草・島原の乱』、城南町教育委員会、二〇〇九年）。しかし、彼らは、翌二十九日の大坂衆宛書状で、一昨日仕寄せを二、三ヵ所四、五十間の所に付けて城へ押し掛け一揆勢を討ち殺すと申し上げたが、仕寄せの態勢が整わなければ人的損害が出るとの意見が出て仕寄せを延ばさざるをえなくなった旨を伝え、江戸に注進してくれるよう申し入れた（〇九二八）。諸家の強い反対があった。この日、板倉は諸家の家老衆を招集して城取りについて検討した。彼は準備不足を認め、一〇日、二〇日延引してもやむをえないと判断した（〇九三九）。

板倉重昌の死

大坂衆に書状を発送し、諸家の家老衆と会合したその日、板倉と石谷は上使松平と戸田が前日小倉に到着したことを知った。その知らせを得て、彼らはすぐに行動を起こし、熊本藩に有馬表への出陣を命じた。細川勢は天草の大矢野・上津浦制圧後に肥後川尻に待機していた。両使は三十日の朝早くに諸家の家老衆を集め、明朔日（元旦）の城攻め決行を伝え、七ヵ条からなる「覚」を通達した。「一、明七ツ時分より人数出シ、石火矢打次第、鉄砲打せ鯨波の声揚乗可申候事」とし、「大将の外は歩行立ちたるへき事」とした（〇九三一・〇九三九）。原城の地形は起伏が多く、満潮時には潮が入り込み、潮が引いても塩浜と呼ばれる所が多かったため、大将以外の者は馬に乗らず徒《かち》によることとした（花岡前掲書）。

城攻めは正月一日の朝四時に始まった。大手門の先駆けには久留米藩の有馬勢が決まり、有馬・鍋島・立花・松倉の諸勢が大手門三ノ丸の堀際まで押し込んだが、城中からは鉄砲を打ち、矢・石を放って防戦した。堀際の攻め手には女子供までが襷《たすき》を掛け、クルス（十字架）を額に宛て鉢巻きをして石飛礫を雨の降るほどに投げつけたため、寄せ手は勢いを失った（一〇〇一）。卯の刻（六時）に有馬勢が崩れ、鍋島勢も切り崩された。板倉・石谷の両使は諸勢の許を回って督励した。有馬勢には引いてはならぬと下知して、諸勢に先んじて堀下まで進み出たところで、城中から射った鉄砲玉が両使に命中し、板倉は倒れ、石谷は手負いの傷を負った（〇九四一、『松倉記』）。

「大河内家記録」によると、鍋島勢の死者は三八一人、手負い二一二〇人、有馬勢の死者一一二人、手負い八六七人、松倉勢の死者一一〇人、手負い二〇一人、この他に死者九人、手負い一九人が出た（巻十八）。『山田物語』では、寄せ手の死傷者は三九二八人、城中の一揆側の死傷者は僅か九十余人であった、という。城中から放たれたと見られる「矢文」が、岡山藩石丸七兵衛の正月二日の書状に収められている。

上使さへうたれて今は内膳を　何を望に時刻板倉、
生懸に板倉殿に島原の　つかのしるしに残る板倉、
　おどりうた、
やぶれ松倉、［　］をきれて、つらはきもせず、よせもせず（〇九五一）

26—板倉重昌の碑

上使板倉が幕府から受けた指図は、「誅戮すべき仰を蒙った」（『徳川実紀』）ということからすると、「切支丹御成敗」の総指揮官として、邪教徒・囚賊と見なされていたキリシタン百姓の容赦ない征伐・誅殺にあったようである。幕府は短期間に結着がつくと楽観し、人を損なわぬようにとの意向であったため、板倉は攻め手側の人命を失わないことに配慮して滞陣を長引かせてしまった。幕府は滞陣の長期化を嫌って、当初の考えを変えて人数を損ねても早急に結着させることとし、新たな指図を与えて井上筑後守政重を上使として派遣した（〇九八九）。

松平伊豆守と戸田左門氏鉄は一月三日に島原に着いて板倉討死の報に接し、四日に有馬表に着陣した。彼らは早速原城の惣廻りを見分した。城中では、元旦の戦いで多量の石を投げつけたため、その補給のため五〇人、一〇〇人、二〇〇人が海手に出て石を運び入れていた。海上から彼らに対し石火矢や大筒が放たれたが、彼らはそれを少しも怖れない様子であった（一〇一三）。

上使松平信綱の有馬到着と一揆への対応

伊豆守は原城視察後に諸家の家老衆を招集した。元旦の総攻めの失敗を考慮して、当分の仕寄せは無用とし、城を見下すような築山を四、五ヵ所築き、井楼を備えるよう指示した。五ヵ所あった築山と井楼は、原城よりも低い位置にあったため十分に機能していなかった（〇九七〇）。両使は、「長谷川源右衛門留書」によると、「江戸様（将軍）よりの御諚に、吉利支丹之百姓原に侍衆そこなわせ候事不入義と被思召候間、柵を所々丈夫に被仰付、ほしころしに被成候様に」と命じられていた（一二二九）。伊豆守は、原城の要害さを認識して、築山を高くし、大筒石火矢を打ち込んで相手を痛め付け、少しずつ仕寄りし、一方で兵糧攻めして一揆勢を弱体化させた上で、決戦するという戦法を採用した（〇九九九）。翌五日、両使は島津家久に書状を送って五、六千人の人数を率いて天草警固に当るよう命じた（〇九八一）。

九日、上使は陣屋を西方の岡に移し、諸大名の仕寄場をも改めた。松倉氏担当の北岡浜手仕寄場の築山九〇間と海上番船は細川氏に変更された。大江口浜手仕寄場と海上番船は鍋島氏から黒田氏に替

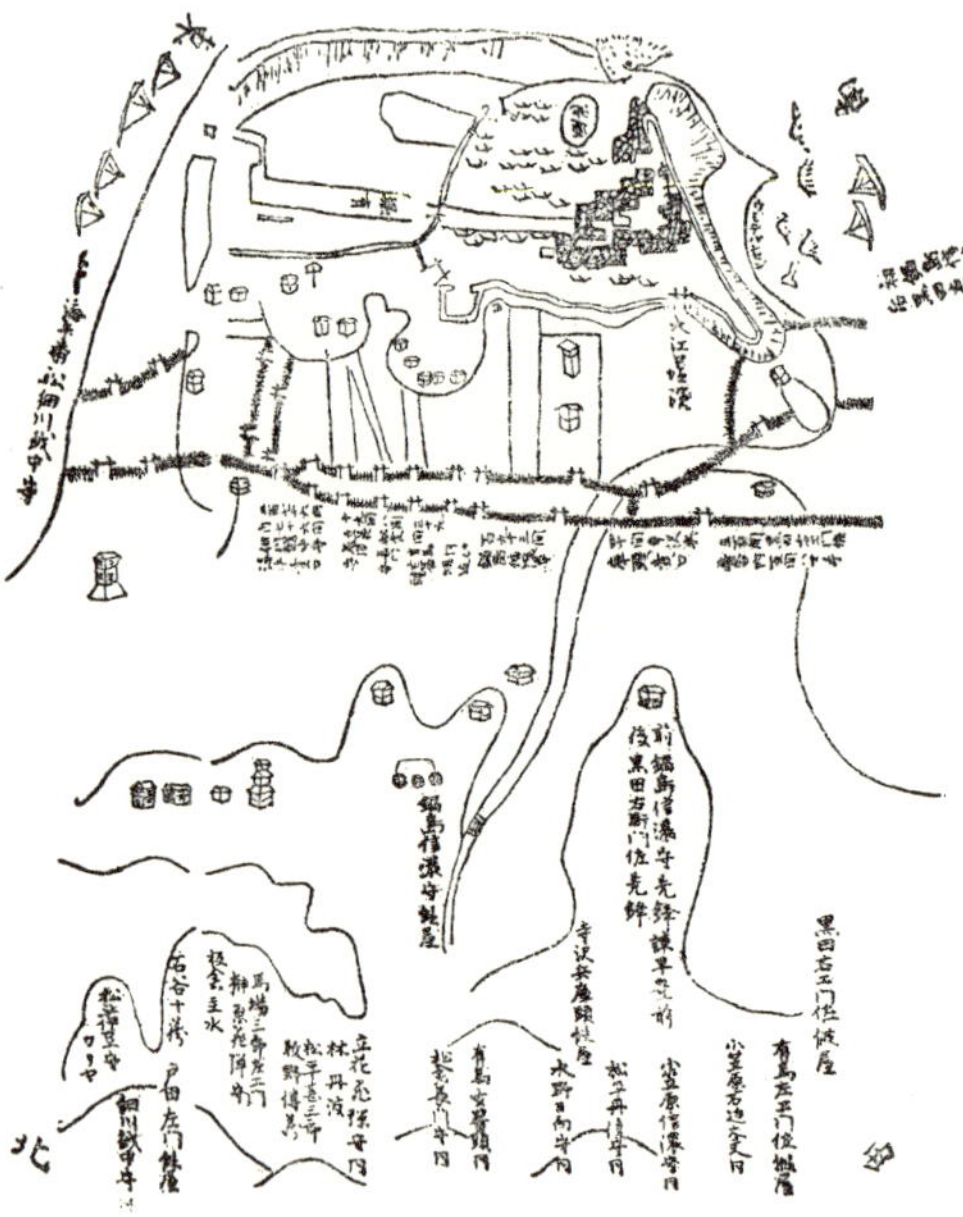

27——原城攻囲図（『島原天草日記』所収）

わった。両者の間に立花・松倉・有馬・鍋島の諸勢が陣を構えた（一〇二二）。

十一日に原城沖にオランダ船が現れた。伊豆守は松浦氏を介して平戸オランダ商館長に対し、すべての船を大砲と共に有馬の陣中に派遣するよう命じていた。商館長クーケバッケルは、六日に命令を受けた。彼は河内浦に一隻残っていたデ・ライプ号で原城沖に着いた。伊豆守は長崎にあった平野藤次・末吉孫左らの奉書船四隻にも有馬沖への出動を命じた（〇九九・一〇五七）。商館長は翌日上陸して両上使に面謁し、先に送った大砲五門を据える場所について確認した。

十二日、板倉討死の報せが江戸にもたらされた。将軍家光には甚だ不快な報告であった。幕府年寄衆が上使松平と戸田に送った正月十七日付書状には、「去朔日之仕合内膳正不調法仕、人数損候儀、殊之外御機嫌悪之由、庄右（本郷左右衛門）我等ともへ内証御物語ニ而候」とある（一一一一）。ことの重大さを知った幕府は、在府中の細川、鍋島、有馬、立花の諸大名に有馬表への出頭を厳命した。

豊後の稲葉、木下、中川の各氏にも有馬表が近国であるとして帰領して上使の指図に従うよう申し渡した。日向の有馬左衛門佐直純は旧領有馬の事情を熟知する者として上使の相談に与るよう命じられた（一〇五二）。上使板倉の死と、石谷の負傷については、「人数も不進候処、両人いらたち候而掛出不調法仕候段、不届ニ被思召候」（一〇五二）とあるように、不面目なものであった。このため、年寄衆は、松平・戸田の上使に対し、検使の立場を守って細川、鍋島、有馬、立花の諸大名に鎮圧を任せて人数を損なわないよう指図した。

矢文の応酬

上使松平らが有馬表に到着したのちの原城の様子は、熊本藩御陣奉行堀江勘兵衛の一月八日付書状から知られる。

> 城の躰見事ニかこひ申候、本丸・二ノ丸・三ノ丸の出城并南の山尾崎まで立置申候昇・家数城中の明地もこれなく立申候、殊の外大キなる家共も大分相見申候、惣かわら堀さまをきり堀裏ニははしり矢倉を仕、其上を徒党共かけ廻り申候、（一〇一〇）

原城内は、籠城から二ヵ月間で空地もないほどに家が建ち並び、幟がはためいていた。石垣の補強も続いていた。こうした様子を見て、伊豆守は城中に矢文を射って一揆勢の蜂起の真意を探ろうとした。射手五人が放った矢文のうち、細川家の御使番北里二郎左衛門ただ一人の矢が城内に達した（一〇三五）。一月十日頃に射懸けた矢文で、伊豆守は、この度古城に立籠ったことについて、「天下《将軍》ニ恨有之哉、又長門《松倉》一分の恨有之哉」と問いかけた。その恨みが尋常であるならいかようにも望みを叶えよう。和談するために城を出て村々の自宅に戻って耕作に務めるならば、飯米として二千石を与え、当分の年貢は一切納めなくてもよい。今後は定免三ツ成（年三割の年貢）に定め、その他の公役も免除するなどの条件を提示した（一〇四二）。

城中からは十三日に矢文を射返した。その内容はおおよそ次のようである。

一揆方はいささかも国家を望み国主に背くものではない。きりしたんの宗旨は別の宗旨に替わることができない教えである。それにもかかわらず、天下様が数度法度を仰付けられたため迷惑している。特に後生の大事は遁れ難く、宗旨不易のために、色々糺明がきびしく、それは人間の作法ではない。天帝のために責め殺され、ある者は呵責を怖れて宗門を改めた。しかし、この度の不思議の天慮は考え及ばないものであるために起ち上がったものである。重ねて少しも国家を望むものではなく私欲の儀もない。一方、海上に唐船が見えたが、こうした小事に対し漢土までも動員することは、城中にいる者が下々の者であるために日本の外聞は宜しくないであろう。（一〇五三）

既述のように、オランダ船はすでに十一日に原城沖に到着し、この十三日に海上から大砲一四発を原城内に撃ち込み、城中からも船に向けてマスケット銃から二発が撃たれた（『オランダ商館長日記』）。『松倉記』に収載される「伊豆守殿江遣ス返状」では、天下への恨みは否定するものの、松倉長門の検地と高免の悪政と、それによる生活の破綻状況のみが言及されている。城中からは複数の矢文が射返されたようである。苛政を糾弾する矢文の存在は偽書という可能性もあるが、一揆方では伊豆守への返書をめぐって意見が分かれていたかと思われる。しかし、一揆方は信仰のために蜂起したという事実を強く主張することで一致を見たのであろう。幕府と松倉氏に対して恨みはないとする前者の矢文が返されたことは、幕府との対話の余地があるとの希望的観測が一揆方に生じたためであろうか。そのため、幕府と松倉氏に対する厳しい糾弾を止め、信仰問題のみにとどめて妥協点を探ろうとしたかのようである。

十六日夜に上使井上筑後守が有馬表に着いた。翌十七日、彼は城を海手と山手から見分した。彼も原城の要害なることを確認し、人数を多く失う怖れのあることを懸念して早急の城攻めを断念した。このため、伊豆守と左門は築山を高くし、大筒火矢を打って攻め、仕寄りを前進させるよう諸家の家老衆に指示した（一一一四）。同じ十七日、城中から細川氏の仕寄り場に矢文が射込まれ、その日のうちに返事を求められたが、返事は翌日文箱に入れられて相手方に渡された。その内容は秘密であった（一一一五）。

十九日にも城中から矢文が細川氏の陣中に射込まれた。一〇ヵ条について開陳し、この度の宗門存立は不思議の天慮、奇妙なる御道化によってなされたこと、また松倉長門への恨みは少しもなく宗旨に関与しなければ何も恨みことはないこと、宗門に志のない者を無理に宗門に引き入れたことはないことなどが述べられていた（一一二四）。二十一日に城中に射込まれた矢文では、籠城を強いられ改宗を強要された者たちへの呼びかけがされた。城中から落ちて来た者には、「島原・有馬・天草表、亡所たるの間、前々の如く田畠を下さる。当年は作り取るニ仰付候」と保証し、一方で、宗門を堅持する者は男女共に成敗することを明言した（二一五〇）。これに城中から返された二十三日付の矢文では、国郡を望むことはさらさらなく、私欲もない、ひたすら宗門の教えを守ることが蜂起の志すところである、と豊富な仏教の言葉を書き連ねて弁明に努めている（二一六八）。

このように、矢文が頻繁に往復されていた時、二十六日に旧領主有馬左衛門佐直純が有馬に着いた。彼は二四年ぶりに故地に戻った。この日、細川忠利も有馬に到着した。

大江浜の対面

有馬直純の家臣有馬五郎左衛門は、正月二日肥前神埼《かんざき》で上使松平伊豆守に謁していた。彼は同十四日有馬表で伊豆守に再会し、その時、有馬氏関係者を原城に遣わす件について打診されていた（『有馬五郎左衛門筆記』。『島原半島史』所収。のち『有馬筆記』と略記）。領主直純は伊豆守に会い、五郎左衛門を城中に遣わすことを決めた。有馬は直純の父晴信の旧領地であり、このため、直純旧恩の元奉公人が多くおり旧知の者もいた。城中への矢文の文面は伊豆守了解の上で、二月一日に細川・立花・有馬兵部の各仕寄口から各五通、都合一五通の矢文が発射された。

直純の書状の宛名は、益田四郎太夫・山田右衛門作・芦塚忠右衛門の三人である。

今度其方籠城につき、上様（将軍）が諸勢を差向けられた。我らも近日この地に到着した。ついてはこの地は我々の古郷の地である。籠城の意趣はただ宗門のためであるのか。譜代の地であるので様子をくわしく聞き届けた上、上使衆に申し伝え、よろしきように取計りたい。それについて書状では十分に話すことができないため、田中刑部少輔以下三人を丸腰で差遣わす。彼の者を確認して双方の矢留をし、日時を定め、城中へ入って様子を聞くことができれば幸いである。さもなければ堀越に話してもよい。かの刑部少輔は城内で前々より知っている者も多いはずである。唯今は有馬五郎左衛門と申している。念のため印に名を書き付けて持たせる。返答次第すぐに申し付ける。（『有馬筆記』）

二日の晩、城中から有馬五郎左衛門宛の矢文二通が届いた。一通は山田右衛門作と芦塚忠右衛門連署である。御譜代相伝の家人として旧交と御情は少しも忘れていないとの書き出しで始まり、籠城の意趣について、この宗旨の天主に背くことはできないこと、数度の御法度によって宗旨を改めたが、今度の不慮の尊慮によって一同がこの宗旨に立ち戻ったと述べて、代々の御主君であるので、仰せ付けたいことがあれば大江の浜で対面する。明日三日の申刻（一六時頃）と定め、此方からも矢留して丸腰の者三人が参る、との内容である（一二三九）。他の一通は右衛門作が書いた矢文である。

28―山田右衛門作の住居跡

昨日の矢文を拝見しました。私は長門守殿（松倉勝家）から少し扶持を得ており、こうした［一揆の］人数に加わる筈のない者ですが、思いかけないことが出来して皆が心を揃えて一味に加わりました。口之津村には扶持人・蔵奉行を添えて三人いましたが、一味が蜂起して焼打ちしてたちまちに多くの者を殺しましたため逃れることがむずかしく一味に成りました。度々立退こうとして色々算段しましたが、疑われて番人を付けられ人質を取られて、無力にも右の次第に至りました。……誠に御譜代の御主君でありますので、我が一命は寸断されましても直々にお墨付の御印を下された以上は、何としても才覚いたします。是非、五郎左衛門殿に対面して城内の様子を詳しく申し上げたく思います。御目に懸かれますよう何とぞ才覚をもって配慮して頂きたい。城内からは自分一人が出て行くことができませんので、それだけが気がかりです。返事は必要ありません。人目が多いですから、また次いでがありましたら細川越中様持口近くにいますので、矢文をもって申すこともありましょうから、そのようにお心得え下さい。直接お目に懸かれば手立てはありましょう。右の由、然るべきようにお頼み申します。貴方様とお会いになるとしましても、私一人が出て行くことはなく、また誰れか他の者も行くことでしょうから、右の書状のことはなかったことにして下さい。殿様から我身を請取って下さるとの印を秘かに拝見したいと望んでいます（一二三九）。

これは城中の侍大将の書状である。伊豆守の思惑にかなう内容である。右一通の矢文とは別に、その出所は不明であるが、同じ日付と思われる矢文が「島原覚書」（一二三八）に見られる。八条からなり、その一条では、籠城は天下様への恨みのためではないと言いながら、吉利支丹宗門が堅く御制禁となったために身の起きどころがなくなったからである、となじっている。二条以下では、吉利支丹宗旨の作法では自害することは堅く戒められており、当方から仕掛けて攻めることはないこと、また城中には玉薬も兵糧も十分にあるが味噌・塩が払底しており、城外にいる商人たちが自由に柵の内に出入りできるようにして欲しいと申し出ている。さらに前述したことであるが、たかが百姓成敗のために異国船まで導いて石火矢を打たせることは日本の外聞によろしくない、と批判している。

ともかくも三日の七ツ時に有馬五郎左衛門は大江浜で山田右衛門作に対面した。右衛門作は供四人を連れ、「黒き着物に黒茶の羽織麻袴」の装いであった。彼は「三代相思の殿様より御使」の五郎左衛門を迎えるために袴を着た旨を告げた。五郎左衛門は藩主直純自筆の書状を右衛門作に渡し、彼がそれを読んだのちに、伊豆守が城中に宛てた七ヵ条の覚書を申し聞かせ、彼の返答の次第を覚えにして書き留めた。彼が答えたことはおおよそ次のようである。城内の籠城者は四万七千余り、その数は、正月初め頃から飯米が無くなり扶持米を与える際に帳面に記載された数である。その人数は武士として役立つ者は一万人で、その他は女子童で、一五歳以下六〇歳以上の者である。夫々の持場を定め、堀裏の番を務めている。米・薪・味噌・塩・水は十分にあり、槍・長刀・刀などは北岡鍛冶、串山の鍛冶、布津・堂崎・有家などの鉄細工の職人に毎日作らせているので武具は豊富である。鉄砲玉は色々鑓道具で玉を鋳させているので不足していないが、玉薬は三月中までは持たないだろう（『有馬筆記』）。

この対面の次第は、『有馬筆記』によって知られるだけである。その記事は五郎左衛門が入手した情報のみであり、右衛門作が注文し質したことは一切言及されていない。しかし、彼が語ったことで注目されることは、城中に多くの職人がいて武器を作っていたことである。城中には牢人、農民、職人、射撃に長けた猟師そして漁師がいた。

細川忠利が中沢一楽に送った二月五日付書状によると、伊豆守の主張は、キリシタンの儀は全く許さず、無理にキリシタンにした者を城中から出すべきということであった（一二七一）。矢文に対する城中からの返事は五日にあった。これに対して有馬直純は、六日に山田・芦塚両人に矢文を返し、「昨日矢文慥《たしか》に相届き披見申した。重ねての矢文は無用の由申してきたけれども、今少し会談をしたいので、有馬五郎左衛門を先日の場所に差し向けたい。日時は其方の返事に任せる」とした（一二七四）。八日に直純への返信があった。彼は九日の山田・芦塚両名に対する矢文で、今一度の会談を呼びかけた。有馬勢一手が残留して、他の諸勢が撤兵するよう上使衆に申入れる、城中からの返事が有り次第そのように努めるとの内容であり、五郎左衛門を先日の場所に遣わすとして、前回同様の条件を提示した（一二九二）。

しかし、二度目の会談はなされなかったようである。直純の矢文が城中に射込まれたのは二十日であり、「久々ニて矢文見出候延引、今日廿日巳ノ刻ニ披見申候」（一三四四）とあるところからすると、八日以降、城中からの有馬氏宛矢文はなかった。それは上使衆が一揆方に新たな揺さぶりを掛けていたためのようである。

四郎に対する心理作戦

上使衆は一月十八日熊本藩に拘留中の益田甚兵衛妻子と渡辺小左衛門ら一〇人を有馬表に護送するよう命じた。彼らが有馬表に着いたのは二十二日である（一一三七・一一三九）。二十五日、四郎母と小左衛門は上使衆の下知によって尋問された。有馬直純の矢文が城中に射込まれた二月一日に、八歳の四郎甥小平が小左衛門と四郎母・姉の書状二通をもって城中に送られた。小左衛門が父伝兵衛ら四人に宛てた書状は七項目からなる長文である。二項では、九州諸勢の寄手衆は一〇万余で、再度の攻勢のため十分な準備がなされている。吉利支丹の百姓原に侍衆を損なわせることは無駄なこととして柵を頑丈に廻らし、一揆勢をほし殺しにするように決めている。四項では、天下様（将軍）が上使衆に直々に命じたことは、きりしたん宗の者は当年生まれた者も含めて全員殺すことである。ぜんちょ（異宗徒）で無理にきりしたんにされた者は助命される。五項では、十五、六歳の城中大将四郎が諸人に勧めてこのようなことを企てるとは考えられないことで、四郎の名を借りてことを起こした者があると思われる。さようであっても、城中から出て来る者があるならば、赦免される由である。六項では、きりしたんにされた者、ぜんちょで籠城した者、自ら発念してきりしたんとなった者も後悔して城中から出る者は赦免される。これらの者を城中から

29—九年母

出すならば、四郎母・姉妹・甥小平の四人を城中に送るとの上使の言葉である、と述べる（一二二九）。小左衛門がこの書状を本心から書いたとは思われないが、伊豆守らの意向を受けて要求されるままに書いたのであろう。

四郎母の書状でも、ただ一点、籠城中のぜんちょについて言及され、彼らが城中から出されれば自分たちが城中に送られることになる、と語っている。四郎甥の小平は渡辺伝兵衛らの小左衛門宛返書と、紙袋に入った柿・みかん・久（九）年母・まんじゅうやいもなどを与えられて戻って来た。一揆方は、城中で食べ物が不自由していないことを見せつけようとしたようである。小左衛門宛返書は、城中の者は天主に生命を捧げる覚悟であり、他宗の者を無理にキリシタンとしないことはご存じであろうから申し上げることはない、と述べている（一二二九）。いわゆる、「四郎法度書」が出されたのは、この一日である。四郎は、おらしょ（祈禱）・ぜじゅん（断食）・じしひりな（鞭打の苦行）などの善行のみに限らず、城内そこ〳〵の普請、ゐれじょ（異教徒）を防ぐ手立である武具を取ることも、皆デウスへのご奉公になるとして寄手に立向うことの意義を説いた（一二三六）。

それから七日経ったのちの二月八日に、小平は七歳の四郎妹まんと共に再び城中へ送られた。小左衛門と四郎母の書状を持参した。小左衛門は伝兵衛宛書状で、前の返書の内容に反論した。城中に無理に引き入れられた者がいないとか、落人には構わないということは偽りのようである。村々を焼いたり島原などの城を攻めたのはぜんちょをきりしたんにするためであったと聞いている。きりしたんの法に偽りはないと確かに承っているが、右のとおりなら合点が行かない。この陣所に来た落人が語るには城中で落ちたという者に番人を付けているという。落ちたいという者、またぜんちょで改宗したことを後悔している者をよくよく吟味して我らに渡して欲しい。……こちらは江戸様ご仕置きはことの外寛大で、我らのような者を一〇人、二〇人城中に遣わすことは少しも差支えないし、様子によっては詫言を申上げるため城中に遣わされてもよいということである。次に甚兵衛御内儀への返事がないので返事をして欲しい。その上、上様は先書にも申し入れたように甚兵衛親子を会わせると仰せられているので、そのことを了解して欲しい（一二八四）。

これへの返書は、小左衛門の弟佐太郎から瀬戸小兵衛になされた。いわば決別の書でもあった。

志ろやまのこすへは春の嵐哉、はらいそ《天国》かけてはしる村雲、はづかしく候へどもなみだを水にして、心をすみにすりしるし申候、さんまりや様・さちあこ（サンティアゴ）様・ミける様・いなしょ（イグナティオ）様・ふらんしすこ様、みなもろもろのへあと（聖人）様の御ちからをもって一筆申上候、必々はらいそにては合可申と存候、ともかくもでうすの御はからい次第に候、（一二八四）

表4　オランダ船による砲撃数

	船上	砲台	合計
1月13日	14		14
14日	27		27
15日	9	20	29
16日	11		11
17日	16	16	32
18日	8		8
19日		18	18
20日	23		23
21日		23	23
22日		32	32
23日		18	18
24日	13	60	73
25日		42	42
26日	4	40	44
27日	3	23	26
合計	128	292	420

小平とまんは、この返書を持って八日中に戻った。四郎母まるた（マルタ）と姉れしいな（レジーナ）の書状への返書はこの日もなかった。四郎の肉親を動かしての懐柔策も効果なく、かえって籠城する一揆方の指導陣の疑念を増幅させた。

オランダ人の加勢

兵糧攻めや懐柔策を模索した伊豆守は、仕寄りを前進させて包囲網を狭め，築山を築き井楼を組み立てて大砲石火矢を発射し、城の石垣を破壊し、城内の家作を焼いた。また金掘を動員して堀近くに穴を掘らせて城中への突破口を見出そうとした。

オランダ船による原城砲撃は一月十三日から二十七日までの一五日間のうち一〇日行なわれ、大砲一二八発が撃たれた。陸上の砲台からもオランダ人砲手が砲撃し一〇日間で二九二発を撃った。海上と陸の砲台からの砲撃により四二〇発の砲弾が城内に撃ち込まれた（表4）。原城に甚大な被害を与えた。『オランダ商館長日記』一月十七日条によると、「今晩農民たちは海手の側でかなりの補強を仕上げたが、彼等はこのころ毎日勇敢に彼等の守りを確固たるものにする作業に従事していた」。二十二日の晩には、砲台から二貫五百目の砲弾が城中に撃ち込まれ、二の丸十四、五間を破壊した。この日、一二ポンド砲七発、五ポンド（二貫五百目）の鉄の砲弾二五発が撃たれた。

一揆方はオランダ船による城攻めを一月十四日付の矢文で非難した。商館長はその日の日記に矢文で非難された加勢について言及し、「(日本にこんなに多くの誉高い兵士たちがいるのに)オランダ人を加勢のために呼ばせたのか」という一揆方の非難について言及している。二十六日、砲台に据えられた大砲が暴発したため砲撃は中止された。翌日、商館長は松浦家奉行人を通じて上使衆からの平戸帰還命令を受け取った。二十九日、商館長は大砲一門のみを船から下ろして行く許可を上使衆から得て、長崎経由で平戸に向った。彼が暇を許されたのは、城への接近作業すなわち仕寄りが進んで大砲の役目が終わったためであった。

オランダ人の加勢については、在陣中の大名らの間にも批判があった。細川忠利の一楽宛二月五日付書状には、「爰元《ここもと》へおらんだの船参、石火矢打申筈ニ候、是ハ入らざる事と存じ、我等申しいなせ申候」(『綿考輯録』四五)とある。オランダ人の攻撃参加は不要であるとして上使衆に申入れ、オランダ船を去らせた、という。

城攻めの進展

一月十六日に有馬表に着いた上使井上筑後守は、十八日に九ヵ条からなる「覚」を諸大名に通達した。そのなかに、「柵を第一、築山を第二、其後仕寄道具の事」の一条がある(一一一二)。人数を損ねても早く結着をつけたいとする彼の意気込みの表れである。築山は一月十七日にその過半はできていたが、十五日昼からの雨のため作業は停滞した(一一〇六)。二十二日に築山はほぼ完成したようである。石丸七兵衛の同二十四日付書状によると、二十二日に鍋島勢の築山と井楼が完成し、そこから長崎石火矢を撃ち込み、出丸堀五、六間を破壊した（一一八四）。有馬玄蕃・松倉・立花諸勢力の三手に築山一つがあり、これも近日中に完成する予定であった（一一八四）。

細川勢の築山は松倉勢のそれよりも高い位置にあった。小林平三郎の一月二十四日付書状によると、この築山に上げられた井楼からは城内の三ノ丸をすべて見ることができたが堀裏一〇間程は見えなかった。城中の様子は三ノ丸の堀際に人はいるが、それ以外のところでは歩いている者はなく、二ノ丸から駆け付けて来て防衛する様子であり、また二ノ丸の家数は空き所がない程であった（一一七八）。細川勢の築山と井楼は完成し仕寄りも順調で城際まで十八、九間に迫った。大方一〇日もすれば諸勢の仕寄りも進み堀際まで達することができるので、必ず城へ突入すると見込まれていた（一二一二）。

上使衆の大坂町奉行宛二月三日付書状によって、寄せ手の攻撃態勢が前進したことが知られる。鍋島勢は築山の向いの山に小井楼を二つ構え、細川勢は金堀たちが築山の脇から城際一〇間程の所まで掘り進んだ。鍋島勢による仕寄りも四日の時点では一両日に堀際まで達する見込みで、一〇人程の者が夜を日についで掘り続けていた。仕寄りが進むにつれて人の行き来が頻繁となり、その様子は城中から見ることができたため鉄砲を射たれた。鍋島勢は細川勢の例に倣って、その助言を得て調達した黒木綿の幕を周囲に張り巡らした（一二五一・一二六七）。上使衆は諸勢の仕寄りの進行結果を待って堀際十四、五間に達したのち城乗っ取りを敢行する予定であった（一二六八）。

七日、伊豆守は城攻めの評定をするために諸大名を招集した。諸勢の仕寄りが揃った段階で乗っ取りの日時を決定するということであった。彼は竹束を堀から一五間内の所に集めることを命じた。細川・立花両氏が三ノ丸攻撃を申し出たが、彼は全体の歩調が揃うまではできないとして、その申し出を退けた（一二八七）。

評定があった七日の晩に、細川忠利は上使衆からの指示により、一〇日振りに仕寄り工事に再着手し、九日には堀際一〇間の所に達した。城攻めを一刻も早くとの思いは細川・立花両氏だけでなく、黒田氏も松山出丸（天草丸）の乗っ取りを望み、鍋島氏も二ノ丸への攻め込みを上使衆に要請した。城中への仕寄りの接近、井楼の組立によって城中の有りようがよく把握できるようになっていた。二ノ丸・三ノ丸にかけてあった小屋は撤去されていた。薪がなくなったため小屋を崩してその柱を薪として燃やすためであった、とされる（一二九五・一三〇二・一三一〇）。

なお、鍋島・有馬・立花の諸勢が金掘を使って三ノ丸の堀まで掘っていた。細川勢も城内まで穴を掘り進めた。一月晦日から二月一日までに十二、三間掘り進み、玉薬に火を点けて穴の上を焼き落とす計画であった。八日には城の塀のなかに掘り進んだところ、城中の者も塀際に穴を掘っていてかちあい、槍・長刀で切りかかり煮え湯を浴びせかけた（一二三四・一二八五）。金掘たちは一月二十六日から三ノ丸海岸の崖下から穴を掘っていたが、二月十四日夜にはこのことが城中に知られ、一揆勢は真横に向い穴を掘って、穴の中間当たりで鉄砲を打掛け、また不浄を穴に流し込んで穴掘りを阻止した（一三二五）。

大砲石火矢を用いての海手・山手からの攻撃は引き続き行なわれ、海上からは奉書船四隻による攻撃があった。長崎の唐人たちも呼び出されて城壁に玉薬を詰めた砲弾を仕掛ける計画であったが、その破壊力による味方への被害が予想されて中止となった（一三二五）。

伊豆守は、有馬旧臣を通じての勧告と情報蒐集に努める一方で、四郎身内を利用しての説得に失敗したが、城攻めのための準備は進み、包囲網は次第に狭まった。また兵糧攻めによって城中の戦闘能力を削ぎ、弱体化させるのに成功した。彼はついに二十日頃の攻撃を決断したようである。細川忠利は一楽宛二月十六日付書状で、「大方廿日の内外ニ、三ノ丸へ押込申ニて可有御座候と積り申候」と述べ、事態によって延びることはあれ、二十四、五日を越すことはないと予想していた（同）。

一揆方の夜討ち決行

キリシタンの作法として自ら攻めかかることはないと表明していた一揆方（一二三八）は、その建前を捨てて復活祭の翌日、二月二十一日（陽暦四月五日）の丑刻（二時頃）に大江口から夜討ちをかけた。おそらくキリストの復活を祝った直後の決行であった。夜討ちの目的は、兵糧と玉薬を奪い、井楼を壊し竹束や陣中小屋を焼くことにあったようである。中坊長兵衛は大坂町奉行宛二月十七日付書状で、落人の証言に基づいて城中の逼迫した状況を報じている。すなわち「城中の兵糧は二十日時分までである。この城は俄《にわか》に造られたので、この近所の村々は俵物を多く持参したが、遠隔の村々が持ち込んだ兵糧は少分であった。千々石村は遠方であり、

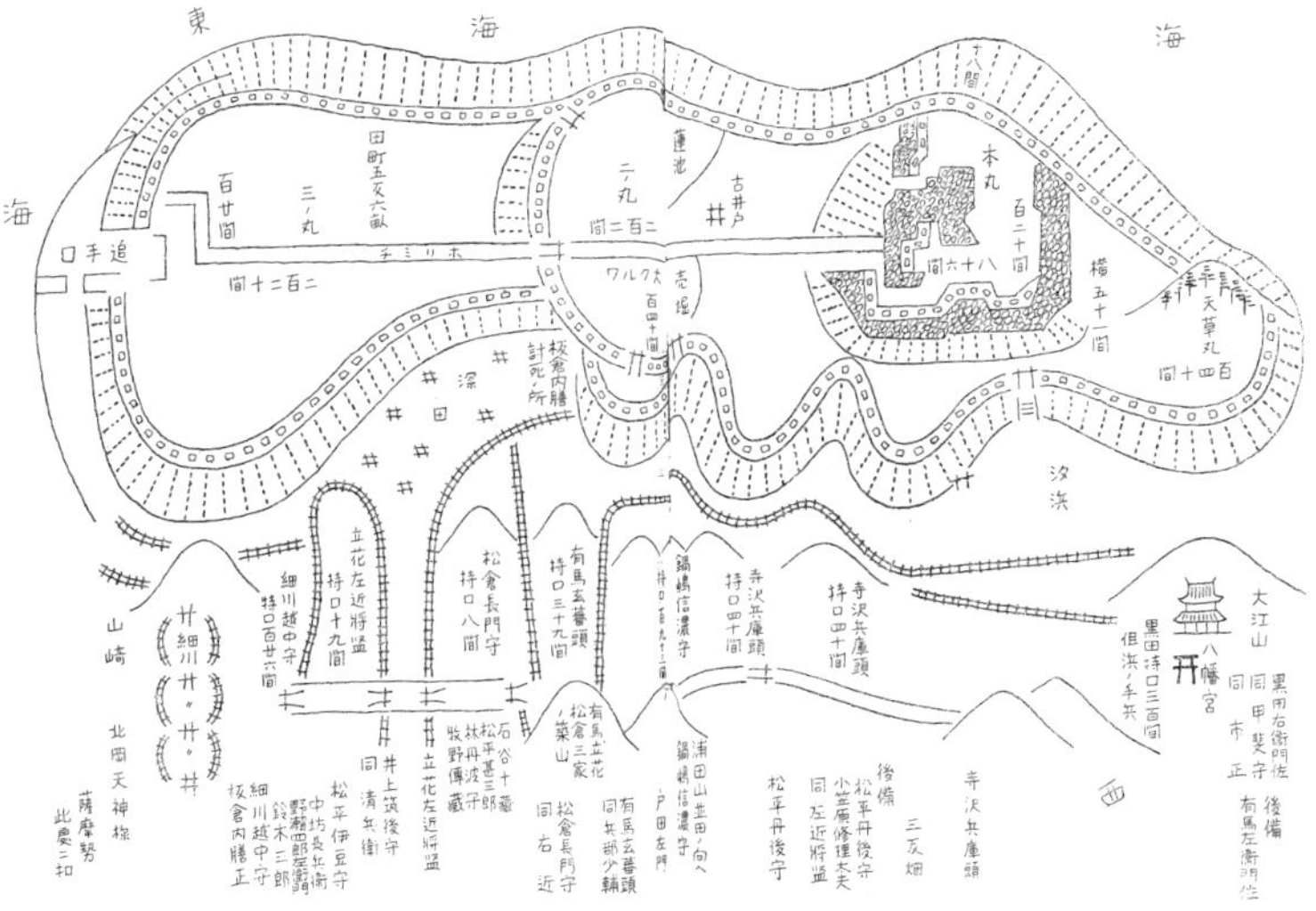

30――原城攻囲図（『島原半島史』所収）

兵糧はなくすでに二日間何も食べていない。鉄砲の薬もないと落人は言っている。……鍋島勢の仕寄は堀まで五、六間の近くまで達したが、城内からは石つぶてを殊の外多く投げてくる」（一三三五）。

『山田物語』によると、幕府側の戦法に対して、一揆方はいたずらに餓死するよりは寄せ手の持つ糧食と玉箭を奪い取り、大石火矢や大鉄砲を城中に取り込むことを選択した。その戦法としては、強力な鉄砲隊を擁する細川勢を避けて、鍋島・寺沢・黒田の諸勢を襲って竹束や陣小屋に放火し、これを合図に城中から鬨の声を挙げて寄せ手側を動揺混乱させて所期の目的を遂げることであった。味方の三〇〇〇人を三手に分け、芦塚忠右衛門と布津村代右衛門が一〇〇〇人を率いて黒田勢に向い、天草玄札が六百余人をもって寺沢勢に対峙し、上総（加津佐）三平と千々輪（石）五郎左衛門が一〇〇〇人を率いて鍋島勢を襲った。鍋島勢・黒田勢の持ち口は寄せ手には難所で、城中から攻めるには足場が良かった。鍋島勢は竹束や井楼を焼かれ、陣中の奥の小屋一〇軒も焼かれた。鉄砲の薬箱二つを奪われた（一三八二）。鍋島勢の討死は二三人、手負い一〇一人であった。一揆側は一六九人が討取られた。寺沢勢に突入した天草玄札は十分な成果なく三五人を失った。黒田勢は忍者の通報で一揆勢を迎え撃ちして九〇人を討取り、一七人を生捕った。しかし、黒田勢の死者は四七人、手負いは一六二人に上り、大将黒田監物は討死した。

一揆方の夜討ちは寄せ手の諸勢に大打撃を与えることはなく、夜討ちは三時間程で終わった。細川忠利は大坂町奉行らへの、同じ二十一日付書状で、「程なくしつまり申候間、差たることもこれなしと見へ申候」と報じている（一三五四）。伊豆守は、大坂奉行衆宛の同じ二十一日の書状で、一揆側の討死は二九二人、生捕り七人、此方の手負いは二七一人、死者七五人と伝える（一三五三）。上使井上筑後守の大坂衆宛二十五日付書状には、「方々火をかけ城中鯨波をあけすさましき体ニ御座候へ共、陣中いかにもしつかに、残所無之作法ニてご座候」とある（一三九二）。

最後の決戦

「伊豆守・左門、賊骸の腹を割かしむ。その腹中に青蒼の物有り、粮米困乏に依って麦葉を食すか」（『島原天草日記』）。これは、夜討ちの翌二十二日、上使衆が一揆勢の死人たちの腹を割いて食物について調べたことを述べたものである。彼らは生捕りの者一人一人を尋問し城内の様子を問い質した。この尋問に立ち会った細川忠利が父忠興に送った二十三日付の書状に、次のような記載がある。
城中の者が申すには健やかなる者五〇〇〇を盾にして、松平右衛門（黒田忠之）・寺沢・鍋島の陣に四郎を大将にして攻め出ようと決めて出てきました。できるだけ家を焼いてしまえとの申し合わせでした。……城中で下々に与えられている米は切れて、今は小豆・大豆・麦・胡麻を食べさせている由です。生捕りの言葉はいづれも事実に符合しています。首を取った死骸の腹を割いたところ、食べながら出て来たのでしょうか、右の食物が出てきました。（一三八一）
二十二日に城から逃れて来た座頭は、夜討ちから城中に戻った者たちも手負い、また死んだと語り、他の生捕りによると、能き者にはまだ兵粮はあるが、下々の者はその過半が飢え死にした（一三七八〜七九）。伊豆守が実行してきた兵糧攻めは、城中の一揆勢の戦意を大いに喪失させ、弱者の死を早めた。
二十三日の午刻、備後国福山藩主水野日向守勝成・勝俊親子が有馬表に着いた。伊豆守は勝成の到着までは一揆勢を遠攻にしてみだりに戦って味方を失ってはならないと命ぜられていた、とされる（『徳川実紀』）。家康に従って五十余回も戦場に出た彼は、この度の軍は、「竹釘軍というもので、頭たらんものかなきに似たり」と評して、総責任者松平伊豆守が指導力を発揮することを求めたようである。翌二十四日、伊豆守は諸将を招集して二十六日の総攻めを伝え、その時の手順を記した書付を渡した。それは、一の鐘で食事を取る、太鼓の打出しで人数を出す、貝の合図でかかる、鉄砲をつるべ打して惣勢で鬨の声を挙げる、惣勢をもって一度に攻め懸ける、その時に火矢をすきまなく打つ、合印は三巻き、合い言葉は国か、国と応える、など一六項からなる簡潔な文言からなる（一三八四）。熊本藩の「島原陣法度」には、二十六日卯の刻（六時頃）に鐘太鼓貝を一度に鳴らす間に鉄砲をつるべ打ちし、鬨の声を上げ、火矢を射させる、また敵と出会うために相しるしに刀にも脇差にも紙で三つ巻にすることとし、また敵は切り棄るべしと定めている（一三八五）。

総攻めが予定されていた二十六日は、二十四日からの雨が止まず、中止になり、二十八日辰の上刻に延期された（一四〇七〜〇八）。この間二十五日に、四郎の書状が上使衆にもたらされていた。麗々しい文面で、この度一揆を起こしたのは異宗に改宗したことに対して呵責の念やみがたく、天草島原の両郷の猛兵を促して籠城した、とその目的を述べた内容である。宗旨は素晴らしく邪説ではなく、城郭が堅固であるのは宗門の威徳によるのであり、死に臨んで全く後援はないが、皆一騎当千の輩である、諸勢が雲聚して空しく囲んでいるが、孤城は緩々優々としていて攻入ることはできない。委しいことは筆紙に尽し難く、対面の時に期すると結んでいる（一三九三）。一揆方は今なお上使衆側との交渉に期待を繋いでいたかのようである。

二十六日の昼頃に、女子供一〇人程が逃れて来た。いよいよ食物がないとのことであった（一三九八）。総攻撃は二十八日と決められていたが、一揆勢が二十七日に出丸を立退いたことから、事態は動き出した。鍋島勝茂が使者を伊豆守に遣わして一揆勢の出丸退去を報じると、伊豆守は左門を伴って同所を巡見した。勝茂の命によって彼の手の者が出丸の堀の破壊に取りかかると、城中から鉄砲を打込まれてその者は倒れた。上使衆が仮屋に退いて他の諸将と話している間に、勝茂の指揮する鍋島勢は城攻めを敢行し、三ノ丸に攻め込んだ。未の刻（一四時頃）であった。鍋島勢の抜け駆けであった。諸勢の士卒がこれを見て、一斉に一揆勢との間に戦闘を始め、出丸を押さえ、三ノ丸・二ノ丸を攻略した。夜に入って本丸の五分の一程を占拠し、柵を付けて夜の明けるのを待った（『島原天草日記』）。佐野弥七衛門の『覚書』によると、松倉勢の戦いは以下のごとくであった。

二月二十七日八ツ時分、鍋島殿勢が出丸へ乗込んだため、松倉勢の内、仕寄場当番についていた者共が直ちに二の丸へ乗込んだ。小平次も当番で仕寄場に居合わせ、松倉責口から一番乗りして首を取ったが傷を負った。松倉勢で非番の者は小屋にいたため二の丸へは全員が遅れた。水門見付二十間程の所へ松倉勢が押し寄せた所、細川越中守殿が本丸東の出崎を乗っ取った。……戌《いぬ》の刻（二〇時頃）前に、本丸小屋に火が付いて引くに引かれず難儀したが、この［立花］右近方が火を防ぐため誰かが槍の先にむしろを懸差し出した所に敵が頻りに鉄砲を打ち懸けた。右近は［　］四郎家と十［間］ほど焼け隔たっている所に柵を設けて夜明方まで守っていた。四郎がいた家から若い女たちが手に手をとって小屋の焼けている火の中へ飛び込んで焼死した者が多くいた。

細川忠利・光利父子は豊後目付衆川勝丹波守・佐々権兵衛宛二十七日付書状で、城攻めについて三

31――『島原陣図屏風』部分

ノ丸・二の丸は七ツ時（一六〜一八時）に乗り込んで焼き払い、一揆勢を切り捨て、本丸は酉《とり》の刻（一八〜二〇時）に乗り込んで焼き、いずれも一度で相済んだ、と報じる（一四〇三）。小倉藩主小笠原忠真は大坂衆宛二十七日付書状において、この日の城攻めについて簡潔に伝える。

今二十七日未之刻、鍋島先手、本丸へ取かけ、二之丸小屋ニ火を掛、其より惣手合、少も手間取申さず、乗取申候、本丸も残らずやき、本丸口より石を打計ニ候へ共、はや落城ニ相究申候、（一四〇四）

翌二十八日未明より戦闘が再開され、九ツ時分（一二時頃）に落城した。鍋島大膳主従二四人が本丸北の石垣に一番乗りして一揆勢と戦って、これを一蹴し、城中に突入した。大膳自ら一八人を斬り捨て、さらに鉄砲によって二〇〇人を打殺し、「白地ニ泥烏子《でうす》ノ紋」の四郎の差物を取った。時に伊豆守の家人奥村権之允らがその場に居合わせた（一四二八）。この差物（指物）について、奥村は三月十八日付の大膳宛書状で、大膳が四郎差物を取ったことを見届け、そのことを伊豆守に具に語ったと述べて証言している（一五〇五）。この指物については既述したが、絵師山田右衛門作がこれを描いたとも言われている。

四郎の死

四郎がどのような最期を遂げたのか、はっきりしない。細川・立花両勢が四郎のいた本丸に乗り込んだのは二十七日七ツ半刻であり、彼らは本丸を焼いて夜はそこに陣取っていた。四郎の家の傍での戦いでは、一揆方は二千百余人の死傷者を出した。二十八日の夜明けよ

32—天草四郎像

り本丸の下丸（小丸）に残っていた者たちも討取られた。四郎は逃亡したかと思われたが、本丸で首を取られた。実際に四郎の首であったかは不明である（一四三二・一四七〇）。『佐野覚書』は、四郎が本丸で手負い死んでいるところを、細川家の神野佐左衛門がその首を取った、という。神野は四郎とは知らなかったが、その身に着けていた衣類が結構な物であったので首を斬った、という。『細川家記』（『綿考輯録』四六）によると、佐左衛門は首二つを取ったが、さらに四郎の居宅の焼け落ちた頃に屋内に掛け入り、傷を負って女一人に付き添われ、絹を引っ掛けて臥していた者を一刀で斬り首を取った。本陣前の堀に本丸に捨てられていた首が集められ、佐左衛門がそこに首を引っ提げて行こうとした時に、これが忠利の目に止まり、大将四郎の首なるべしとしてよくよく吟味するようにとのことで四郎の首であることを確認した、とされる（一四一七〜一八）。

細川忠利はこの二十八日、国許の家老長岡監物に、熊本に監禁中の四郎母や渡辺小左衛門ら一〇人を再び有馬に護送することを命じた。監物は二十九日の朝、彼らを有馬に送った（一四三五）。松平伊豆守は、四郎の母が到着すると、諸所から持ってこられた四郎の首と思われる首を見せて、母の反応を窺った。母は少しも臆することなく、「四郎殿は我子ながら天使であるので、首をとられることなど考えられないことです。姿を隠して南蛮呂宗（呂宋《ルソン》）に行ったに相違有りません」と言って、夫々の首を見ても驚く様子はなかった。佐左衛門が討取った痩せた首を見ると、色をなし、苦労したであろうと言い声をかけて落涙し、それまでのことを思って悔やみ激しく泣き叫んで倒れ、起ち上がることができなかった。伊豆守は強いて尋問する必要はなかった（一四一七）。

「一揆籠城之刻日々記」（『島原半島史』所収）は、三月三日に四郎の甥小平と四郎の妹が、四日に四郎の母と姉、および小左衛門が成敗された、と伝える。首は大井楼の下に懸けられ高札が立てられた（一四七三）。商館長クーケバッケルは、主要な者四人の首は約四〇〇〇人の首と一緒に長崎に運ばれ、その若干が棒に刺されて晒《さら》しものにされた、という。

二十九日、伊豆守は、明日（三月朔日）より山探しと、一揆勢が籠っていた城とその石垣を壊すよう、諸大名に命じた。鍋島勢は松倉氏の家臣一人を案内役として伴い、熊本藩は五日まで有馬辺から島原までの山狩りを行なった。キリシタンは一人も見出せなかった。その動員数は三〇〇〇人に上り、この他に鉄砲衆や馬廻衆五〇〇人が参加した（一四三九・一四五〇・一四六八）。山狩りが行なわれたのは、「いかのほり（凧）」が城中で挙げられたのに呼応して、城外でも上げられ、城外のキリシタンと内通していると見られたためであった（『綿考輯録』四五）。城と石垣の破壊は徹底していた。熊本藩は石垣破壊のために「御番頭二人、馬廻衆二〇人、役人五〇〇人」を出した。他に多数の士卒が動員されたであろう。『松倉記』によると、落城後、一揆の者の首は「塚に築込、死骸ハ残らず焼き捨た」。本丸の石垣は崩された。

発掘調査によって、埋められた石垣などの石材の下から大量の人骨が出土した。人骨は各虎口《こぐち》跡および石垣の下、本丸広場一帯に見出され、しかも完全に揃った骨はほとんどなかった、とされる(『原城跡Ⅳ』)。伊豆守が徹底した破壊を命じたことは、幕府および上使衆がキリシタンに関わる忌まわしい記憶を完全に払拭しようとする決意表明でもあったであろう。

伊豆守は二十九日に諸将の帰国を許したが、その際に古より軍を撤収する時には営屋に火を放って焼く慣しであるが、この地は敵国ではなく、かつ亡所で人家が絶えている。他日移住して来る百姓のために営屋を焼いてはならないと命じた(『島原天草日記』)。『松倉記』にも同様の記載がある。「三月上旬に寄衆引取、惣小屋本陣共に其儘指置也、所々事在々諸方より寄集百姓これに込めるために、置きなさる」。伊豆守はすでに有馬地方復興のための計画を考えていた。幕府が島原復興に着手するのは四年後の寛永十九年からである。西国大名に対し、一万石につき一戸の割で島原への移民を命じた。幕府は天領にも移民を命じた。小豆島からは有馬と串山だけでも四七戸の百姓が移住した。

山田右衛門作の去就

右衛門作は一揆勢のなかでただ一人生き残ったとされる。彼は一揆勢の中枢にいた人物であり、彼の二月二十八日付「口書写」(『島原半島史』所収)によると、四郎家老分にして、玉薬の改めを仕り、矢文その他の諸事に関与していた。しかし、旧主直純の使者に会って旧主への忠節を説かれて翻意したようである。彼の心替わりの兆候は、すでに言及した彼の二月二日付矢文から示唆される。前記二月二十八日付「口書写」には、彼は旧主の意向に添って一揆勢を裏切り四郎生捕りを計画したことが語られている。すなわち、彼の配下にある七〇〇人のうち、五〇〇人が自分に同心するので、二十一日に自分の持場の三ノ丸に寄せ手を引き入れて火を点けさせて乗っ取らせ、自分は四郎方へ参り、寄せ手が火を懸けたので早々に城を出て浜手へ行き、落船に乗って一先ず何方へか逃れるのがいいと言って、四郎を騙して船に乗せて生捕りにして忠義を尽すとの計画であった。十八日にその旨を書き認めた矢文を有馬殿へ射ったが、見つけられなかったようで、二十一日の手筈が合わず城中の者に不審に思われていた。二十一日晩に有馬殿より矢文が射込まれたのを城中の者が見つけた。その矢文には十八日の矢文を遅く見つけたため手筈が狂ってしまったので、改めて日限を決めて再び矢文で知らせるように書いてあったため、城中の者が不審に思って四郎に彼の心替わりを告げた。このため、自分は縄を懸けられ松山に留め置かれた。女房子供は二十七日に本丸大手口で斬られた。縛られていた自分は小笠原太夫殿の者に見出され、斬られようとしたが、有馬殿から下された矢文を見せたため助かって生捕りになった、という。

二月二十六日に上使として有馬表に着いた三浦志摩守正次が、右衛門作について語った一文がある。「島原絵書右衛門作と中者たすかり申候」として、彼が四郎か四郎の父の生捕りを企て、上使衆からの返事が露顕して彼の一門一七人全員がしばり殺され、彼は二十七日の総攻めの時に捕われてのち、放免された（一四七五）。

一揆方が、右衛門作を代表として送り出して旧主有馬氏の使者と会見・交渉させた意図は明確でない。二月二日の矢文によれば、蜂起当時、彼は口之津にあって松倉氏の禄を食むものであり、やむなく籠城した。そうした彼が一揆方にあって重要な地位を占め，守備の大将となっていた。そして、一揆方の代表として交渉に当った。一揆方は矢文では領主松倉氏の苛政に一切口を閉ざし、幕府が発令したキリシタン禁制が原因して蜂起に立ち至ったことを述べて、幕府に譲歩を求めキリシタン信仰に寛容を期待したのであろうか。旧主有馬氏がそのための仲介者になりうると見込んだのであろうか。

伊豆守は捕縛された右衛門作を松倉勝家に預けたが、有馬直純が申し出て彼を引き取った。三月二日夜、右衛門作は有馬氏の陣所で有馬五郎左衛門に再会した。彼はその後、松平伊豆守に連れられて江戸に行き、五月十二日に同地に着いて伊豆守の邸内に住んだ。

島原の乱と潜伏キリシタン　エピローグ

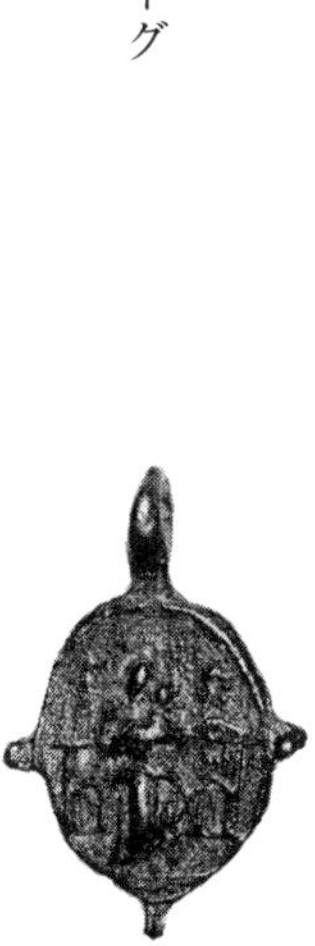
メダイ

寛永十四年十月二十五日より翌年二月二十八日まで一二三日間続いた一揆は、大殺戮をもって終熄した。幕府と九州の諸大名も多くの犠牲を払った。動員された兵力は、一〇万七八九四人で、死者二七七三人、手負い七六五七人を数えた（一四三七）。たかが「百姓ばら」の蜂起と高をくくっていた幕府には大きな誤算であった。蜂起が立帰りキリシタンによって起こされたとの第一報は、それまでキリシタンを徹底して弾圧し根絶を計ってきただけに、衝撃であり屈辱でもあった。さらに上使板倉の死は幕府の威信に関わり体面を傷つけた。彼らに対する憎悪は、籠城した一揆勢全員の殺戮と原城の完膚無きまでの破壊となった。

一揆発生の発端となった島原藩主松倉氏と唐津藩主寺沢氏は、その責任をどのような形で取ることになったのであろうか。戦闘の続く寛永十五年一月二十九日の時点で、両氏の改易が取り沙汰されていた。細川忠利は一楽宛書状で、「大かた両所の地は召上げられ候かと、我等は見及び申候事」（一二二二）と予見している。オランダ商館長クーケバッケルは原城攻撃中の千六百三十八年三月五日（同一月二十日）の日記に「アリマの領主はその城を没収され、……同様の処置は近日中にクラツ《唐津》及びアマクサの領主にも近づきつつあることを、確実に知らされた」と記している（『オランダ商館日記』）。

四月十二日、上使として豊前小倉に至った太田備中守資宗は、松倉・寺沢両氏に幕命を伝えた。松倉は「領地仕置悪しきため一揆起り、大小分の人痛ましむる。これに依って改易を仰付けられる」。また「寺沢兵庫頭ハ、天草郡四万石を召し上げられる」（『松倉記』）。松倉氏は江戸の上・下屋敷を収公され、七月十九日森内記長継の屋敷で切腹した（一五八九）。『徳川実紀』は、勝家死罪の理由として「その所領にて逆徒蜂起せしめしのみならず、平日佞臣《ねいしん》を登用し、国民をくるしめ罪かろからず」とし、斬首に処せられたとする。「佞臣」云々のことは、すでに述べたように、「鍋島勝茂公譜考補」が指摘していることである。寺沢堅高は所領没収を納得せず、正保四年（一六四七）十一月十八日に江戸藩邸で自害した。「こころ狂ひけるよし」とされる。彼には嗣子なく家は断絶した。

幕府はこの度の蜂起・一揆に際し武家諸法度の規定に縛られて、幕府の下知なく他領に出兵できずに大事に至り多くの人員を失ったことに鑑み、その運用規定を改めて一揆などの大事には幕府に注進することなく速やかに境外に出兵できるようにした。

島原一揆を機に、幕府は公儀権力を発揮して九州全域の諸大名を初めて動員させることに成功した。同時に一六一四年以来の禁教・弾圧政策にさらに弾みを与えることになった。島原藩が豊後目付衆にキリシタン立帰りとして注進したことが、その後に推移する一揆を幕府と諸藩に対してキリシタン一揆として規定させ、幕府も諸藩もキリシタン一揆という共通認識をもつに至った。細川忠利が松平越前宛三月十二日付書状において、「きりしたんハ存之外、六ケ敷やつニて候間、御油断ニ成るまじく候」（一四九二）と述べていることは、彼一人だけの思いではなかったであろう。幕府は一揆鎮圧後の九月二十日に在府中の諸大名にキリシタン宗門改めの強化を命じた。東北の伊達領内には宣教師四、五人が今なお潜伏活動していた。

邪教キリシタン取締強化に伴って、翌十六年（一六三九）に京都で排耶書《はいやしょ》『吉利支丹物語《きりしたんものがたり》』が出版された。これは慶長十八年十二月（一六一四年一月）に全国的な禁教令が発令された直後に著された『吉利支丹由来記』に、島原一揆のことを増補して再刊したものである。島原一揆が領主松倉氏の苛政に端を発したとする一方で、南蛮国王がキリシタン宗弘布のために日本征服を企てたとして、邪教キリシタンの脅威を訴えている。

十八年九月、松平伊豆守に随行した鈴木重成が天草代官に任じられると、兄鈴木正三《しょうさん》は翌十九年に『破吉利支丹』を著して天草の諸寺院にこれを頒布した。それは、弟の治政を助けるためキリシタンの教理を論破して百姓を仏教によって教化するためであった。キリシタン宗を邪教として位置づけた幕府の政策に迎合して絵入りの通俗的な排耶書が流布し、キリシタン邪教の観念は広く民衆に浸透していくことになる。幕府がキリシタンを邪教とし、その観念を民衆に植え付け彼らの脳裏に深く刷り込ませようとしたのは、島原の一揆を契機にしてである。

一六三八年十一月四日、マカオにガリオット船二隻が長崎から帰航して島原一揆について報じた。

千々石ミゲルの孫と噂される一八歳の少年が大将となって幕府軍と戦って死んだという（マノエル・ディアス、一六三八年十二月三日付書翰）。前年船長として長崎に渡航したフランシスコ・デ・カステルブランコは一揆加担の疑いで日本に残ったとも伝えた。彼は一六三七年長崎渡航のガリオット船六隻がマカオに帰航した十一月、恒例の使節として江戸に赴いたが、一六三八年二月六日（寛永十四年十二月二十三日）将軍家光への贈物献上を却下されて長崎に戻り、出島ではなく朝鮮人通事アントニオの家に留め置かれた。一揆側に関わっているとの容疑であった。ガリオット船の船長の一人、ドゥアルテ・コレアも大村牢に拘禁されていた。八月、ガリオット船二隻が長崎に到着し、彼は釈放されて出島へ移った（Boxer 前掲書）。

一揆方とポルトガル人との関わりについて検討する。既述の小豆島に残っている矢文は、松倉氏の苛政を厳しく糾弾していた。その末尾に、「其名は果て後、隠れ有まじく候」とあり、同文書を発掘した川野正雄はその書き手を牢人と推定している。その文章と筆運びから見て元武士で、一揆方の事情をよく知り得た人物が書いたと思われ、有馬氏に仕える旧知の者に宛てられたようである。末文は以下のとおりである。

今よせて《寄手》の分ニては、日本中の者とも皆打ほたれ申すべく候間、急度大軍を以、御せめ有るべく候、来月の末ニも成候ハハ、異国の者とも大船数艘にて取入候様ニ承候、か様のちうしん《注進》申す儀、一命かへりみ候様ニ方々思食候はんつれ共、御当家たいせつニ存者にて候へは、残らず仕合

にて敵と成罷、然共各ひいき《贔屓》ニ存候故、一揆の奴原をんみつ《隠密》にて此矢ふミ内証にて申入候、

右の文面で注目すべきは、末日には異国の者が大船数艘で来援するというくだりである。異国の者とはポルトガル人を指すと思われ、彼らが数艘の船で加勢のため駆け付けて来ると言われていたことである。この矢文について、大橋幸泰は上使松平伊豆守がその存在を知っていたと推定する（『検証島原天草一揆』）。オランダ船の助勢について、外国船を動員することは日本の恥であると反対した細川忠利に対して、伊豆守は、異国船を呼び寄せたのは、一揆共が南蛮国と申し合わせて、「追付南蛮より加勢指越候なと百姓共を欺き申由なれハ、異国人に申付、鉄砲打せ候ハ、南蛮国さへあのこときとて、城内の百姓とも宗旨の霊言《験》を合点可仕かと存付候はかりにて、日本の恥に成候との儀ハ料簡無之、行当り申候」（『綿考輯録』四四）と述べてオランダ船助勢の理由を説明した。伊豆守は、一揆方の指導者が南蛮国からやがて加勢に来るといって百姓たちを騙していることを彼らに知らしめようとしたようである。南蛮国からの加勢の文言は、前記矢文の一節を喚起させる。伊豆守が根拠なく「南蛮国云々」と言う筈はないことから、彼が前記矢文を読んだということはあり得たであろう。あるいは同様の文面が書かれた矢文が他に射たれたこともあり得る。また益田甚兵衛の長崎行きの憶測に関して、南蛮船加勢のことが意図的に流されていたことを仄聞したかも知れない。しかし、山田右衛門作が有馬五郎左衛門と会談した折りに話したことが伊豆守に伝えられたと見るべきであろう。ポルトガル船が一揆勢救援のために来る可能性はあったのであろうか。

出島が築かれた寛永十三年（一六三六）、ポルトガル船は七月八日（陽暦八月八日）に長崎に来着し、ポルトガル人は人工の島に押し込められた。彼らはそれ以降「監獄として作られた大島」（『オランダ商館長日記』）に監禁状態に置かれ、同所から外へ出ることは許されなかった。オランダ人が一六〇九年に平戸に商館を開設したのち、ポルトガル船はマラッカから長崎に至る海上で絶えずオランダ船の脅威にさらされて追撃を受けていた。マカオの湾口は封鎖され町はたえず攻撃を受けていた。ポルトガル人は一六一八年から大船ナウを船足の早いガリオット船に切り替えてオランダ船の追撃をかわして来た。彼らの要請を受けた幕府はオランダ・イギリス両商館に海上での海賊行為を禁じ、オランダ船の平戸出航をポルトガル船出航の二〇日以後と規制した。オランダ商館は、長崎貿易に全面的に依存していたマカオの攻撃・占領を幕府に主張して幕府の判断を求めていたが、将軍家光は態度を表明しなかった（同日記）。マカオ市は長崎貿易なしには存続できなかったことである。

こうした状況のなかで、一揆方がポルトガル人との間に連絡を取ることは難しく、ましてポルトガル船の来援を要請することなどはおおよそ考えられないことであった。二月二十五日の矢文のなかで、「臨死一歩無後者」（一三九三）と述べるように彼らを後援する者はいなかった。天草キリシタンの蜂起後、四郎の父益田甚兵衛が長崎に行ったか否かが取り沙汰されていた。渡辺小左衛門は十一月十二日の「口書」で、甚兵衛父子が長崎に行ったかとの質問に対し、高来（島原）に渡ったと思われるが、子細は口之津の者が来るまでは分からないとし、天草の蜂起後の彼ら父子の所在は不明である、と答えていた(〇三〇六)。十一日には四郎父子が長崎に行くとの噂が流れたが、四郎は十四日口之津の者を引率して上津浦に渡って三宅藤兵衛勢と戦った。その前後の甚兵衛の所在は不明であった。この期間中に、彼は工作のために長崎に赴いたかのようであり、そのことが噂となったようである。こうした中で、ポルトガル船が来援するとの筋書きが作り上げられたのであろう。しかし、実際には援軍の見込みがないことを知った上で作られた筋書きであり、そのことがまことしやかに伝えられた。噂の効果はてきめんであった。四郎はその筋書きを籠城時に周囲の者に告げて、ポルトガル船来援について語り、天の使いとしての存在を示威した。彼の取り巻きもそれを真に受けていたようである。このことが前記矢文に書かれ、また山田右衛門作も信じたのかも知れない。南蛮船来援を吹き込んだのは父甚兵衛であったように思われる。四郎が南蛮船来援について百姓たちを見事に騙したことは、伊豆守が細川忠利に指摘したとおりである。

33──発掘された鉛製十字架

忠利が津山藩主森内記《ないき》長継に宛てた寛永十五年三月朔日付書状の追而書には、原城内で死んだ一揆勢について記した一節がある。「城中の家やけ候時、扨《さて》々つよき男女の死骸ニ而御座候、焼け候火を手にて押あけ、中に入り候もの多御座候、わきの手之儀は不存候」（一四四四）。

いかにも凄絶な最期であった。彼らはもう一方の手に何を持っていたのであろうか。焼死し殺された彼らは、破壊された本丸の虎口や石垣跡などに投げ込まれ、その上に石材や瓦礫などが投棄された。射ち込まれた鉄砲の玉を溶かして作ったと思われる鉛製の稚拙な十字架が三五点出土している。青銅製のメダイは一六点出土し、人骨の歯の近くから出たメダイも確認されている。死の際に口に含んだものと推測されている。

浦上四番崩れ（一八六七年四月）の際に逮捕された潜伏キリシタンの指導者六八名のなかでただ一人最後まで信仰を守った高木仙右衛門は、その「覚書」において天草四郎について言及している。

わたくし　まうし《申》まするにハ　このまちへん《町返（辺）》に　キリシタンについていろいろひようばん《評判》が　ありまする、それハ　キリシタンハ　アマクサのてん《天》のしろ《四郎》　チヾワごろさゑもん、サゲハルきんさく《金作》のやうにむほん《謀叛》をしたり、いろいろかつてじゆう《勝手自由》に、わがまゝ　するものゝやうにい、たてますれバ、いづれおかみ《上》もそのとうりなうたがい《疑》して　お［り］ませうとおもい《思》まする、それハおほきにりよふけん《料簡》ちがいでござりまする、……又ごやうとき《御用時》よりほかに　ろや《牢屋》をづるもの《者》もありませねバ、けつ《決》してキリシタンハ　てん《天》のしろ《四郎》のことき　のものでありません、（高木慶子『高木仙右衛門に関する研究』）

仙右衛門は、キリシタンは天草四郎のように謀叛を起こしたり，自由気ままに振舞う者とは違うこと、決して四郎の如き者ではないと言い切っている。彼は島原の乱で死んだキリシタンが四郎同然にお上（幕府）に謀叛した者と見ていたようであり、マルチリヨ martirio（丸血留・殉教者）とは認めていなかった。仙右衛門が抱いていたマルチリヨとはどのようなものであったのであろうか。

浦上一番崩れ（寛政二〜七年、一七九〇〜九五年）の時に長崎奉行所が没収したキリシタン関係書のなかにマルチリヨに関する写本があった。『耶蘇教叢書』と名づけられた同写本に、「マルチリヨの勧め」「マルチリヨの心得」が収められている。「マルチリヨの勧め」では、神デウスに対する最大のご奉公は、ヒイデス（信仰）を最期まで持ち続け、イエズス・キリストのご大切（愛）と御パシヨン（受難）に報いることで、いかなる難儀にも辛労にも堪えてマルチル（殉教者）となることとされた。また、マルチルになるために心得ることとは、デウスのために死ぬこと、快く死ぬことであり、成敗（罰）に対して戦うことはマルチリヨに値しなかった。キリストの教えに殉じるとは、戦わず、無抵抗・非暴力を貫くことであった。仙右衛門ら浦上のキリシタンたちはこの教えを二五〇年にわたって守り伝えてきた。二五〇年以上が経過してなお潜伏キリシタンたちを律していた「マルチリヨの心得」は、一五九七年二月の二六人の殉教事件直後に作成されたとされ、迫害弾圧が熾烈化していた一六二〇、三〇年代にもキリシタンたちには重要な教えであり、信仰の支えとなっていた。島原において庄屋層が先頭に立って蜂起し、キリシタンたちも彼らに呼応して参加し原城に籠ることになった時に、彼らがマルチリヨの「勧め・心得」を顧慮しなかったことはなかった筈である。

34――原城本丸跡での島原宣教450年記念ミサ

キリシタンの百姓たちが一揆勢に結集した大儀は、生きるために生活を守ることにあったのであろう。領主松倉氏の悪政と役人たちの悪逆こそが彼らの生きる権利を奪い生活を破綻させた元凶であると判断されたようである。圧政と飢餓の厳しい現実が彼らに決断を迫ったのであり、このことが、積年にわたるキリシタン信仰弾圧へのわだかまりに火を点けることになったと考えられる。一六一二年以降度々改宗を強制されたが、彼らはうわべでは信仰を棄てながらも、その度に悔い直しの祈りを唱えて信仰を回復してきた。彼ら自身原城に籠って幕府や諸大名の大軍と戦うことなど、蜂起当初には予想だにしなかったことであった。

一揆を先導した庄屋たちは島原・富岡両城の乗っ取りに失敗したため、領主を糾弾して彼らの要求を幕府に訴える機会を失った。このため、彼らは数週間にわたって南目の村々を支配したが、領主の帰城と隣藩の出動、幕府派遣の上使衆の下向を知って、原古城に籠ることを余儀なくされた。彼らは急遽兵糧と弾薬を確保したが、同時に援軍のあてのない、出口の見えない戦いを始めた。村単位毎に確保所有できる糧食には限度があり、相互に融通し合える余裕はなかった。松平伊豆守による兵糧攻め作戦が勝負を決めることになった。

35――原城址での聖体行列

一揆勢の指導層には、彼らの将来に対する見通しはなかったようである。寄せ手の戦略に対抗してその仕寄りを阻止するだけの力量を欠いていた。矢文において幕府と領主松倉氏糾弾を避けたのは、幕府側と接触・交渉する過程で、その決着点を見出せるとの楽観論が生じたためかも知れない。あるいはキリシタン信仰が許容されるとの一縷の望みがあったのかも知れない。原城で殺された一揆勢の大多数の者はキリシタンであった。彼らのなかにはデウスのために戦って死ぬという意識の者もいた筈である。籠城も半ば過ぎの二月一日に四郎は、いわゆる「四郎法度書」(一一三六)によって、城普請も防備に立ち向うことも、祈禱・断食・苦行同様の善行として檄を飛ばしていたから、彼らは最後の戦いにおいても果敢に戦って死んで行ったであろう。

教会の教えは、前述したように信仰のためとはいえ、戦って死ぬことを否定していた。彼らは自分たちの霊魂がインヘルノ(地獄)に堕ちるとはよもや考えなかったであろう。ハライソ(天国)には行くことは叶わないとしても、せめて煉獄《れんごく》には留まれるとの思いであったかも知れない。煉獄の教えには、生きている信者が行なう死者のための祈りとミサ、施し、免償、償いの浄化を助けることができるという考えが含まれている、という(『新カトリック大事典』)。原城址では、毎年秋に死者のためのミサが上げられている。

あとがき

大学に入学した年の秋、三鷹駅前の新刊書と古書を扱っていた第九書房で、偶然、一冊の書物を見出した。堀田善衛著『海鳴りの底から』である。発売から一〇日しか立っていなかった。キリシタン史を学ぼうとしていた私には思いがけない出会いであった。本書『島原の乱とキリシタン』を脱稿したのち、あらためて手にした。ムソルグスキーの音楽『展覧会の絵』にならって挿入されたエッセイから、著者が同書を書かなければならなかった理由と意図が見えてくるように思われた。

「島原の乱関係の史書にあまり出て来ない人物について、何等かの白状をしておきたい気持ちにかられた。」

私が大学に入る前の年は、首都東京で、また日本全国の主要都市でも日米安全保障条約の改正を巡って安保反対の運動が起こり、連日デモがあり、空前の国会議事堂包囲と突入があった。著者堀田善衛は、半蔵門の麹町警察署のそばにあって機動隊の白い幌つきのトラックの群を半眼で眺め空を見上げ、空中の「鳴音」を仰いでいろいろなことを考えていた。著者はその時、〝声〟、〝鳴音〟を与えられた。「何を〝与えられた〟か。私はある考え、思想、信念をもって一定の場所へと集まって来た数万の、素肌の人々のあげる〝声〟、〝鳴音〟を与えられた。」

私は、その当時、〝声〟を上げることも、〝鳴音〟を聞くこともできない、かつて陸の孤島と言われた、えりも（旧名幌泉）にあって、ジャガイモ畑の土を起こし、兄と二人で蛸採りの漁に出ていた。大学一年の春休みに、グリークラブの演奏旅行の最終地四国の松山から、大分県内のキリシタン遺跡を巡ったのち四月半ば頃に、人一人いない島原半島の原城を訪れた。『海鳴りの底から』が私を原城趾への道を用意してくれたようであった。

島原のキリシタンの歴史、そしてその保護者でもあったキリシタン大名有馬晴信を博士論文のテーマに選んだのは、上述したことが背景にあったためかも知れない。博士課程の二年目の一九六九年夏に島原半島の町と村を再訪した。北有馬町の郷土史家近藤吉喜さんにお会いし、有馬の歴史について教授していただいた。宿へ帰る田舎道の前面に有明海が盛り上がって見えた。海の上に輝く星の大きさが心を捉え、その後当地を訪れるたびにその光景が思い出された。

大学に勤めて数年後に在外研究員としてキリシタン史料の調査に出る機会を与えられ、ローマのイエズス会文書館で至福の時を持つことができた。有馬関係史料の調査研究に明け暮れた。当時の文書館はおおらかで、土曜日の午後と日曜日には史料綴り数冊を自主管理して勉強ができた幸な一時期であった。しかし、せっかく調査蒐集した史料も書き取ったノートも十分に活かすことができず、一九八〇年に小論「有馬晴信の新城経営と原城について」を小誌に発表したにすぎなかった。この小論はほとんど注目されず、その後、島原のキリシタンについて書くことはなかった。このため、一九九〇年に著した『日本キリスト教史』では、島原の乱については、従来の研究成果を紹介するにとどまった。近年、優れた論稿や著書が多く書かれ、浩瀚な史料集が編纂出版され、また、原城跡の発掘調査が進展してその報告集が刊行された。特に、発掘調査の成果に基づいた関連書が数点出版され、原城跡が脚光を浴びて久しい。

　本書執筆の機会を与えられて、積年の宿題であった島原半島のキリシタンたちについて少し詳しく述べ、農民・職人・漁民たちの立場から一揆を見つめることができればとの思いがあって、乱以前の島原と天草のキリシタンの歴史に多くの頁を割いた。彼らの生活においてキリシタンの信仰がどれほどの位置を占めていたのか、一揆勃発以前の彼らの信仰生活の有りようが明らかになれば、一揆に参加したキリシタンたちの立場についても少しは知る手がかりがえられるのではないか、との淡い期待をもって史料を読み、考え書き進めた。

「城中一揆共が吉利支丹の唱を同音に仕り、その後鯨波の声を上げた」様子を報じた小倉藩主小笠原忠真は、陣中のその他の士卒たちと共に、海からの風に乗って聞こえた祈りと鬨の声をまさに海鳴りそのものとして受け止めたであろうか？

　南島原市に所在する原城趾と日野江城跡は、二〇〇七年にユネスコの世界遺産暫定一覧表に記載された「長崎教会群とキリスト教関連遺産」を構成している。昨年度は確実視されていたにもかかわらず、ユネスコへの推薦は残念ながら見送られた。文科省大臣は来年度は推薦すると約束されたとのことであるが、ユネスコに正式に推薦されることになれば、原城跡に対する関心はさらに高まるかも知れない。そうなれば、原城の戦いで死んだ三万ちかいキリシタンと、攻め手の幕府および諸大名軍の死者およそ二八〇〇人の魂を鎮めることに少しは寄与することになるかと思う。

島原半島と天草の郷土史研究家の方々と教育委員会および郷土資料館には、これまで四〇年以上にわたる調査に際して、たいへんお世話になった。この機会にお礼を申し上げたい。特に、故人の近藤吉喜さん、口之津歴史民俗資料館長の原田建夫氏、南島原市役所の末永透氏、同教育委員会の松本慎二氏、宇城市不知火の鶴田倉造氏、天草市教育委員会の平田豊弘氏にはいろいろとお世話を頂いたことを記して謝意を表したい。

二〇一四年二月二十八日

五野井隆史

参考文献

著作・論文

石井進・服部英雄編『原城発掘』新人物往来社、二〇〇〇年
煎本増夫『島原・天草の乱』新人物往来社、二〇一〇年
岩生成一『新版　朱印船貿易史の研究』吉川弘文館、一九八五年
大橋幸泰『検証島原天草一揆』吉川弘文館、二〇〇八年
岡田章雄『天草時貞』吉川弘文館、一九六〇年
岡本良知『十六世紀日欧交通史の研究』六甲書房、一九四四年
川野正雄「島原一揆の矢文」(『日本歴史』二六四号、一九七〇年)
神田千里『島原の乱』中央公論社、二〇〇五年
神田千里「宗教一揆としての島原の乱」(『東洋大学文学部紀要』第五八集史学科篇第三〇号、二〇〇五年)
桑波田興「初期島原藩政について」(竹内理三編『九州史研究』御茶の水書房、一九六八年)
五野井隆史「有馬晴信の新城経営と原城について」(『キリシタン文化研究会報』第二十一年第二号、一九八〇年)
高木慶子『高木仙右衛門に関する研究』思文閣出版、二〇一三年

鶴田倉造「新出・島原の乱関係史料」(『キリシタン文化研究会会報』第二十六年第一号、一九八六年)
鶴田倉造「島原の乱における渡辺小左衛門口書」(『史学』第五七巻第一号、一九八七年)
鶴田倉造「天草四郎及びその親族についての新史料とその考察」(『キリシタン文化研究会会報』九三号、一九八九年)
鶴田倉造「「四郎法度書」の考察」(『キリシタン文化研究会会報』九七号、一九九一年)
鶴田倉造『天草四郎と島原の乱』熊本出版文化会館、二〇〇八年
鶴田倉造『天草鶏肋史』二〇一二年
鶴田八洲成「史實　天草四郎の研究―その経歴と家族・縁戚そして歴史的意義」(『キリシタン文化研究会会報』第十年第三・四合併号、一九六八年)
中村　質「島原の乱に関する一考察」(『九州産業大学教養学部紀要』第六巻第一・二号、一九七〇年)
中村　質「島原の乱と鎖国」(『岩波講座日本歴史9』近世1、一九七五年)
中村　質「島原の乱と佐賀藩」(『九州文化史研究所紀要』第二四号、一九七九年)
中村　質『近世長崎貿易史の研究』吉川弘文館、一九八八年
服部英雄他編『原城と島原の乱』新人物往来社、二〇〇八年
花岡興史『新史料による天草・島原の乱』城南町教育委員会、二〇〇九年
松田毅一『近世初期日本関係南蛮史料の研究』風間書房、一九六七年
C. R. Boxer, The Great Ship from Amacon, Lisboa, 1963.

調査報告書
長崎県南有馬町教育委員会『南有馬町文化財調査報告書　第三集　原城跡Ⅱ』二〇〇四年
長崎県南有馬町教育委員会『南有馬町文化財調査報告書　第四集　原城跡Ⅲ』二〇〇六年
長崎県南島原市教育委員会『南島原市文化財調査報告書　第四集　原城跡Ⅳ』二〇一〇年
長崎県南島原市教育委員会『南島原市文化財調査報告書　第六集　日野江城跡　総集編Ⅰ』二〇一一年

事　典
『新カトリック大事典』Ⅲ・Ⅳ、研究社　二〇〇二・二〇〇九年

史　料
「大河内家記録」十六〜十八（東京大学史料編纂所架蔵）
「鹿児島県史料　旧記雑録後編」一・二（鹿児島県維新史料編さん所）一九八一・八二年
金井俊行編「稿本原城耶蘇乱証」（長崎純心大学図書館蔵）
「黒田長興一世之記」（東京大学史料編纂所架蔵）
「国乗遺文」（東京大学史料編纂所架蔵写真）
五野井隆史「一六一六年、ジェロニモ・ロドリゲスの「組ないしコンフラリアに関する覚書」について」

（『サピエンチア英知大学論叢』第四十号、二〇〇六年）
佐久間正他訳『アビラ・ヒロン日本王国記』（大航海時代叢書）岩波書店、一九六五年
『続々群書類従』四・十二、国書刊行会、一九〇七年
土田将雄編『綿考輯録』五・六巻、出水神社、一九九〇年
鶴田倉造編『原史料で綴る天草島原の乱』本渡市、一九九四年
鶴田倉造校注『寺沢藩士による天草一揆書上』苓北町、二〇〇〇年
東京大学史料編纂所編『上井覚兼日記』上中下（『大日本古文書』）一九五四〜五七年
東京大学史料編纂所編『オランダ商館長日記』訳文編二（上）・三（上）一九七五・一九七七年
東京大学史料編纂所編『大日本史料』第十二之二十一・五十六・五十七
東京大学史料編纂所編『細川家史料』二十一・二十二、二〇〇八・二〇一〇年
『徳川実紀』三巻（新訂増補国史大系）吉川弘文館、一九七六年
『長崎県史』史料編第三（長崎県史編纂委員会）吉川弘文館　一九六六年
「鍋島勝茂譜考補」（東京大学史料編纂所架蔵）
「鍋島直茂譜考補」（同）
林　銑吉編『島原半島史』長崎県南高来郡教育会、一九五四年
「細川家記」（東京大学史料編纂所架蔵）
松田毅一監訳『イエズス会日本報告集』同朋舎、一九八七〜九八年

松田毅一・川崎桃太訳『フロイス　日本史』中央公論社、一九七八〜八〇年
「耶蘇教叢書」（東京大学綜合図書館架蔵）
Alexandro Valignano S. I., Sumario de las cosas de Japon（1583）, editados por José Luis Alvarez-Taladriz. Tokyo, 1954.
Cartas que os Padres e Irmãos da Companhia de Jesus escreverão dos reinos de Japão e China aos da mesma Companhia da India, e Europa desdo anno de 1549 até o de 1580. Primeiro tomo. Evora, 1598.
Segunda Parte das cartas de Iapão que escreverão os Padres & Irmãos da Companhia de IESVS. Evora, 1598.
Duarte Correa, Relaçam do Alevantamento de Ximabara, e de seu notavel cerco, e de varias mortes de nosso Portuguezes pola Fé. Lisboa, 1643（天理大学図書館蔵）
Josef F. Schütte, MONUMENTA HISTORICA JAPONIAE I. Textus Catalogorum Japoniae 1549–1654. Romae, 1975.
Luis Frois, HISTORIA DE JAPAM, anotada por Jose Wicki, I〜V. Lisboa, 1976-1984.
Archivum Romanum Societatis Iesu（ローマ・イエズス会文書館）, Jap. Sin.（日本・中国部）：5, 6I, 7I, 7III, 8I〜8III, 14I, 23, 29, 34, 38, 54〜58, 60〜63.

略　年　表

西暦	和　暦	事　　　　　項
1563	永禄 6	2.6 頃，島原純茂，横瀬浦のトルレス神父にイルマン派遣を要請．2 下旬，アルメイダ島原に赴き宣教開始．3.30 頃，アルメイダ日野江城に有馬義貞を訪問．4.3 口之津で宣教開始．8.29 頃，アルメイダ，大村の謀叛の報に接し豊後府内から島原に着く．11 中旬，トルレス横瀬浦より島原に避難し，同下旬，肥後高瀬に渡る．
1564	7	7 トルレス，有馬義貞の招きにより高瀬から口ノ津に来住．
1565	8	4 中旬，トルレス口之津より島原に赴き半月ほど滞在
1566	9	4.11 頃，トルレス口之津より島原に巡回宣教，その後イルマン・サンシェス島原から追放される．8 下旬頃，アルメイダ，志岐に宣教，11，ヴィレラ神父，志岐訪問．
1567	10	1 中旬，京都法然寺の運誉上人島原で浄土宗を説く．島原氏キリスト教を禁止・迫害を加える．12.1 トルレス口之津から志岐に赴く．この年，口之津にポルトガル船 3 隻来航．
1568	11	6 トルレス志岐で宣教師会議を開催，8.13 トルレス志岐から口之津に戻る．9 初旬トルレス福田港を訪問．
1569	12	2 中旬，アルメイダ天草鎮種の招きで河内浦に赴き宣教に従事，7.5 口之津に戻る．この年，カンボジャ出帆のジャンク船志岐に来着．
1570	元亀元	5.15 ポルトガル人のジャンク船志岐に着きイエズス会上長カブラルとオルガンティーノの両神父が来日．6 カブラル志岐で宣教師会議開催．9.3 前上長トルレス死没．
1571	2	8/9 カブラル天草に赴き領主天草鎮種に授洗，本渡城主天草種元も受洗．
1572	3	この夏，ポルトガル船島原に入港し，ロペス神父口之津より島原に至り宣教を再開．
1576	天正 4	4.16 高来日野江城主有馬義貞コエリョ神父より受洗．5.29 マカオ出帆のジャンク船口之津に来着しゴンサルヴェス神父到着．11．義貞病死．嗣子鎮純キリスト教を禁止．
1579	7	3．有馬鎮純，妹を龍造寺鎮賢に嫁がせ龍造寺氏と和睦，6.1 鎮純，鎮賢に起請文を提出．7.2 ポルトガル船ナウ口之津に来航しイエズス会巡察師ヴァリニャーノ到着．

西暦	和　暦	事　　　　　　　項
1580	8	2/3 鎮純ヴァリニャーノより受洗．復活祭（3.19）後に有馬城下にセミナリオ開設．この夏，ジャンク船マカオから口之津に来着．
1582	天正10	12.4 有馬・島津軍，千々石城攻めし龍造寺軍を逐う．12.13 鎮純肥後八代に渡り島津氏に臣従を誓う．この年，天草鎮種病没．
1584	12	3.13 島津義久，有馬表への出陣を命じ家久を派遣．3.24 龍造寺隆信，島原沖田畷で戦死．6.21 鎮純，使僧を鹿児島に遣わし義久に戦勝の祝言を述べ有馬表への出勢を謝す．
1586	14	10.21 豊臣秀吉，肥前の諸領主に島津氏討伐の朱印状を遣わす．12.1 秀吉，明春3月の九州出陣を表明．
1587	15	1. コエリョ，有馬領内の宣教師を長崎に退去させセミナリオを浦上に移す．6.7 秀吉，博多に凱旋．6.19 秀吉，伴天連追放令を発令．6下旬，天草の大矢野氏，河内浦のゴンサルヴェス神父に修道士派遣を要請，程なく受洗．8初旬，ディアス神父有馬に潜入し鎮純に会い保護を得る．
1588	16	閏5.14 小西行長，肥後宇土に入部し天草を支配．
1589	17	3.10頃，行長，天草五人衆に宇土城普請を課す．志岐・天草氏らこれに反発し天草一揆となる．4/5 有馬晴信（鎮純），瑞夢を見る．9.4 小西・加藤清正軍，志岐城を包囲し攻略．11.18 有馬領小浜で木の幹に聖十字架が見られる．11.25 加藤軍の本渡城攻めにより天草種元らキリシタン1300人死亡．この年，千々石の代官アドリアン，慈悲の組の組親を指名しその活動を支援．
1590	18	4.4 準管区長コエリョ死没．4.6 有馬の教会でコエリョの葬儀を執行．6.20 インド副王大使ヴァリニャーノ，天正遣欧使節と共に長崎に着く．
1591	19	3/4 晴信，教皇の贈物をヴァリニャーノから拝受．この前後に有馬領内のコレジオと修練院，天草の河内浦に移る（～1597秋）．
1592	20	2.27 晴信，朝鮮出兵のため日野江城を出立し，4.12 釜山到着．
1595	文禄 4	この年，有馬城下で「聖母マリアの信心会」が活動．スペイン人商人アビラ・ヒロン，日野江城を訪問．

西暦	和　暦	事　　　　　　項
1596	慶長 1	12.19（1597.2.5）長崎西坂で26人処刑される（26聖殉教事件）．程なく有馬と大村の教会約130が破壊焼却される．有馬のセミナリオ，長崎の岬に移る．
1598	3	8.18 秀吉死没．11下旬，晴信，朝鮮より帰国し，12伏見城で徳川家康に拝謁．
1599	4	2/3 司教セルケイラ，長崎より天草・河内浦に避難．5/6 晴信，伏見より帰領．6/7 セルケイラ，司教座を志岐に移す．この年，原城築城に着手（～1604秋）．
1600	慶長 5	4/5 ヴァリニャーノ，有馬に晴信を訪れセミナリオを長崎より有馬に移すことを要請．8/9 セルケイラ，司教座を長崎に移す．この秋，晴信，有馬の教会造築に着手．
1601	6	2 寺沢広高，天草3万3000石を加増される．11.24 セルケイラ，有馬の新教会の献堂式を執行．
1603	8	この年，セルケイラ，有馬と長崎に「お告げの信心会」を設立．
1604	9	この秋，原城完成し，準管区長パシオ新城と新築の屋敷を祝別す．
1612	17	3.21 幕府，直轄地に禁教令を発令．有馬晴信改易により嫡子直純が日野江城主となる．5.6 晴信，甲斐国谷村で自刃．5.10 直純，新領主として島原に着き直ちに禁教を布告しキリシタンの棄教を命じる．6.28 有家の伊東ミゲル，マティアス兄弟斬首となる．12.8 オンダ・トメら5人有馬で斬首．
1613	18	3.22 口之津のキリシタン42名，堅信を維持し誓書を作成．8.23 高橋アドリアンら8名，有馬城下で火刑となる．
1614	19	7.13 直純，日向延岡に転封となり有馬を発つ．10.6・7 宣教師と有力キリシタン，マカオとマニラに追放される．10.16 長崎奉行長谷川ら，口之津に至り乙名らにキリシタンの名簿作成提出を命じる．10.20 有馬で19人斬首，翌日，口之津で21人が拷問死．
1615	元和元	閏6.13 幕府，一国一城令を発令．
1616	2	松倉重政，大和五条より高来に入部．
1618	4	重政，新城築城に着手（～1624）
1621	7	重政，宣教師の宿泊を禁止．11.27 ナヴァルロ神父捕われ島原に拘留．この年，三宅重利，富岡城代となる．

西暦	和　暦	事　　　　　　　　項
1625	寛永 2	10.18 管区長パシェコら口之津で捕縛される．10.23 ゾラ神父島原で捕縛．
1626	3	4.12 カストロ神父，有家近在で病没．閏4.26 パシェコら，長崎・西坂で処刑される．11/12 重政，全キリシタンの名簿作成を命じ，12 島原・口之津のキリシタンの棄教を進める．12.25 深江の印籐トメ，火刑となる．
1627	4	1.28 重政，雲仙岳で熱湯による拷問を始め内堀パウロら16名を殺す．
1630	7	4/5 管区長コウロス，有家から天草に逃避．11.11 重政，長崎奉行竹中重義と共にマニラに派船．11.16 重政死没し，勝家後継となる．
1632	9	6.28 ローマ派遣のヴィエイラ神父，マニラから五島経由で口之津に至り深江でコウロスに会う．
1633	10	6.13 頃斎藤パウロ神父ら，天草赤崎で捕われ大村牢に送られる．6/7 ジャンノネ神父ら，有馬で捕縛．8.29 斎藤パウロ長崎で処刑．
1636	13	7.8 マカオから来着のポルトガル人，出島に押し込められる．
1637	14	9.28 四郎，宇土郡江部より大矢野に発つ．10.8 益田甚兵衛，江部より大矢野に向う．10.15 加津佐じゅわん廻状が出回る．10.25 有馬の百姓，代官林兵右衛門を殺害し蜂起．10.26 島原藩，豊後目付衆にキリシタン蜂起について注進，鍋島氏に加勢要請．10.27 大矢野大庄屋渡辺小左衛門ら，楠本郡代石原太郎左衛門にキリシタン立返りを表明．上津浦と大矢野の立返りキリシタン蜂起．佐賀藩，豊後目付衆に飛札を送り指図を仰ぐ．有馬の一揆勢，三会村千本木近くに陣を構える．10.28 島原藩，熊本藩に加勢を要請．熊本藩，豊後目付衆に島原の事態を報じ指図を仰ぐ．熊本藩，富岡城代三宅重利に天草の状況を質す．10.29 三宅重利，本渡に出向．10.30 渡辺小左衛門ら，宇土郡江部へ向う途中で熊本藩に捕縛される．江部の四郎母も捕われる．この日，豊後目付衆，大坂町奉行衆らに報知．11.2 三宅重利，大島子に出張し在郷の者に鉄砲10挺を預ける．11.9 唐津勢，天草加勢のため呼子を出船．新任の豊後目付，府内到着．島原蜂起の報江戸に届き，幕府は板倉重昌と石谷貞清を上使として島原派遣を決定．11.10 唐津勢，富岡に着船．この日，上使板倉と石谷，江戸を出立．11.11 唐津勢，本

西暦	和　暦	事　　　　　　　項
		渡で評定. 11.12 天草の一揆勢加勢のため有馬から50～60隻が上津浦に渡海. 幕府, 一揆視察のため松平行隆を島原に遣わし, 九州諸大名に子息及び舎弟を領分に遣わしキリシタン蜂起に対処するよう命じる. 11.14 四郎, 有馬勢を率いて大江から上津浦に渡り本渡に押し寄せる. 島子で一揆勢と唐津勢が交戦し唐津勢は富岡城に敗走. この日, 三宅重利ら, 茂木根で討取られる. 11.17 四郎, 天草・二江に上陸し本陣とする. 11.18 四郎, 本志岐に陣を置き, 翌日, 富岡城を攻め. 11.21 再度富岡城を攻める. 11.22 一揆勢, 富岡城攻略を断念し退却. この日, 前豊後目付衆, 島原城を視察. 11.23 上津浦・大矢野勢, 上津浦に退却し, 天草一揆に加勢の島原勢, 有馬に戻る. 11.24 島原城主松倉勝家, 江戸より帰城. この頃より, 一揆勢原古城に籠り古城を修補. 11.25 上津浦・大矢野のキリシタン, 原古城に入り始める (～12.2). 11.26 上使板倉と石谷, 豊前小倉に着き天草本渡での寺沢勢の敗戦を知る. 11.27 幕府, 上使として重ねて松平信綱と戸田氏鉄の島原派遣を決定. 12.3 四郎, 原城に入る. 上使板倉・石谷, 佐賀領神代に着き, 島原近辺と千々石口に陣構えを指示. 12.10 板倉, 初めて原城攻撃を命じ, 翌日再び原城攻撃を行なう. 12.13 唐津城主寺沢堅高, 唐津に帰着. 12.20 上使板倉, 三度目の原城攻撃を決行. 鍋島勢は天草丸を攻める. 12.30 板倉, 諸家の家老衆を招集し元旦の城攻めを通達.
1638	寛永15	1.1 幕府軍, 原城攻撃を決行し, 大手門三ノ丸で一揆勢と交戦し, 上使板倉は一揆勢の鉄砲に当たり戦死. 1.3 上使松平伊豆守と戸田左門, 島原に着き, 翌日, 有馬表に着陣. 1.10 頃, 伊豆守, 矢文を原城に射込ませる. 1.11 オランダ船, 平戸から原城沖に至る. 1.12 板倉の訃報, 幕府に達する. 幕府, 在府中の九州の諸大名に有馬表への出陣を命じる. 1.13 一揆勢, 矢文を返す. 1.16 上使井上政重, 有馬表に着く. 1.22 四郎母及び渡辺小左衛門ら, 熊本から有馬表に護送される. 1.29 オランダ船, 原城沖から平戸に向け戻る. 2.1 旧主有馬直純の矢文が城中に射込まれる. また四郎の甥小平, 書状をもって城中に赴く. この日, 四郎法度書が出る. 2.2 有馬五郎左衛門宛矢文が城中から射たれる. 2.3 一揆方の山田右衛門作と有馬五郎左衛門, 大江浜で対面. 2.8 四郎甥小平と四郎妹まん, 城中に書状

西暦	和　暦	事　　　　項
		を齎す．2.20 有馬直純の矢文が城中に射込まれる．2.21 一揆勢，夜討ちを懸け鍋島勢らの陣を襲う．2.24 伊豆守，諸将を招集し 26 日の総攻撃を通達．2.26 雨のため攻撃中止となる．2.27 鍋島勢の抜け駆けにより一揆勢との間に交戦．2.28 正午頃，本丸を攻め落とす．この日，拘禁中の山田右衛門作，幕府側に捕われる．2.29 伊豆守，原城の破壊と山狩りを命じる．この日，四郎の首確認のため，母と渡辺小左衛門ら熊本から有馬表に送られる．3.3 四郎妹まん，甥小平処刑される．3.4 四郎母と姉，小左衛門，斬首される．4.12 松倉勝家改易，寺沢堅高は天草 4 万石を召し上げられる．7.19 勝家切腹．
1639	寛永16	4.26 大村牢に拘禁中のコレア，長崎で火刑となる．7.5 幕府，ポルトガル船の渡航を禁止し，8.3 太田資宗，老中奉書をポルトガル人に渡す．
1647	正保 4	11.18 寺沢堅高，江戸藩邸で自害．
1938	昭和13	5.30 原城，国指定史蹟に指定される．
1951	26	2 原城跡で黄金の十字架出土．
1992	平成 4	原城発掘調査開始（～2008）．
1995	7	日野江城発掘調査開始（～2002, 2008～09）．

著者略歴

一九四一年　北海道に生まれる
一九七一年　上智大学大学院文学研究科博士課程単位修了
現　在　聖トマス（旧英知）大学大学院教授・東京大学名誉教授　文学博士

〔主要著書〕

『日本キリスト教史』（吉川弘文館、一九九〇年）、『徳川初期キリシタン史研究　補訂版』（吉川弘文館、一九九二年）、『日本キリシタン史の研究』（吉川弘文館、二〇〇二年）、『キリシタンの文化』（吉川弘文館、二〇一二年）、『キリシタン信仰史の研究』（吉川弘文館、二〇一七年）、『ルイス・フロイス』（吉川弘文館、二〇二〇年）、『潜伏キリシタン図譜』（監修、かまくら春秋社、二〇二一年）

敗者の日本史14

島原の乱とキリシタン

二〇一四年（平成二十六）九月一日　第一刷発行
二〇二二年（令和四）三月二十日　第三刷発行

著　者　五《ご》野《の》井《い》隆史《たかし》
発行者　吉川道郎
発行所　株式会社　吉川弘文館
郵便番号一一三―〇〇三三
東京都文京区本郷七丁目二番八号
電話〇三―三八一三―九一五一〈代表〉
振替口座〇〇一〇〇―五―二四四
http://www.yoshikawa-k.co.jp/
印刷＝株式会社　三秀舎
製本＝誠製本株式会社
装幀＝清水良洋・渡邉雄哉

ISBN978-4-642-06460-6

敗者の日本史

刊行にあたって

現代日本は経済的な格差が大きくなり、勝ち組と負け組がはっきりとした社会になったといわれ、格差是正は政治の喫緊の課題として声高に叫ばれています。

しかし、歴史をみていくと、その尺度は異なるものの、どの時代にも政争や戦乱、個対個などのさまざまな場面で、いずれ勝者と敗者となる者たちがしのぎを削っていました。歴史の結果からは、ややもすると勝者は時代を切り開く力を飛躍的に伸ばし、敗者は旧体制を背負っていたがために必然的に敗れさった、という二項対立的な見方がなされることがあります。はたして歴史の実際は、そのように善悪・明暗・正反というように対置されるのでしょうか。敗者は旧態依然とした体質が問題とされますが、彼らには勝利への展望はなかったのでしょうか。敗者にも時代への適応を図り、質的変換への懸命な努力があったはずです。現在から振り返り導き出された敗因ではなく、多様な選択肢が消去されたための敗北として捉えることはできないでしょうか。最終的には敗者となったにせよ、敗者の教訓からは、歴史の「必然」だけではなく、これまでの歴史の見方とは違う、豊かな歴史像を描き出すことで、歴史の面白さを伝えることができると考えています。

また、敗北を境として勝者の政治や社会に、敗者の果たした意義や価値観などが変化しながらも受け継がれていくことがあったと思われます。それがどのようなものであるのかを明らかにし、勝者の歴史像にはみられない日本史の姿を、本シリーズでは描いていきたいと存じます。

二〇一二年九月

吉川弘文館

敗者の日本史

①大化改新と蘇我氏　遠山美都男著
②奈良朝の政変と道鏡　瀧浪貞子著
③摂関政治と菅原道真　今　正秀著
④古代日本の勝者と敗者　荒木敏夫著
⑤治承・寿永の内乱と平氏　元木泰雄著
⑥承久の乱と後鳥羽院　関　幸彦著
⑦鎌倉幕府滅亡と北条氏一族　秋山哲雄著
⑧享徳の乱と太田道灌　山田邦明著
⑨長篠合戦と武田勝頼　平山　優著
⑩小田原合戦と北条氏　黒田基樹著
⑪中世日本の勝者と敗者　鍛代敏雄著
⑫関ヶ原合戦と石田三成　矢部健太郎著
⑬大坂の陣と豊臣秀頼　曽根勇二著
⑭島原の乱とキリシタン　五野井隆史著
⑮赤穂事件と四十六士　山本博文著
⑯近世日本の勝者と敗者　大石　学著
⑰箱館戦争と榎本武揚　樋口雄彦著
⑱西南戦争と西郷隆盛　落合弘樹著
⑲二・二六事件と青年将校　筒井清忠著
⑳ポツダム宣言と軍国日本　古川隆久著

各 2600 円（税別）

吉川弘文館